U0136987

古籍整理釋例

（增訂本）

許逸民 著

中華書局

圖書在版編目(CIP)數據

古籍整理釋例(增訂本)/許逸民著. —2版. —北京:中華書局,2014.7(2024.3重印)
ISBN 978-7-101-10079-2

Ⅰ.古… Ⅱ.許… Ⅲ.古籍整理 Ⅳ.G256.1

中國版本圖書館 CIP 數據核字(2014)第 066212 號

書　　名	古籍整理釋例(增訂本)
著　　者	許逸民
責任編輯	樊玉蘭　王芳軍
出版發行	中華書局
	(北京市豐臺區太平橋西里 38 號　100073)
	http://www.zhbc.com.cn
	E-mail:zhbc@zhbc.com.cn
印　　刷	北京建宏印刷有限公司
版　　次	2011 年 10 月第 1 版
	2014 年 7 月第 2 版
	2024 年 3 月第 6 次印刷
規　　格	開本/880×1230 毫米　1/32
	印張 11　字數 251 千字
印　　數	6901-7300 册
國際書號	ISBN 978-7-101-10079-2
定　　價	69.00 元

目　　録

序

程毅中

　　"古籍整理"好像是個新名詞，古人對古籍的加工，一般稱爲"校讎"，或稱作"校輯"、"纂修"等等。"五四"時期，胡適在提倡文學革命之後，又提出了"整理國故"的倡議。"國故"當然就包括了古籍，但當時祇有少數人投入了這項工作。我們的前輩張元濟先生做了許多工作，但主要力量還是放在影印古本、珍本這方面。新中國建立之後，1958年，在鄭振鐸、齊燕銘等前輩的倡議下，成立了直屬於國務院的古籍整理出版規劃小組，制定了"整理和出版古籍計劃"的草案。從此"古籍整理"才成爲文化界、出版界通用的關鍵詞了。

　　就在古籍整理出版規劃小組的推動下，1959年北京大學中文系設立了古典文獻專業，培養了一批古籍整理的專門人才，也就初步建立了一個古籍整理的新興學科。許逸民同志就是從這個古典文獻專業出身的一位優秀人才。他在校時受到過許多名師的教導，具備較廣博的古典文獻知識，是科班出身的新生力量。到中華書局工作以後，安心做古籍出版的編輯工作，又在業餘時間專心做古籍整理的項目，在工作實踐中精心積累經驗，他是一個決心獻身於古籍整理的有心人。在文學編輯室主任的崗位上做出了優異成績後，調任爲古籍整理出版規劃小組辦公室主任，退休後又返聘參與"點校本'二十四史'及《清史稿》修訂工程"的組織和審訂工作。他在工作中積累的實踐經驗，又有了一個充分發揮的用武之地。

這本《古籍整理釋例》就是他多年來從事古籍整理出版工作的經驗總結和理論概括，對當前的古籍整理工作有很切實的指導意義。讀了之後，我覺得這本書有那麼幾點是值得稱道的：

第一是"全"。他對今天的古籍整理工作，歷舉了標點、校勘、注釋、今譯、輯佚、索引、影印等七項，詳加釋例，再加上《古籍整理學術語解釋》等知識性的講解和有關"修訂工程"的針對性的建議，差不多已經對當前古籍整理出版工作的各種問題都作了明確的解答。這裏既總結了中華書局多年工作的集體經驗，也包含着他許多卓越的個人見解，是一次從實踐向理論的提昇。

第二是"細"。書中對各項各條分別舉例解釋，由於古籍的性質和文體、文風是多種多樣的，問題各不相同，必需多舉實例，才能解決問題。作者舉出了大量的例子，都是他在工作中積累的。然後再分門別類，逐條分析，面面俱到，顯然出於他認真的思考和精細的辨別。古籍整理首先是實踐的問題，歸納起來的原則祇有那麼幾條。所以必需多舉例子，加以細化，對具體問題進行具體的分析。

第三是"新"。古籍整理如果從孔子刪《詩》、序《書傳》算起，已有兩千五百多年的歷史，清代乾嘉學者更作出了許多傑出的成果。但我們今天面臨的任務，則有許多新的課題。如古籍的標點，是近九十年來才有的新事物。從 1919 年民國政府的教育部頒佈胡適等人提出的新式標點符號，到 1996 年 6 月 1 日起實施由中華人民共和國國家技術監督局發佈的國家標準《標點符號用法》，經過了不少改進。古籍爲使用新式標點，也經過了不斷的試驗，歸納了一些特定的通則。但古人的文字，本來沒有和標點相應的習慣，因此標點至今還是古籍整理工作中的一道難題。至於今譯和索引，則是古籍整理中的一種新的輔助方法。本書對這些方法都作了細緻的討論，包括新興的製作古籍數據庫的問題，也提出了自己的設想。於此可見作者在古籍整理方法上正注力於守正出新，與時俱進，探索繼續發展的道路。

逸民同志和我共事多年，在古籍整理出版工作中經常一起討論，交換意見。我也曾有志於總結一些古籍整理工作的經驗教訓，也曾寫過一些有關的文件和講稿，但我不像他那麼專心致志，沒有他那種鍥而不捨的精神，祇能半塗而廢了。讀了本書，衷心高興，對他的成就不勝欽佩，真有一種小巫見了大巫的感覺。蒙他不棄，把我草擬的《古籍校勘釋例》一節附入書中，使我感到十分有幸和十二分有愧。其實這一節是中華書局總編室在趙守儼先生主持下，經好幾位同仁討論後，委託我執筆寫定的。在1991年第4期的《書品》上發表後，又有所補充，其中就有逸民同志所提供的例子，在此應予說明。正因爲我們有多年合作的關係，所以我不敢推辭逸民同志的囑託，爲本書寫一篇導讀性的引言，供讀者參考。我的體會非常粗淺，祇是初步閱讀的感悟，不一定全面，相信讀者自能從本書中得到更多的收穫和啟發，作出自己的評價。

2011年8月

古籍與古籍整理(代自序)

這個題目很大,可以包括許多内容,這裏止擬概略講兩個問題:(1)什麼是"古籍"? (2)什麼是"古籍整理"?

一、什麼是"古籍"

何謂"古籍"? 通常用口語表述,可以説成"古代的書籍"。但"古代"這一概念,按照歷史學家對中國歷史的分期,清道光二十年(1840)鴉片戰爭以前爲古代,屬於封建社會;1840年鴉片戰爭以後至1919年"五四"新文化運動爲近代,屬於半封建半殖民地社會。事實上,中國封建王朝終止的標誌,是1911年的辛亥革命推翻了滿清統治,清末帝溥儀於宣統四年(1912)遜位。如按歷史學家的説法界定古籍,那麼自1840年至1911年共計七十年間的撰述,就不能進入"古籍"的範疇,這顯然是不合理的,也是不符合我國傳統學術史實際的。

再從另一面説,自清王朝覆滅的1911年直到今天,我國的學術發展史從不曾間斷,整理出版歷史文化遺産的工作也不曾間斷,無論是學術研究,還是古籍整理,依然在很多方面保持了頗具傳統的學術規範。特別是在出版形式上,有的專以仿古存真爲目的的出版物,其樣式與傳統形制一般無二。如果把這些出版物與封建時代的書籍同等看待，也視同“古籍”的話，則古與今的界限便模糊不清，我們也就喪失了應有的歷史觀念。

最近幾十年，古籍編目工作有了長足進步，取得了一系列重大成果，如《北京圖書館古籍善本書目》、《中國古籍善本書目》、《北京大學圖書館古籍善本書目》等相繼出版，對古籍善本部分進行了比較徹底的清理。與此相應，古典目錄學研究也隨之深入發展，對“古籍”的定義由含混逐漸走向清晰，現在終於得出科學的結論，這是目錄學研究的一大收穫。看一看這個過程，是很有意思的。

冀叔英 1995 年在爲《中國古籍善本書目》寫的《後記》中，追述其體例制定過程時說：

> 1977 年 1 月文物局在北京召開書目籌備會，聽取北京地區部分同志的看法和意見，同年四月文物局在北京召集北京圖書館、上海圖書館同志座談，討論研究有關書目的著錄體例、分類法和收書範圍等問題。六月文物局再次召集座談會，討論了分類法等事項。後由文物局王冶秋局長作出決定，書目分類用四庫分類法，可酌加修訂，收錄各書下限至 1911 年。

1985 年出版的黃永年《古籍整理概論》說：

> 春秋末戰國時編定撰寫的經、傳、説、記、諸子書等是古籍的上限，下限則一般到清代末年。這和史的分期有點不同。我國歷史現在一般從有史以來到 1840 年鴉片戰爭之前算作古代史。鴉片戰爭以後，我國封建社會在外國資本主義侵略下，逐漸變成半殖民地、半封建社會，所以 1840 年以後的歷史就劃入近代史。但社會性質的變化，並不意味着學術文化馬上統統起根本性的變化。從 1840 年到辛亥革命清朝

統治結束的七十年間，新撰寫的書籍中，絕大部分的内容或形式都和前此的古籍没有多少不同。因此，把清代末年作爲古籍的下限要比 1840 年作爲下限來得合適。

2006 年 10 月文化部發佈《古籍定級標準》，關於"古籍"的定義是：

> 中國古代書籍的簡稱，主要指書寫或印刷於 1912 年以前具有中國古典裝幀形式的書籍。

可見不論是圖書館界，還是古籍整理界，不論是學術界，還是官方文化領導部門，都認可了古籍的下限當在民國建立以前這一結論。值得注意的是《標準》中提到的"具有中國古典裝幀形式"這個定語，它意味着將會排除掉一些不"具有中國古典裝幀形式"的書籍，如晚近以來翻譯鉛印平裝的自然科學(聲、光、電、化)書籍。對此，《北京圖書館普通古籍總目》第 1 卷《目錄門》曾特別加以說明：

> 本書著録的古籍，主要是 1911 年之前以古典裝幀形式出現的寫本和印本圖書，同時也包括 1911 年以後以古典裝幀形式出現的、内容與中國古代文化有關的圖書。雖是古典裝幀，而内容與中國古代文化無關，或内容雖古但非古典裝幀的圖書，均不在其列。所謂"普通"則是與"善本"相對而言的。

這裏講清了古典裝幀形式問題，同時還談到了"1911 年以後以古典裝幀形式出現的、内容與中國古代文化有關的圖書"。這是因爲清朝的滅亡和民國的建立，並不表明中國的傳統學術戛然而止，傳統學術依然在延續。止有到 1919 年"五四"新文化運動興起前後，中國傳統學術才發生了大的轉折。先是清光緒二十四年(1898)，宣佈廢八股文，考試改用策論，辦京師大學堂，各省書院一律改爲學校。接着於光緒三十一年（1905），徹底廢除科舉制。
1912年民國建立，教育總長蔡元培頒佈《大學令》，明令大學取消
"經學科"，分爲文、理、法、商、醫、農、工七科。我國傳統學術就此
從"四部之學"走向"七科之學"。在此期間，白話文開始流行，但
文言文尚未完全退出學術界，新舊學術同時並存。因此，"古籍"
範疇的下限定爲1919年更爲合理，1911年以後到1919年之間，
凡"以古典裝幀形式出現的、內容與中國古代文化有關的圖書"，
也應該包括在"古籍"範疇以內。不過對於這個問題，目前圖書館
界還存在模糊的看法。例如，中華書局1985年出版的《圖書館古
籍編目》（北京大學圖書館系、武漢大學圖書館系合編），屬於高校
教材，具有一定的權威性，其中說：

> 古籍主要是指1911年以前歷朝的刻本、寫本、稿本、拓
> 本等。從圖書館給古籍編目工作的實際情況看，1911年以後
> 的影印、排印的綫裝古籍，如《四部叢刊》、《四部備要》等書也
> 都屬古籍。要從時間上截然劃分是困難的。以1911年爲下
> 限，也祇能説大致符合圖書內容及形制的實際情況。

這一説法顯然把"古籍"的定義泛化了，如果把1911年以後出版
的綫裝古籍統統歸入嚴格意義上的"古籍"範疇，那麼直到今天我
們還在影印古籍，是不是意味着"古籍"的數量還在不斷增加呢？
那麼"古籍"的範疇還能有邊界嗎？這一説法完全抹殺了"古籍"
本身和"古籍整理"圖書的本質區別，剝奪了"古籍整理"圖書的生
存空間，其正確性是令人懷疑的。請看程毅中《古籍整理淺談》是
怎樣認識這個問題的，他在《什麼是古籍整理》一文中説：

> 對於古書的範圍歷來有不同的看法。有人認爲應當以
> 兩漢爲界限，兩漢以前的書才算古書（見胡樸安《古書校讀
> 法》），這是一種比較狹義的説法。此外對古書還有更廣或更

狹的理解。我們今天則以新舊文化的交替作爲界限，把 1919年“五四”運動以前著作的書看作古籍，根據不同的需要有選擇地加以整理和出版。

程先生所說的“把 1919年‘五四’運動以前著作的書看作古籍，根據不同的需要有選擇的加以整理和出版”，表達了兩個重要觀點：一是定義爲“古籍”的時代斷限應以 1919年“五四”運動爲準；二是“古籍”與“古籍整理”各有其明確含義，必須嚴格區分，“古籍整理”應以 1919年“五四”運動爲其起始點。我非常贊同程先生的這一學術觀點。

根據以上的討論，我們可以給出有關“古籍”定義的兩個完整表述的條文：（1）1911年辛亥革命以前編撰（撰著、編述、抄纂、注疏等）出版（寫、抄、刻、印）的各類圖書，均屬於“古籍”範疇。（2）1911年以後至 1919年“五四”運動以前編撰出版的各類圖書，凡内容涉及中國古代學術文化，採用傳統著述方式，一般具有古典裝幀形式（通常爲綫裝）者，也屬於“古籍”範疇。請注意！這裏使用的是“古籍”這一概念，如果要說“中國古籍”的話，止有這兩條表述還是遠遠不夠的，還應該另有更多的規定條文。

首先，我國歷來是一個多民族組成的國家，中華民族的傳統文化是由各民族共同創造的。“古籍”作爲中華民族傳統文化的載體，不應止限於漢民族的古籍或用漢字書寫的古籍，還應該包括現今少數民族的古籍或用少數民族文字書寫的古籍。1982年，國家民委關於古籍整理的文件中就已經發出呼籲：

> 少數民族古籍目前亟待搶救、搜集、整理和研究。我們希望有關科研、教學和藏書單位，根據自己的人力和條件，把整理研究少數民族古籍的工作列入本單位的科研規劃，並迅速付諸實施。同時希望有關教育、文化和出版部門重視培養

整理少數民族古籍的人才和少數民族古籍的出版工作。

學術界對少數民族古籍的看法，則可以黃永年《古籍整理概論》爲代表，他說：

> 我國的古籍在數量上自以漢文撰寫的爲最多。此外，還有滿、藏、彝等兄弟民族文字撰寫的，當然也是我國的古籍。衹是因爲整理這些用民族文字撰寫的古籍需要另一套專門學問，在方法上也和整理漢文的不盡相同，因此通常所謂古籍整理止限於漢文古籍。

根據這個實際情況，要全面理解"中國古籍"的含義，還必須再加上一條，就是：（3）以少數民族文字書寫的古籍圖書。古代歷史上的民族文字有回鶻文、西夏文、滿文、藏文、蒙文等，用這些民族文字書寫遺存下來的古籍文獻也很不少。

有了上述三條，"中國古籍"的定義是否就算完整了呢？也還不行。因爲歷來在中國這塊土地上生活的不止是中國人，還有外國人。他們不僅在這裏生活，而且還在這裏著書立說，融入了中國文化之中。遠的且不去說，止說明清以來"西學東漸"的情況，據梁啓超《中國近三百年學術史》的統計，耶穌會士在華譯著西書凡三百二十一種，"中外學者合譯或分撰的書籍，不下百數十種"（梁啓超語）。成書於清乾隆六十年的《四庫全書總目》，著錄湯若望、利瑪竇、熊三拔、陽瑪諾、南懷仁等西人著譯，正編二十三部，存目三十七部。最典型的例證，就是利瑪竇譯的歐幾里德《幾何原本》六卷，見於子部天文算法類。如果往早一點說，《四庫》中還著錄有日本、朝鮮、安南、印度人的著述。這説明即使是四庫館臣，也已認識到中外文化的交融是一個歷史事實，對待那些與中國文化學術關係密切的外國人著述，採取了兼容並包、視同己出的態度。

至於近代知識分子向西方學習，力倡"中學爲體，西學爲用"，對中國文化學術的影響尤其巨大。如梁啟超所說："時獨有侯官嚴復，先後譯赫胥黎《天演論》，斯密亞丹《原富》，穆勒約翰《名學》、《群己權界論》，孟德斯鳩《法意》，斯賓塞《群學肄言》等數種，皆名著也。雖半屬舊籍，去時勢頗遠，然西洋留學生與本國思想界發生關係者，復其首也。"嚴譯諸書對中國思想界的啟蒙作用是毋庸置疑的。近代以來譯著的西學書籍，數量很大，能否進入古籍編目，如何進入古籍編目，已成爲目前圖書館界的一個研究課題。

李致忠《古籍版本 500 問》回答什麼是古籍時，曾談到外國人在華著譯的問題。他説：

> 凡産生在 1911 年以前，内容是研究中國古代傳統文化、方法是中國古代傳統著作方式、裝幀具有中國古代圖書傳統裝幀形式的典籍，就是中國古籍。這是確切概念上中國古籍的含義。廣義的中國古籍，則應是在 1911 年以前産生於中國大地而又具有傳統裝幀形式的著作。這就寬泛多了。它不僅涵蓋了中國人的著作，也包括了外國人在中國所寫的著作。

總括以上所説，"中國古籍"的定義應該包括四個方面：(1) 1911 年辛亥革命以前編撰出版的圖書；(2) 1911 年以後至 1919 年"五四"運動以前編撰出版，凡内容涉及古代學術文化，採用傳統著述方式，一般具有古典裝幀形式的圖書；(3) 用少數民族文字書寫的古籍圖書；(4) 外國人在古代中國撰寫的著譯，或與中國思想學術有密切關係的外國著譯圖書。

二、什麼是"古籍整理"

"古籍"的定義明確之後，就可以分析一下"古籍"的屬性。

"古籍"的最大屬性是它的原創性，也稱爲不可再生性。"古籍"是古人編撰出版的，1919年"五四"以來的人通稱爲"今人"，"今人"是不可能再創作"古籍"的。"今人"圍繞現有"古籍"所做的種種工作，祇能稱之爲"古籍整理"。譬如《圖書館古籍編目》提到老商務（上海商務印書館）和老中華（上海中華書局）出版《四部叢刊》和《四部備要》的事，我對張元濟當年編印《四部叢刊》未做過專門調查，不知其底細如何，惟近年因爲工作需要，對張元濟主持編印的《百衲本二十四史》進行了摸底，發現這套書雖然出版於上個世紀30年代，時間上距"古籍"的下限相去不遠，但却屬於典型的"古籍整理"開山之作。

《百衲本二十四史》中的《史記》，明言於民國二十五年（1936）據宋慶元黃善夫本影印。既屬於影印，按説印出來的本子應和原本保持一致才對。即使發現原本文字有錯誤之處，也應該寫成校勘記，附於書後。而張元濟的做法完全不是這樣，他竟然對原本進行了多達二千處的修改。據杜澤遜《論南宋黃善夫本〈史記〉及其涵芬樓影印本》（《中國典籍與文化論叢》第三輯）説：

> 近年，商務印書館委託王紹曾先生（三十年代商務校史處成員）主持整理張元濟先生遺稿《百衲本二十四史校勘記》。筆者幸預其事，將其中《史記校勘記》六册諸條對照涵芬樓影印黃善夫本、清乾隆武英殿本覆校一過，同時取日本水澤利忠先生《史記會注考證校補》參訂之。張氏《校勘記》下欄外批"修"字者甚多，水澤利忠《校補》亦往往於慶元黃善夫本異文之外，另注"影印慶元本作某"或"影印慶元本某改某"。驗諸涵芬樓影印黃本，若合符節。然後知影印黃本已多有修訂，訛者正之，脱者補之，衍者刪之，倒者乙之。改正之處多達兩千，均係明顯之訛誤。偶然誤修者，間亦有之。

而修版之精細,堪稱天衣無縫。半個世紀以來,能發現其事者水澤利忠一人而已。

修版的具體例子無須多舉,上文所舉黃本訛奪衍誤四十餘條,除《司馬相如列傳》所脫《索隱》三條、《集解》一條、《正義》一條未補外,其餘全都改正了。因此,從涵芬樓影印本上已不可能再看到那些嚴重的衍誤訛奪了。就人們熟悉的《司馬相如列傳》來看,張元濟先生《校勘記》中批"修"或"補"、"刪"字樣的共67條,影印本均已照改。又有張先生未批"修"、"補"、"刪"者4條,影印本實已修改。再以水澤利忠《史記會注考證校補》參校,又發現18條修補者,在張元濟先生《校勘記》中根本未出校。三者相加,可知《司馬相如列傳》一篇之中修訂之處即多達89條。涵芬樓影印黃善夫本與真正的黃善夫本之間的懸殊即此可見一斑。

我在這裏所以要引用這麼長的一段話,是生怕我的轉述會讓人無法相信,張元濟號稱影印古籍善本,但印出來的東西卻早已不是古籍原本,而且他的做法是在古籍原本的版面上直接挖改,做得"堪稱天衣無縫",讓你没法辨別真假。這樣改得面目全非的影印書,還能列入"古籍"的範疇嗎? 不止如此,還有更離奇的事,《百衲本二十四史》中的《宋史》,據元至正本(十行二十二字本)影印,缺卷以明成化本(十行二十字本)配補。其《校勘記》前言說:"元本有闕葉,用成化本配補,同時將成化本行款改爲元本行款,如紀三十九、四十,志十三、四十八、九十一、一百五、一百七,傳一百四十五","所用成化本非止一種,用作底本者遇有殘缺,改用寧本、涵芬樓本、潘本、石印本等配補。"這種做法,已經不局限於修改文字,甚至連同原書的行款版式也要重新拼割,改頭換面,與古籍原本相去實在太遠了。

　　當然，換一個角度説，如果張元濟不用影印，而是採用排印的方式，將改動之處一一寫出校勘記，那麼，作爲古籍整理的成果，張元濟的學術成就不僅應該給予充分肯定，而且應該大加褒賞。《百衲本二十四史》在當時極端困難的情況下，想方設法搜羅善本，篳路藍縷，委實功不可没。《百衲本》在史學界的影響是巨大的，中華書局點校本二十四史，其中有九種使用了《百衲本》作底本，由此一端即可認識其學術價值是何等重要。

　　我們在這裏所以要指明《百衲本》在編印過程中的真實做法，不是要否定《百衲本》，而是想説明"古籍"和"古籍整理"的區别。張元濟（1867—1959）的生活時代，由清而民國，再到新中國，應屬於今人，而非古人。他主持編印的《百衲本二十四史》和《四部叢刊》，雖然整理對象是古籍，但在編印過程中進行了校勘和訂正，已非古籍原貌。基於以上兩點，《百衲本》和《四部叢刊》便不能再混同於"古籍"，祇能説它是"古籍整理"圖書。

　　什麽是"古籍整理"圖書？黄永年《古籍整理概論》的開頭就説：

　　　　弄清楚什麼是"古籍"之後，就可以進而談古籍整理。古籍整理者，是對原有的古籍作種種加工，而這些加工的目的是使古籍更便於今人以及後人閲讀利用，這就是古籍整理的涵義，或者可以説是古籍整理的領域。超越這個領域，如撰寫講述某種古籍的論文，以及撰寫某種古籍的研究專著，儘管學術價值很高，也不算古籍整理而祇能算古籍研究。

我同意黄先生的這段話，這裏有三層意思：第一，古籍整理的全部涵義就是"對原有的古籍作種種加工"；第二，古籍整理的目的就是"使古籍便於今人或後人閲讀利用"；第三，以古籍爲研究對象的論文和專著已超出了古籍整理領域。其中最核心的定義是"對原有的古籍作種種加工"這句話,它意味着"古籍"祇能是"原有的",其根本屬性是不可再生的,今人不可能通過"種種加工"重新創造"古籍"。仍以張元濟主持編印的《四部叢刊》和《百衲本二十四史》爲例,先説《四部叢刊》,此叢書凡三編,成書於上世紀20—30年代,參預其事者,除張元濟外,還有葉德輝、傅增湘等人,都是民國和當代人,不能再稱他們是古人,其體例之長在於校輯,已非簡單影印原本,具體説,就是一方面精選善本,一方面附加校勘。所印各書卷末都有校記,用其原話説:"或根據舊刻,或鉤稽衆本,或參以己見,辨別異同,輯爲校記。"《百衲本》的情況已如上述,其加工量十分巨大。可見《四部叢刊》也好,《百衲本二十四史》也好,都已經不再止是"古籍"的原本,而是增加了今人整理工作的内容,具有了新的文化積累的價值。張元濟圍繞"古籍"所做的工作,毫無疑義是"古籍整理"工作,《四部叢刊》、《百衲本二十四史》之類,也理應屬於今日所説的"古籍整理"圖書。

張元濟編印《四部叢刊初編》,始於1919年,完成於1922年,續編完成於1934年,三編完成於1936年,主要工作是在上世紀20—30年代進行的。其實影印古籍在此之前已經開始,近代西方攝影石印技術傳入中國以後,古籍影印也隨之興起。1876年英國人美查在上海設點石齋石印局,影印了《康熙字典》。1881年,廣東人徐鴻復開設同文書局,於1884年影印《殿版二十四史》,又於1885年影印《古今圖書集成》。與張元濟所不同的是,早期的影印基本不"對原有古籍作種種的加工"。因此,我認爲古籍整理的開始階段應該從張元濟影印《四部叢刊》的20年代算起,不應該更早。要給"古籍整理"(或者説是"古籍整理"圖書)下個定義,就應當是:"1919年五四運動以後,直至今天,對原有古籍進行種種加工整理的圖書,稱爲古籍整理圖書。""古籍整理"圖書,現在俗稱

"新版古籍",它和我們前面所説的"古籍",是兩個有着明顯不同的概念和範疇。

古籍整理既是"對原有古籍作種種加工",那麽,這些"種種加工"究竟包括哪些形式呢?古籍整理目前通常採用的方式,可以歸結爲影印、點校、注釋、今譯、輯佚、索引、編纂、古籍數字化八大類,下面分別作些簡要的説明:

(1)影印　古籍的保護,有原生性保護(妥善保護古籍原本,有破損加以修復等),有再生性保護(通過複製、整理使其再生)。影印是再生性保護的有效手段。古籍的影印可分爲兩大類型:一類是唯以保持古本原貌爲目的的仿真影印,講究版框尺寸、開本大小、裝幀形式悉如舊式,如中華書局1974年影印南宋淳熙八年(1181)尤袤刻本《文選》,即按原版框尺寸影印綫裝;1983年影印宋刻《忘憂清樂集》(李逸民撰),不僅版框尺寸相同,而且裝幀形式仍採用蝴蝶裝。另一類則是偏重於學術需求的縮小影印,縮印不損害其學術價值,却能大大降低影印成本。譬如同樣是《文選》,中華書局1977年影印的清胡克家刻本,就是四拼一的縮印本,十六開平裝三册便够了;上海古籍出版社推出的《續修四庫全書》(其中包括少量乾隆以前的四庫未收書),因爲四拼一縮印方式,也祇有一千八百册。縮印古籍,其實早在張元濟影印《四部叢刊》時,已經考慮到讀者的購書能力,採用了類似巾箱本的裝幀形式。縮印最適合於複製或新編大型類書、叢書,如中華影印的《太平御覽》、《文苑英華》、《知不足齋叢書》等。以上兩種影印形式,對原書的行款基本不作改動。此外還有一種情況,就是古籍的原本版式過大過小不規則,不方便按原式影印,祇好將原來的版面重新割裱,以適應當前影印的要求。例如書目文獻出版社(北圖出版社)1986年影印的《詩淵》,版心大小已非原書之舊。

　　上面所説的影印形式,其要求主要在技術層面。從學術層面上講,影印古籍不止是技術性工作,更重要的還在於學術上要有新的積累,使所影印的古籍能夠爲學術研究提供更多的幫助,這也是影印作爲古籍整理的一種方式的目的所在。概括説來,凡是符合古籍影印規範的新版古籍影印本,應該具備以下幾個條件:①所採用的底本具有一定的學術價值或文物價值;②書前有能夠反映當代學術研究水平(包括史料和觀點兩方面)的序言(或稱出版説明、影印緣起等);③編製有新的目錄和索引;④正文有句讀式標點;⑤參校他本,寫有校勘記;⑥附錄必要的相關研究資料。例如,中華1966年影印《文苑英華》,新編全書目錄,附編《作者姓名索引》(作者名下列詩文篇目),並收錄了宋彭叔夏的《文苑英華辨證》、清勞格的《文苑英華拾遺》。中華影印的胡刻本《文選》和《全唐文》則有斷句。

　　附帶説一下如何選擇影印底本,一個總原則是選擇善本爲底本。何謂善本? 清張之洞《輶軒語》説:"善本之義有三:一,足本,無缺卷,未刪削;二,精本,一精校,一精注;三,舊本,一舊刻,一舊抄。"《中國古籍善本書目》在《前言》中説:"版本目録學上關於'善本'的含義,向來指精加校讎、誤字較少的版本或稀見舊刻,名家抄校及前賢手稿之類。《中國古籍善本書目》所著録的書,就上述範圍,概括爲凡具有歷史文物性、學術資料性、藝術代表性而又流傳較少的古籍,均予收録。"此二説一脈相承,所異者在於張是晚清人,以明嘉靖以前古籍爲稀貴,而《善本書目》代表當代人觀點,將稀貴古籍的年代下延至清乾隆以前。根據《善本書目》選擇影印底本,應該説都具有一定的"善本"價值。

　　如果要在學術上做得更到家,止選擇一個本子是不夠的。因爲善本(尤其宋元刻本)在流傳中往往有殘損,影印時要考慮用同一版本的其他本子，或同一種書的其他種版本來配補，或補卷，或補葉。例如，中華 1963 年據商務版影印《太平御覽》，商務 1935 年版《御覽》一千卷，其中九百四十五卷依據南宋蜀刻殘本，蜀刻所缺則取日本靜嘉堂文庫所藏他種宋刻殘本和日本活字本補足。

再說一下如何撰寫影印說明。影印說明一般應由出版社撰寫，但也有請社外專家撰寫的，兩種做法各有利弊。本社撰寫講技術工作多，談學術少，而社外專家撰寫，則較少談及影印中的具體工作。無論何人撰寫，完整的影印說明均須具備四方面内容：①本書作者簡介，包括生卒、字號、仕履、學術造詣等；②本書内容評述，包括著述背景、編撰體例、在當時的流傳情況及對後世的影響等；③影印底本的鑒別，包括底本與現存各本的比較，配補及割裱拼版情況等；④整理工作的說明，包括編製目録、索引，撰寫校勘記，附編相關資料等情況。四個方面不一定平均用力，可以根據實際情況有所側重。

（2）點校　　古籍原本没有今天通常所用的標點符號，標點古籍是隨着"五四"白話文的興起而出現的。有時會發現明清以前的古籍上，偶而會有朱筆或黄筆的圈點，其實並非原書刊刻時所有，而是後來的閱讀者所爲。《禮記·學記》說："一年視離經辨志。""離"就是斷句，先分清句讀。也有古語說："學問如何看點書。"就是說讀書先要從能給古書斷句開始，斷句的正確與否，意味着學問的好壞。如果經常點成破句，就要被稱爲亂下雌黄。

現在的古籍整理圖書，除影印書外，幾乎全是點校本。這些標點本又可分爲兩大類，一類有點無校，止是單純的標點，一類有點有校，點校並重。不作校勘的標點本也不盡相同，有的較爲傳統，標點符號祗有句（。）和讀（、）兩種樣式；有的是新式標點，使用現代漢語的標點符號，止是破折號、省略號較爲少用；還有標點使用專名綫，書名用曲綫，人名、地名等專用名用直綫，稱爲全式標點。中華標點本"二十四史"，便一律採用全式標點。

校勘也有繁簡之別，簡式的校勘止選一二種主要版本對校，客觀記録異文，一般不作是非判斷；而繁難的校勘，則須廣採異本，在判定各本異文是非的基礎上，擇善而從，校正底本文字。判定各本異文的是非，經常需要引用書證，酌加考辨。例如，中華標點本南朝五史和北朝四史，即是如此。還有一種稱爲集校或會校的整理方式，專門以校勘爲主。如郭沫若整理的《管子集校》，搜集《管子》現存的各種版本，羅列異文，廣徵諸書，諸條進行研究，詳盡處形同短札論文。

（3）注釋　注釋起源於解經，古代稱爲訓詁。今天做注釋，目的在於詮釋古籍，便於當代人理解原文含意。好的注釋，或者説注釋的最高境界，乃是求契作者之初心。清仇兆鰲《杜詩詳注序》説："是故注杜者必反復沉潛，求其歸宿所在，又從而句櫛字比之，庶幾得作者苦心於千百年之上，恍然如身歷其世，面接其人，而慨乎有餘悲，悄乎有餘思也。"

注釋是溝通古今的橋梁，其用力處不外兩條，一是幫助讀者掃除閱讀中的障礙，二是進一步讓讀者理解原意。把這兩條内容細化，可歸結爲四項工作：①校訂文字；②解字注音；③闡釋典故；④解析文意。因爲這四項工作内容的要求，古籍的注釋本必然先得是一個點校本，有標點自然便於閱讀，有校勘才能校正文字。點校本一般都會將原文分段，這也有助於理解原文大意。

注釋的體例因書而異，繁簡不一，大略説來，有三種類型：①簡注；②詳注；③集注。三者的區別，不僅在於出注的多寡不同，而且注釋的形式也有不同。以《莊子》一書爲例，中華 1961 年出版了郭慶藩的《莊子集釋》，2000 年又出版了曹礎基的《莊子淺注》,前者的讀者對象主要是學術界人士,而後者則是大衆讀者。同樣是一個詞的注釋,郭書徵引不厭其詳,備載異説,一切皆以原始出處爲據;而曹書則直白講解,基本不作引證,偶有引證也大多附有譯解,而段落後又有串講,一切採用白話,力求通俗易懂。郭書實際上屬於集注體,其特點是博採諸家注本,集衆説爲一書,間有自己的按斷。典型的集注本,還可以列舉王遽常的《顧亭林詩集彙注》(上古 1983 年版)一書,卷首《編例》講所據版本、所引注本,以及彙校、彙注的各項原則,體例極爲周密。詳注本也可參看趙仲邑的《新序詳注》(中華 1997 年版),此書充分體現了詳注的三個特點:①校勘和注釋並重,先校後注;②出注範圍廣,舉凡音義、典故、名物、職官、地理、本事等,無所不注;③注釋徵引書證,且有必要的考辨。

　　(4)今譯　今譯就是把古籍使用的古代漢語翻譯成現代漢語,也就是把古文翻譯成白話文。把前代文獻翻譯成當代文獻,古已有之。但把古文翻譯成白話文,則是近代以來的事。古籍今譯的標準和要求,大抵借鑒了翻譯外國文獻的經驗,普遍採用嚴復的説法:

　　　　譯事三難:信、達、雅。求其信,已大難矣。顧信矣不達,雖譯猶不譯也,則達尚焉……《易》曰"修辭立其誠",子曰"辭達而已矣",又曰"言之不文,行之不遠",三者乃文章正軌,亦即爲翻譯楷模。故"信"、"達"而外,求其爾雅。(嚴譯《天演論》,商務 1981 年版)

嚴復所説的"信"即信實,譯文首先必須忠實於原文;"達"即暢達,譯文不但要忠實於原文,還應該文句通順,語意表述完整;"雅"即文雅,譯文既要明白曉暢,又要筆觸優美,盡可能保留原文的語言風格和特色。

　　古籍今譯的方法大體上可分爲兩種形態,一種是直譯,一種是意譯。直譯是説按照古文字面的語序和意思,直接進行對譯,往往會保留某些原有的詞匯,對原來的語序不作大的調整。例如,《論語》開篇第一條的譯文是:

　　子曰:"學而時習之,不亦説乎? 有朋自遠方來,不亦樂乎? 人不知而不愠,不亦君子乎?"(《論語·學而》)

　　〔譯文〕

　　孔子説:"學了,然後按一定時間去實習它,不也高興嗎? 有志同道合的人從遠方來,不也快樂嗎? 人家不了解我,我却不怨恨,不也是君子嗎?"(楊伯峻《論語譯注》)

意譯是説無法直接對譯時,便不能再拘泥於原文的語序和詞彙,而應以表達其大意爲重,可以通過解釋性文字概括原文大意。以《孟子》爲例:

　　萬章曰:"父母使舜完廩,捐階,瞽瞍焚廩。使浚井,出,從而揜之。"(《孟子·萬章上》節選)

　　〔譯文〕

　　萬章問道:"舜的父母打發舜去修繕穀倉,等舜上了屋頂,便抽去梯子,他父親瞽瞍還放火焚燒那穀倉。(幸而舜設法逃下來了。)於是又打發舜去淘井,(他不知道舜從旁邊的洞穴)出來了,便用土填塞井眼。"(楊伯峻《孟子譯注》)

譯文採用的是解説的語氣,原文省略的内容,譯者不得不用括號予以補充,否則譯文的表述就不完整了。

　　直譯和意譯,常相伴使用,相輔相成,直譯中有意譯的成分,意譯中也會有直譯的成分,何處需直譯,何處需意譯,可以隨書所宜,隨文所宜,一般説來,哲學、歷史古籍,屬於邏輯思維範疇,關係到概念和史實,能直譯者盡可能直譯,而文學古籍,屬於形象思維範疇，講究文筆和意境，採用意譯會更加傳神。

（5）輯佚　顧名思義，輯佚就是輯録散佚。一書亡佚，僅存零篇，或一書雖存，内中篇章有散佚，今爲重輯，都可以稱之爲輯佚。輯佚成爲古籍整理的專門術語，成爲一個行當，始於清代。梁啓超《中國近三百年學術史》説：

> 書籍遞嬗散亡，好學之士，每讀前代著録，按索不獲，深致慨惜，於是乎有輯佚之業。最初從事於此者，爲宋之王應麟，輯有《三家詩考》、《周易鄭氏注》各一卷，附刻《玉海》中，傳於今。明中葉後，文士喜摭拾僻書奇字以炫博，至有造僞以欺人者，時則有孫瑴輯《古微書》，專搜羅緯書佚文，然而範圍既隘，體例亦復未善。入清而此學遂成專門之業。

> 輯佚之舉，本起於漢學家之治經。惠定宇不喜王、韓《易》注而從事漢《易》，於是有《易漢學》八卷之作。從唐李鼎祚《周易集解》中刺取孟、京、干、鄭、荀、虞諸家舊注分家疏解，後又擴充爲《九經古義》十六卷，將諸經漢人佚注益加網羅。惠氏弟子余仲林（蕭客）用其師法，輯《古經解鉤沉》三十卷，所收益富。此實輯佚之嚆矢，然未嘗別標所輯原書名，體例仍近自著。

清人成規模的輯佚，始於利用《永樂大典》輯唐宋以前書，邵晉涵輯《五代史》堪稱楷模。梁啓超稱贊清人整理古籍的一大功績，即古籍輯佚。

輯佚的體例，細分之，可得四種類型：①輯録佚書。原書已散亡，須爬梳群書，將所得佚文，按原書體例重新編次，冀恢復原書舊貌。如上海古籍出版社版《古本竹書紀年》、中華書局版《舊五代史》等；②輯録佚文。原書尚有版本傳世，但已有殘缺，今須在保持原有版本舊貌的同時，另輯佚文，以補其缺。如巴蜀書社版

《華陽國志》、天津人民出版社版《風俗通義校釋》等；③輯録一人或多人之著述爲一書。如中華書局版《王粲集》爲輯録一人之書，中華書局版《建安七子集》則爲輯録多人之書；④輯録某一專題之書。如上海古籍出版社版《緯書集成》，專輯讖緯書。北京圖書館出版社版《古籍叢殘彙編》，專輯《修文殿御覽》、《玉珠寶典》等各種殘佚書。

看一部書的輯佚是否成功，體例是否完善，如梁啟超所言，其標準可概括爲四條：

> 鑒定輯佚書優劣標準有四：①佚文出自何書，必須注明；數書同引，則舉其最先者。能確遵此例者優，否則劣。②既輯一書，則必求備。所輯佚文多者優，少者劣。例如《尚書大傳》，陳輯優於盧、孔輯。③既須求備，又須求真。若貪多而誤認他書爲本書佚文則劣。例如秦輯《世本》，劣於茆、張輯。④原書篇第有可整理者，極力整理，求還其書本來面目。雜亂排列者劣。例如邵二雲輯《五代史》，功等新編，故最優。——此外，更當視原書價值何如，若尋常一俚書或一僞書，搜輯雖備，亦無益費精神也。

（6）索引　索引一詞源自英文"引得"，也可稱爲"通檢"。上世紀 30、40 年代，燕京大學哈佛學社引得編纂處和中法大學漢學研究所，是我國最早的古籍索引編纂機構。燕大引得編纂處出版古籍索引四十餘種，採用堪靠燈體式（逐字索引），一律稱爲"引得"。而中法漢學研究所出版古籍索引十四種，則名爲"通檢"。編制索引是爲了便捷檢索古籍，也可以通過編製索引，發現古籍自身存在的問題，提高古籍整理圖書的質量。

古籍索引因其檢索對象和使用功能的不同，大體上可分爲三大類型：①字詞索引，又可細分爲逐字索引、字詞索引和句子索引。中華書局版《全唐詩索引》爲逐字索引，每字都能檢索；上海古籍出版社版《文選索引》（斯波六郎編）爲字詞索引，立目有字有詞；中華書局版《十三經索引》爲句子索引，祇能按每句首字檢索；②專名索引，又可細分爲人名索引、地名索引、職官索引、篇名索引和書名索引。人名索引如中華書局版《史記人名索引》、《唐五代人物傳記綜合資料索引》等；地名索引如中華書局版《三國志地名索引》、《兩種海道針經地名索引》等；職官索引如上海古籍出版社版《歷代職官表》附編《綜合索引》等；篇目、書名索引如中華書局版《史記三家注引書索引》、《文苑英華》附編《作者姓名索引》（作者名下列篇目）等；③主題索引，又可細分爲關鍵詞索引和分類索引。按照洪業《引得說》第一篇（燕大引得編纂處特刊之四）的說法，是把原書語言環境“中間的重要字眼”挑出來立目。這些“重要字眼”，不但可以是人名、地名、篇名、書名，還可以是典章、制度、名物、典故，乃至叙事中的關鍵詞語。例如，《說苑》卷十八有一段話，開頭一句是：“齊景公爲露寢之臺，成而不通焉。”《說苑引得》即以“齊景公”、“露寢之臺”爲目。分類索引，如中華書局版《元人文集篇目分類索引》，收元人（含元遺民）別集、總集一百七十種，上萬條文章篇目，統一按不同門類編排，先分人物傳記、史事典制、藝文雜撰三大門，各門再分若干類，如人物傳記分男子、婦女、釋道、有姓無名者四類等。

　　編製索引是一項學術性很强的工作，其學術性主要表現在三個方面：①底本選擇要恰當。應選擇經過整理、流通較廣、内容完整的本子爲底本；②立目要準確。洪業講到《說苑引得》立目原則時，特別强調“學者目中有其目”，就是說挑選可以立目的“重要字眼”時，一定要想到學者的要求，一定要符合學術規範；③條目的分合要正確。以人名、地名爲例，同樣的姓名，同樣的地名，如非一人一地，必須分開，備注區分依據，人則字號、籍貫、職官有別，地則行政區劃、時代變遷有別。

(7)編纂　這裏説的古籍編纂，是指新編古籍叢書、類書，編輯各種資料彙編，還包括編撰古籍書目及其提要。古籍編纂的形式多種多樣，但它與一般文史哲研究不同的地方，就是仍然需要直接依託於原有古籍。近些年古籍叢書的編纂，可以上海古籍出版社版《續修四庫全書》、北京圖書館出版社版《中華再造善本》爲代表，類書的編纂可以《中華大典》爲代表，資料彙編可以中華書局版《古典文學研究資料彙編》爲代表，古籍書目可以書目文獻版《北圖古籍善本書目》、北京圖書館出版社版《中國古籍善本書目》、《中國地方志聯合目錄》爲代表，提要可以北京圖書館出版社版《古籍善本提要》(王重民著)爲代表。

編纂雖然仍需要依託於古籍，但自古以來的古籍中原本没有這個書，它是"從無到有"的新生事物。上面所説的六種整理方式，其實都還未能跳出某一種特定古籍的窠臼，雖然較原有古籍增添了新的内容，但那畢竟是"從有到有"，與編纂可以明顯區分開來。"從無到有"和"從有到有"，止是形式上的不同呈現，並不意味着編纂的學術含量一定高過其餘六種整理方式。各書的整理水平如何，決定因素不取決於整理的方式，而取決於整理者對相關學科知識(包括古籍整理學科)的把握程度。

(8)古籍數字化　古籍數字化是説運用計算機和網絡技術，將古籍信息進行數字化處理，從而構建古籍數據庫和古籍網絡。古籍數字化的方式主要有三種：

①全文本式。即通過具體輸入法，把古籍的文字信息存入電腦，形成一個電子文本。這是目前古籍數字化的主要形式。其好處是佔用空間小，可以通過磁盤無限複製(成本甚低)，亦可實現

多功能檢索和段落的重新組合。通過網絡，還可以進行遠距離傳播。所存在的問題是：輸入需要投入很大人力物力（打字、校對）；古籍原貌蕩然無存，原有文物、文獻價值極大受損。

②全圖形式。即通過掃描儀、數字化儀、數碼相機等工具，把古籍原本數字化後，以圖片形式存入電腦，形成一個電子圖形本。其好處是成本投入少，見效快，且能保存古籍原本行款。與全文本式相比較，全圖形式所佔儲存空間較大，會增加傳輸成本和網絡費用。在檢索與重新編輯方面，也不如全文本式來得方便。

③文本帶圖式。即上述兩種形式的組合，通過互補，最大限度發揮兩種形式的優點，減少兩種形式各自存在的局限。運用這種形式整理古籍的成功範例，目前有書同文公司的文淵閣《四庫全書》、《四部叢刊》的全文及圖像版。這種文字與圖版相輔相成的古籍數字化處理方式，在今後是值得提倡的。

由此我們可以爲古籍數字化是否成功，提出三條標準：一是以文爲主，可以全文檢索，同時兼具原本圖像，可以互相印證；二是檢索手段便捷，除常見的關鍵詞檢索外，還可根據不同情況，採用條件檢索、組合檢索，甚至模糊檢索、屬性檢索；三是具有廣泛的鏈接功能，如鏈接注釋（包括音義、典故、干支換算等）、插圖（事物圖像、地圖等）。

古籍數字化是個新生事物，當前仍處於起步階段，其運用範圍主要限於網絡，正規電子文本的出版還非常少，這是因爲有幾個問題至今尚未得到妥善解決。我認爲主要問題是：

①保護電子文本的立法和保護技術相對滯後。投入巨大的電子文本，遭遇盜版猖獗，等於扼殺電子文本出版的積極性。古籍整理的電子出版物不能很好發展，根本原因在此。

②電腦字庫處理古籍還不能滿足需要。目前中文辦公系統

使用國標 GB—2312 字符集的 2763 個簡化字,處理古籍顯然太少,通常使用方正系統的 14000 個繁體漢字字符集,以及"漢字擴展内碼規範(GBK)的 21886 個漢字和 CJK"中日韓大字符集"的 20902 個漢字。問題是漢字異體字很多,現在還缺少一個類似現代漢語正字表那樣的標準,應該由國家出面組織電腦科技專家、古籍整理專家、古漢語專家,共同制定古漢語的正字表,以規範漢字字符集這個平臺。

　　③網絡版古籍電子文本錯誤過多。一是選擇録入底本有困難,由於版權保護,往往不能直接選擇今人整理過的好本子作底本,不得不選用舊本,或刪除整理本的校勘部分;二是校對力量偏弱,録入質量欠佳;三是簡體字録入,造成理解原文大打折扣,由簡轉繁,錯誤百出。說到底,簡體字的電子文本,對於學術研究來說,衹能充當檢索工具,目前尚不能作爲直接引用的依據。

　　(2010 年 6 月北京大學國學研究院博士研究生班講稿)

古籍標點釋例

一、1996 年 6 月 1 日起實施的中華人民共和國國家標準(GB/T15834—1995)《標點符號用法》,既適用於現代漢語,也適用於古代漢語,是古籍整理中使用標點符號的依據。

二、標點符號用法共列出十六種符號,有句號、問號、嘆號、逗號、頓號、分號、冒號、引號、括號、破折號、省略號、着重號、連接號、間隔號、書名號、專名號,標點古籍通常止使用其中的十三種,省略號、着重號、連接號一般不用。

三、古今漢語有所不同,標點古籍必須注意古代漢語的特點,而且標點符號的使用亦應力求規範和統一。現在舉例説明通常使用的十三種標點符號用法如下:

一 句號

句號表示陳述句末尾的停頓。例如:

1. 秦始皇者,秦莊襄王子也。(《史記·秦始皇本紀》)

2. 陽貨欲見孔子,孔子不見。歸孔子豚。孔子時其亡也而往拜之。遇諸塗。(《論語·陽貨》)

陳述句是用來説明事實的,無論肯定事情的存在,還是否定事情的存在,祇要文意已完,均可用句號。

語氣舒緩的祈使句末尾也用句號。例如：

3. 臣有客在市屠中，願枉車騎過之。（《史記·信陵君列傳》）

4. 寡人之師徒，不足以辱君矣，請以金玉子女賂君之辱。（《國語·越語》）

韻文（詩、詞、辭賦、駢文等），在不影響文義的情況下，一般可在押韻處用句號。例如：

5. 吳公鷙强，實爲龍驤。電掃群孽，風行巴梁。（《後漢書·吳蓋陳藏傳贊》）

6. 登兹樓以四望兮，聊暇日以銷憂。覽斯宇之所處兮，實顯敞而寡仇。（王粲《登樓賦》）

7. 千古江山，英雄無覓、孫仲謀處。舞榭歌臺，風流總被、雨打風吹去。（辛棄疾《永遇樂》）

因文字有脱漏而語意不接時，中間宜用句號隔開。例如：

8. 應劭。《十三州記》："弘農有桃丘聚，古桃林也。"（《〈史記·留侯世家〉索隱》）

按《十三州記》的作者是闞駰，而非應劭，其間顯有脱文，今既無從校補，應圈斷，並於校勘記中説明問題何在。

二　問號(?)

問號表示疑問句末尾的停頓。例如：

1. 漁父見而問之曰："子非三閭大夫歟？何故至於斯？"（《楚辭·漁父》）

疑問句一般是用來提出問題的。反問則是一種特殊的疑問句，末尾一般也用問號：

2. 吾君在前，叱者何也？（《史記·平原君虞卿列傳》）

有的句子雖然有疑問詞,但全句不屬疑問句,末尾不當用問號。例如:

3. 吾與之虛而委蛇,不知其誰何。(《莊子・應帝王》)

4. 又不知相遇是何年,相見在何地。(《白居易・與元九書》)

即使句子末尾有疑問語氣詞,凡不求回答的語句,均不必使用問號。例如:

5. 今將軍內不能直諫,外爲亡國將,孤特獨立而欲常存,豈不哀哉!(《史記・項羽本紀》)

6. 上順乎主心以顯賢者,其唯翟黃乎。(《呂氏春秋・自知》)

句子是否使用問號,應根據文義來決定,不能僅從形式上作判斷。

三　嘆號(!)

嘆號表示感嘆句末尾的停頓。例如:

1. 大哉堯之爲君也!(《論語・泰伯》)

2. 嗚呼! 士之處此世,而望名譽之光,道德之行,難已!(韓愈《原毀》)

感嘆句是用來抒發強烈感情的。語氣強烈的祈使句末尾也用嘆號。例如:

3. 嗟! 來食!(《禮記・檀弓下》)

語氣強烈的反問句有時也用嘆號。例如:

4. 姜氏何厭之有! 不如早爲之所,無使滋蔓,蔓難圖也。(《左傳・隱公元年》)

不過標點古籍嘆號不宜多用,凡可用嘆號亦可用句號的地方,宜用句號。

四　逗號(,)

逗號表示句子内部的一般性停頓。例如:

1. 雖有天下易生之物也,一日暴之,十日寒之,未有能生者也。(《孟子·告子》)

2. 建武五年春正月癸巳,車駕還宫。(《後漢書·光武紀上》)

3. 宅邊有五柳樹,因以爲號焉。(陶淵明《五柳先生傳》)

不論單句、複句,内部的停頓都用逗號。

判斷句的主語、謂語之間,因爲一般不用繫詞,故需用逗號點開。例如:

4. 董狐,古之良史也。(《左傳·宣公二年》)

5. 千金,重幣也;百乘,顯使也。(《戰國策·齊策》)

這類句子有時在主語後用"者"字表示停頓,例如:

6. 臣之所好者,道也。(《莊子·養生主》)

7. 彼秦者,棄禮義而尚首功之國也。(《戰國策·趙策》)

有時句子的並列成分層次不同,也需要逗號和頓號相間使用。例如:

8. 太子太師、趙國公長孫無忌,太子太傅、梁國公房玄齡,太子太保、宋國公蕭瑀,各辭調護之職,詔許之。(《舊唐書·太宗本紀下》)

官爵名既已用頓號分開,人名下宜用逗號,以清眉目。

需要注意的是,姓名與字號之間(如"何遜字仲言"),簡單注音釋文的句子(如"塞音先代反"、"輿即車也"),一般不必加逗號。

五　頓號(、)

頓號表示句子內部並列詞語之間的停頓。例如：

1. 舉風后、力牧、常先、大鴻以治民。(《史記·五帝本紀》)

2. 夫餘在長城之北，去玄菟千里，南與高句麗、東與挹婁、西與鮮卑接。(《三國志·魏書·東夷傳》

凡名詞並列而易引起誤會的，使用頓號分開。在語法結構上數句並列一氣貫通的，亦宜用頓號而不用逗號。如例2"南與高句麗"句直貫下文的"接"字，實則高句麗、挹婁各省一"接"字，故其間當用頓號。雖屬名詞並列而不致引起誤會的，可不加頓號。如"日月星辰"、"父子兄弟"、"六七日"、"四五星"、"賜郡國守相金帛各有差"之類，自以不用頓號爲佳。

層次繁複的並列名詞，宜從簡處置。例如：

3. 以揚州刺史元顯爲後將軍、開府儀同三司、都督揚豫徐兗青幽冀并荆江司雍梁益交廣十六州諸軍事。(《晉書·安帝紀》)

官名已用頓號分開，若十六州之間再加頓號，則層次混淆。倘使用專名綫，各州間斷開即可。

詞曲的標點用頓號(、)、逗號(，)、句號(。)，與詞律相關，不盡等同於散文。例如：

4. 大江東去，浪淘盡、千古風流人物。(蘇軾《念奴嬌·赤壁懷古》)

六　分號(；)

分號表示複句內部並列分句之間的停頓。例如：

1. 昔伏生將老,漢文帝嗣以晁錯;穀梁寡疇,宣帝承以十郎。(《三國志·魏書·高堂隆傳》)

2. 殽有二陵焉:其南陵,夏后皋之墓也;其北陵,文王之所避風雨也。(《左傳·僖公三十二年》)

分號表示的停頓比逗號大,宜用來隔開文意緊接而並列明確的分句。在散文中,分號最好少用,凡能用逗號或句號代替的地方,就不用分號。在駢文中,分號的使用亦應限於對仗的句式。例如:

3. 潘岳之文采,始述家風;陸機之辭賦,先陳世德。(庾信《哀江南賦序》)

七　冒號(:)

冒號表示提示性話語之後的停頓,用來提起下文。例如:

1. 古公曰:"我世當有興者,其在昌乎?"(《史記·周本紀》)

2. 武皇帝二十五男:卞皇后生文皇帝、任城威王彰、陳思王植。(《三國志·魏書·武文世王公傳》)

表示説話的句子,冒號下一定要有引號。但如果是轉述他人的話,隱括其大意,則不必用冒號,止用逗號點下去即可。例如:

3. 授舜,則天下得其利而丹朱病;授丹朱,則天下病而丹朱得其利。堯曰"終不以天下之病而利一人",而卒授舜以天下。(《史記·五帝本紀》)

表示引文的句子,如引文完整,自當用冒號和引號。例如:

4. 西京賦曰:"微道外用,千廬內附。"(《〈史記·秦始皇本紀〉集解》)

如行文中夾引不完整的語句,末尾不宜用句號者,前面有

"曰"、"云"字亦應避免使用冒號。例如：

5. 易曰"陰陽不測之謂神"，書云"人惟萬物之靈"，故謂之神靈也。（《〈史記·五帝本紀〉正義》）

6. 禮曰"前有摯獸，則載貔貅"是也。

即使末尾用句號，前面也不一定用冒號。例如：

7. 諸侯聞之，曰"西伯蓋受命之君"。（《史記·周本紀》）

在總括性話語之前可以用冒號，以總結上文。例如：

8. 五刑有服，五服三就；五流有度，五度三居：維明能信。（《史記·五帝本紀》）

這種用法應限於分句較爲簡單，脈絡較爲清晰的文句。如果句子結構複雜，最好在應使用冒號處用句號。例如：

9. 是以不別荆棘者，慶雲之惠也；七子均養者，尸鳩之仁也；捨罪責功者，明君之舉也；矜愚愛能者，慈父之恩也。是以愚臣徘徊於恩澤而不能自棄者也。（《三國志·魏書·任城陳蕭王傳》）

"是以愚臣"句總括上文，應當用冒號，但也可改用句號，使句子的層次更加明確。

八　引號（「」『』、""' '）

引號標明行文中直接引用的話。例如：

1. 子路曰："昔者由也聞諸夫子曰：'親於其身爲不善者，君子不入也。'佛肸以中牟畔，子之往也，如之何？"（《論語·陽貨》）

引號有單雙兩種，直排的第一層用單引號（「」），第二層用雙引號（『』），以明起訖。如係橫排，則改用""和' '，先雙後單。在第二層引文中又有引文（即第三層），直排仍使用單引號，橫排則爲雙引號。不過此種情況應儘量避免，可改用其他辦法處理。

引文上是否使用冒號，應以不割裂文意爲原則。例如：

2. 案：皇甫謐及宋衷皆云玄囂青陽即少昊也。今此紀下云“玄囂不得在帝位”，則太史公意青陽非少昊明矣。而此又云“玄囂是爲青陽”，當是誤也。（《〈史記·五帝本紀〉索隱》）

兩處引文上均未用冒號，一氣貫下，文意暢達。加上冒號，反而不好。惟須注意，止用引號而不用冒號，末尾的標點需放在引號外邊。

引文末尾附加有不屬於原文的語氣詞時，下引號放在附加語氣詞之上，上引號的前面也不宜使用冒號。例如：

3.《東觀記》曰“漢但修里宅，不起第。夫人先死，薄葬小墳，不作祠堂”也。（《後漢書·吳漢傳》注）

4. 賊濟軍於青塘，襲破韋粲營。粲拒戰死，賦（指《哀江南賦》）所謂“護軍慷慨，忠能死節”者也。（倪璠《庾子山集注》）

引號還用來標明需要着重論述的對象或是有特殊含義的詞語。例如：

5.《詩》曰：“天之方蹶，無然泄泄。”“泄泄”猶沓沓也。（《孟子·離婁上》）

九　括號（（）、〔〕、【】）

括號標明行文中注釋性的話。例如：

1.《漢志》：“汝南郡，莽曰汝墳。”（今本誤“汾”）（王先謙《詩三家義集疏》）

這種情況亦有不用括號者，則視作者的自注爲正文，意雖通暢無礙，然終感主次不分。

括號有時也常用於校改文字上，圓括號（（））括住的字詞表示刪去(刪去的字詞用比正文小一號字體)，方括號(一般用六角括號〔〕)括住的字詞表示改正或增補。例如：

2. 若陛下不能遣長公主，而(今)〔令〕宗室及後宮詐稱公主。(《漢書·婁(劉)敬傳》)

3. 漢兵遠鬭，窮寇〔久〕戰，鋒不當也。(《漢書·韓信傳》)

4. 然則慈父孝子將爭接刃於公之腹，以復其怨而成其(功)名。(《漢書·蒯通傳》)

無論改字或刪補，均應於校勘記中加以説明。現在的通常做法，則是不用方圓括號，逕於正文中改正或刪補，而後將改正依據寫入校勘記。

括號用於注碼時，祇有注釋碼一種則一般用六角括號(如〔一〕)或圈碼(如①)；當注釋碼與校記碼並用時，則注釋碼用圓括號或圈碼，校記碼用六角括號，而且注釋碼在校記碼前。例如：

5. 雲氣蔭於叢著，金精養於秋菊②〔八〕。(倪璠《庾子山集注》)

此處②表明見段後注釋第二條，〔八〕表明見篇末校記第八條。注意，兩種注碼都應置於標點前。

十　破折號(——)

破折號標明行文中解釋説明的詞語。破折號引出的解釋説明是正文的一部分，這和括號裏的解釋説明止是注釋有所不同。例如：

1. 三月，公及邾儀父盟於蔑——邾子克也。(《左傳·隱公元年》)

2. 天下不助苗長者寡矣。以爲無益而捨之者，不耘苗者也；助之長者，揠苗者也——非徒無益，而又害之。(《孟

子·公孫丑上》)

標點古籍宜少用破折號,如上例,"非徒"句爲總括語,可換用冒號,參看冒號用法。

一一　間隔號(·)

间隔号即中圓點,間隔號在書名號《》當中用來表示書名與篇名之間的分界。例如:

1.《三國志·蜀書·諸葛亮傳》

2.《詩·鄭風·揚之水》

一二　書名號(《》、﹏﹏)

書名號標明書名、篇名、樂舞名等。例如:

1. 伊尹作《咸有一德》,咎單作《明居》。(《史記·殷本紀》)

2. (嵇)康顧視日影,索琴彈之曰:"昔袁孝尼嘗從吾學《廣陵散》,吾每靳固之。《廣陵散》於今絕矣!"(《晉書·嵇康傳》)

書名號用《》符號時,書名、篇名之間用間隔號。書名號用﹏符號時,書名、篇名間只需斷開即可,不用間隔號。例如:

3. 三國志蜀書諸葛亮傳

作者與書名連用時的簡稱,如"班書"(指班固《漢書》)、"謝沈書"(指謝沈《後漢書》)等,用《》符號,則標作班《書》、謝沈《書》;用﹏符號則標作班書、謝沈書。書名與篇名連用時的簡稱,如"漢表"(指《漢書》諸表)、"隋志"(指《隋書·經籍志》)等,無論用《》用﹏,均連標作《漢表》、漢表,《隋志》、隋志。

書名號內又有書名時,裏面一層一般不用標明。如《蘇軾文集》卷六十六《跋嵇叔夜養生論後》,嵇康(叔夜)作《養生論》,蘇軾跋後，"養生論"三字可不標書名號。

同一書中不同篇名連用，書名號使用如下：

4.《後漢書·竇融傳》《范升傳》《陳元傳》

5. 後漢書竇融傳、范升傳、陳元傳

前者不用頓號，後者則用頓號隔開。

一三　專名號(＿＿＿)

專名號表示人名、地名、朝代名、民族名、國名等。凡字號、封諡、尊稱等意在專指者，一律標專名綫。例如：

1. 范雲字彥龍，南鄉舞陰人，晉平北將軍汪六世孫也。（《梁書·范雲傳》）

2.（沈約）卒官，諡曰恭侯。（同上書《沈約傳》）

3. 元嘉四年，將復徵命，會卒，時年六十三。世號靖節先生。（蕭統《陶淵明傳》）

地名不論所指區域大小，自州郡以至鄉里坊巷、宮殿陵苑，一律標專名綫。習用的大區域名稱，如"山東"、"關東"、"江東"、"河南"等，在當時雖非政區，却有大致範圍，也當標專名綫。惟過於籠統者，如"關內"、"關外"之類，可以不標。古籍中的"江"、"河"一般指長江、黃河，應標專名綫，泛指江河者不標。

朝代名一律標專名綫。至如"漢家"、"唐室"、"有宋"、"東周"、"兩漢"、"隋朝"等，宜二字連標。

民族名稱，如"西南夷"、"匈奴"、"鮮卑"等，一律標專名綫。泛指的，如"胡"、"蕃"、"蠻"、"夷"等不標。

"中國"二字多指中土、中原而言，一般不標專名綫。"京師"的用法略同今之"首都"，亦不標專名綫。

非真實姓名，而習慣上已用作某人專稱的，如"圯上老人"、

“甪里先生”、“太史公”等,應連標專名綫。

封爵名號,無論用地名、用美稱,如“淮陰侯”、“齊王”、“衞國公”、“安樂公主”之類,一律標專名綫。

人名習慣上與官爵名連稱的,如“周公旦”、“太子丹”、“太宰嚭”、“大夫種”之類,當視同一個名詞,連標專名綫。姓氏如“王氏”、“薛氏”等二字連標。

一般爵名與人名連稱的。爵名綫與人名綫當斷開。例如:

　　4. 己亥,以太保、宜豐侯蕭循襲封鄱陽王。(《梁書·敬帝紀》)

官名與人名連稱,姓氏在上者,連標,如“王丞相”、“李將軍”之類;不帶姓不標,如:“二年春正月,公到宛”(《三國志·魏書·武帝紀》);姓名在下者,止標人名,如“左僕射王褒”、“都官尚書宗懍”之類。

官名一律不標專名綫。官名中夾雜地名的,止標地名,如“度遼將軍”、“平越將軍”等。

集合名稱,如指時代的“三代”、“兩晉”之類,連標專名綫;指地指人的“五嶽”、“七賢”之類,不標專名綫。

神名、星名一般不標專名綫。

四、標點古籍通常不用省略號(……)、着重號(‧)、連接號(——),也不用反詰問號(!?)。

五、標點符號的位置,句號、問號、嘆號、逗號、頓號、分號和冒號,一般各佔一個字的位置,不出現在一行之首;引號、括號、書名號的前一半不出現在一行之末,後一半不出現在一行之首;破折號佔兩個字的位置,中間不得斷開;間隔號佔一個字的位置;書名號(﹏﹏)專名號(____)直排標在字的左側,橫排標在字的下邊。

六、標點古籍,還應根據文字內容,適當劃分段落。劃分段落既要顧及段與段之間的關係，也要顧及每一段與全篇的關係。

七、分段，記事者（如史書）當以時間或事件的順序爲依據，論說者（如諸子）當以論點層次爲依據，抒情者（如詩文）當以感情的發展爲依據。段落的劃分允許有整理者自己的理解。

八、各段另行低兩格開始，轉行頂格。爲了表明内容層次，需要分成大段和小段的，大段與大段之間可空一行。

九、原文中有大段引文（如史文中有長篇詔奏、辭賦、疏議等），可採用另起低四格，轉行一律低二格的形式，起訖不必加引號。例如：

> 相如以爲列仙之傳居山澤間，形容甚臞，此非帝王之仙意也，乃遂就《大人賦》。其辭曰：
>
> > 世有大人兮，在於中州。宅彌萬里兮，曾不足以少留。悲世俗之迫隘兮，揭輕舉而遠遊。（下略）
>
> 相如既奏《大人之頌》，天子大説，飄飄有凌雲之氣，似遊天地之間意。（《史記·司馬相如列傳》）

十、標點古籍看易實難，既要求具有古代漢語、古代文化以及某個專業的廣博知識，又要求作風嚴謹，兢兢業業，多查多問，勤於思考。標點失誤的事例很多，可參看楊樹達《古書句讀釋例》、闞勛吾《古文標點例説》，以及國務院古籍整理出版規劃小組編印的《古籍點校疑誤彙録》一至五册。

（原載《書品》1991 年第 4 期）

古籍校勘釋例

程毅中

一、古籍在抄録、刻印、流傳的過程中，會出現各種錯誤，這就需要進行校勘。王鳴盛《〈十七史商榷〉序》曰："欲讀書必先精校書，校之未精而遽讀，恐讀亦多誤矣。"我們在整理出版古籍時，爲了保證質量，原則上都應該先進行校勘。

二、校勘之前，應收集所能見到的各種版本進行比較研究，盡可能選定内容最完整、錯誤最少、校刻最精的版本作爲底本。

三、在弄清版本源流的基礎上選擇若干有代表性的版本作通校。同出一源的版本原則上應選用祖本或最早的本子，但也可採用經過後人精校的翻刻本，再選用若干其他版本作參校（即在通校中遇見異文時再去查對，不作逐字對校）。本書有前人校勘成果的應儘量參考，充分吸收其中正確的意見，並盡可能對它的舉證和引書進行覆核。

如：中華書局1972年點校本《南齊書》，王仲犖點校，以商務印書館影印的宋大字本（簡稱"百衲本"）爲底本，通校了明南京國子監本（簡稱"南監本"）、北京國子監本（簡稱"北監本"）、毛氏汲古閣本（簡稱"汲本"）、清武英殿本（簡稱"殿本"）、金陵書局本（簡稱"局本"），其參考文獻主要有《太平御覽》（簡稱《御覽》）、《册府元龜》(簡稱《册府》)、《資治通鑑》(簡稱《通鑑》)等。對於前人的校勘成果,採用了周星詒、張元濟、張森楷的三種《南齊書》校勘記稿本以及錢大昕的《廿二史考異》等書。

四、如果無法取得選定的善本(包括複印本)作爲底本,可以用比較易得的版本作工作本,按照善本的原貌過錄在易得的版本上,改成與善本完全相同的本子後作底本,然後進行校勘。

五、首先要做好版本對校。是否運用本校、他校以及如何進行本校、他校,可根據本書具體情況決定。運用理校法尤其需要慎重,理校一般應與版本校、他校相結合,不宜止憑理校改動本文,可以在校記中指出問題所在,提出校勘者的意見。

1. 建元元年十一月戊辰,老人星見南方丙上。八月癸卯,祠老人星〔二〇〕。(《南齊書·天文志下》,第239頁,中華書局版)

校勘記:〔二〇〕按是年八月庚午朔,無癸卯,且八月不應在十一月後,必有訛。

六、要區分校勘與考證的界限。由於文字異同造成的出入,如人名、地名、時間、名物的歧異等等,應當盡可能判斷是非,擇善而從,並在校勘記中説明依據。但純係事實的出入,則是箋證、考釋應當解決的問題,不屬於校勘的範圍。

如:中華書局在2007年開始的"二十四史"修訂工作中提出的"校勘總原則"中指出:此次"二十四史"的修訂應"在版本對校的基礎上,全面地做好'本校'(本書内部互校)、'他校'(參校其他史籍)和'理校',是體現修訂本學術水平的重要環節。但總體而言,修訂本的校勘重點在文字校訂,不在史實考證,要嚴格區分'校正文字'和'考訂史實'的界限"。

七、凡底本不誤而他本誤者,一般不出校記。情況特殊的書,或目的在於反映各本面貌的,也可以羅列異同,以便參考,如隋樹森編的《全元散曲》(中華書局版)、鄭振鐸等校勘的《水滸全傳》(人民文學出版社版)等。整理者對本書及版本作了調查研究之後,可根據實際情況和不同讀者的需要,確定校勘的體例,在本書凡例或前言、後記中加以説明。

2. 天地長不没,山川無改(曾本、蘇寫本云,一作如故。)時。草本得常理,霜露榮(曾本云,一作憔。焦本云,一作憔,非。)悴之。謂人最靈智,獨復不如(蘇寫本作知。曾本同,又注,一作如。)兹!適見在世中,奄去靡歸期。奚覺無一人,親識(曾本云,一作戚。)豈相思?(曾本、蘇寫本云,一作相追思。)但餘平生物,舉目情悽洏。我無騰化(曾本云,一作雲。)術,必爾不復疑。願君取(曾本云,一作憶。)吾言,得酒莫苟辭。(逯欽立校注《陶淵明集》卷二《形贈影》,第35—36頁,中華書局版。正文與校語原用大小字標示,今將校語入括號内。)

這是羅列異文的“死校法”,目的在於反映各本的不同面貌。

八、底本上可以確定的訛(錯字)、脱(缺字,或稱作“奪”)、衍(多字)、倒(顛倒)應在本文中改正,並寫出校勘記,説明校改的依據及理由。校改原因顯而易見的,也可以不舉理由。

3. 一朝事至,雖悔何追〔一九〕。(《南齊書·高帝紀上》,第9頁,中華書局版)

校勘記:〔一九〕“何”,原作“可”,今據汲本、殿本、局本改。

4. 孝建初,除江夏王大司馬參軍,隨府轉太宰,遷員外郎、直閣中書舍人、西陽王撫軍參軍〔九〕、建康令。(《南齊書·高帝紀上》,第4頁,中華書局版)

校勘記：〔九〕“西陽王撫軍參軍”，原作“西陵王撫軍參軍”，張森楷《南齊書校勘記》云：“終宋世無西陵王，‘陵’當爲‘陽’，各本並訛。”按《宋書·豫章王子尚傳》，孝建三年，年六歲，封西陽王。大明二年，加撫軍將軍。作“西陽王”是，今據改。

5. 徵授左將軍〔二二〕，加給事中。（《南齊書·李安民傳》，第506頁，中華書局版）

校勘記：〔二二〕“授”字原闕，今據南監本、汲本、殿本、局本補。

6. 陛下常日捨財脩福，臣私心顒顒，尚恨其少，豈可今日有見此事〔二一〕？（《南齊書·武十七王·竟陵文宣王子良傳》，第699頁，中華書局版）

校勘記：〔二一〕“有”字原闕，今據《册府》卷二八八補。

7. 天子聞之，必走向河北桑乾〔四三〕，仍斷河橋，爲河南天子。（《南齊書·魏虜傳》，第999頁，中華書局版）

校勘記：〔四三〕“北”字下原衍“走”字，今據南監本、局本刪。

8. 與同郡顧歡同契，始寧東山開舍授學〔五九〕。（《南齊書·高逸·杜京産傳》，第942頁，中華書局版）

校勘記：〔五九〕“寧”字下原衍“中”字，今據《南史》刪。

9. 辛丑，以征虜將軍崔祖思爲青、冀二州刺史〔一○〕。（《南齊書·高帝紀下》，第36頁，中華書局版）

校勘記：〔一○〕“崔祖思”，原作“崔思祖”，張森楷《南齊書校勘記》云：“本傳作‘崔祖思’，此誤倒。”今據張校乙正。

九、正文改字有兩種方式。一種是加上增刪符號，以便讀者一望而知底本原貌，加方括號表示增字，加圓括號表示刪字。

10. 此大事，願（吏）〔更〕擇可者。（《漢書·高帝紀上》，第 10 頁，中華書局版）

再在校記中説明改字理由。

一〇頁二行　願（吏）〔更〕擇可者　景祐、殿本都作“更”。王先謙説作“更”是。（《漢書·高帝紀上》，第 47 頁，中華書局版）

另一種是不加增刪符號，在校記中加以説明（參看上面例 3 至 9）。

11. 未嘗不送至車後　“未”原在上句“行”字上，據影宋本及沈校本乙正。（《世説新語校箋》，第 18 頁，中華書局版）

十、別本或他書有異文，文義可兩通，不能斷定是非者，可在校記中加以説明。

12. 六頁八行　欲分留守之　按：《通鑑》“留”作“兵”。（《後漢書·光武帝紀上》，第 42 頁，中華書局版）

13. 往來時屢改　“來”，影宋本、草堂本作“還”。（《杜詩詳注》，第 2353 頁，中華書局版）

十一、正文有疑問，無法解決者，也可在校記中加以説明。

14. 四頁八行　更始元年正月甲子朔　張熷《讀史舉正》及黄山《後漢書校補》並謂據下文“二月辛巳”，則正月甲子非朔。今按：是年正月壬子朔，此或衍“朔”字，或“甲子”爲“壬子”之訛。（《後漢書·光武帝紀上》，第 42 頁，中華書局版）

十二、校勘記的位置和寫法，可因書而異。可放在一篇一段之後，也可以放在一卷之後。篇幅較少的書，也可以放在全書之後。無論採取哪種方式，每條校記都應寫明頁數行數，或按正文校勘記的序號，舉出原文的一句或有關詞語，加以説明。

15. 五〇頁一四行　漢王爲發（葬）〔喪〕　景祐、汲古、殿本都作"喪"。王先謙説作"喪"是。（《漢書・高帝紀下》，第83頁，中華書局版）

16. 三一三頁一一行　爲周守藏（吏）〔史〕　據汲本、殿本改。（《後漢書・桓帝紀》，第324頁，中華書局版）

（一）校記放在一篇之後的，可在正文的一個表示停頓的標點之下加上校碼，校記可以不舉出原文，止説明校改之處。

17.〔一〕"雕鎪"原作"雕搜"，據蔣本、戊籤、影宋抄、錢本、悟抄、席本及《才調》、《律髓》改。（《李商隱詩歌集解》，第1頁，中華書局版）

18.〔二〕牽於繩徽　"繩"原作"纏"，據五百家、世綵堂本及《漢書》卷九二《陳遵傳》載楊雄《酒箴》改。按:《漢書・陳遵傳》載《酒箴》顏師古注云:"繩徽，井索也。"（《柳宗元集》，第49頁，中華書局版）

19.〔一〕"初"，原作"末"。案元黃溍《金華黃先生文集》卷二十一《跋徐州鹿鳴宴詩序》云:"此序視東坡先生集所載少六字，不同者十三字。按，先生以嘉祐元年舉進士，此卷云'嘉祐之初'，而集中作'嘉祐之末'，幸真迹尚存，可正傳刻之誤也。"今從。（《蘇軾文集》，第322頁，中華書局版）

以上三例都是在版本校之外，又用他校法作旁證的。

（二）校記放在正文裏的，可隨文注於當字之下，用小字排。可以不舉出底本原作何字，校記句末可加句號。

20. 大鈞無私力，萬物李本、焦本、和陶本作理。曾本同，又注，一作物。自森著。（逯欽立校注《陶淵明集》，第36頁，中華書局版）

（三）校記句末也可以不加句號。

21. 韜囊長舊山樓本作常，四庫本作渾，張本、趙本作獨似獄長空。

（《全宋詩》，第 903 頁魏野《和三門寶寺丞見寄》，北京大學出版社版）

但這樣隨文注於當字之下易使文句割裂，不便閱讀，因此也可採取另一方式，即將校記列於句下，如上例魏野詩，可寫作：

> 轁囊長似獄長空。上一長字，舊山樓本作常，四庫本作渾，張本、趙本作獨。

十三、顯著的版刻錯誤，根據上下文可以斷定是非者，如"己""已""巳"的混同之類，不論有無版本依據，可以逕改而不出校記。

十四、作者原文避本朝名諱及家諱者，一般不改，個別影響理解文義的避諱字，可出校說明。缺筆字則補足筆畫。

22. 從帝〔一四〕，桂陽王休範子也。（《南齊書·劉休傳》，第 612 頁，中華書局版）

校勘記：〔一四〕"從帝"，即順帝，子顯避梁諱改。南監本、殿本已改爲"順帝"。

十五、明清人傳刻古書避當朝名諱而改，或引用古書而避當朝名諱者，如"桓玄"作"桓元"、"玄怪錄"作"元怪錄"、"弘治"作"宏治"之類，應據古本及原書回改，可於首見處出校說明，餘皆逕改，不再一一出校。

23. 上笑曰："吾有愧文叔，知公爲朱祜久矣。"〔一五〕（《南齊書·褚淵傳》，第 429 頁，中華書局版）

校勘記：〔一五〕"祜"原作"祐"，今據局本改。按今本《後漢書·朱祜傳》章懷注："《東觀記》'祜'作'福'，避安帝諱。"劉攽《刊誤》云："案注引《東觀記》安帝諱，則此人當名祜。"

十六、一般虛字出入可以不出校，但文學作品的虛字涉及修辭優劣的，原則上以出校爲宜。

十七、古書中的古今字、通假字、異體字、俗體字等，一律不出校。宋代以前的古書及有關語言文字學的著作，異體字一般不改。元明以後的書，不常見的異體字及不合規範的俗體字，如"島"作"島"、"沿"作"沿"、"船"作"舡"、"街"作"啣"之類，可根據實際情況改成通行的繁體字，改了也不出校。版刻中的錯字，如"焰"刻作"熖"、"祇(只)"刻作"祗"、"躅"刻作"躖"、"癏"刻作"癗"之類，應改成規範的繁體字。一本書内的用字應力求統一。用簡體字排印的書可另作規定。

十八、校記文字力求簡明扼要。運用校勘用語應符合習慣用法。普遍性的問題可在凡例或前言、後記中説明。

（原載《書品》1991 年第 4 期）

古籍注釋釋例

一、注釋之爲學，肇始於解經。清顧炎武《日知録·十三經注疏》説："其先儒釋經之書，或曰傳，或曰箋，或曰解，或曰學，今通謂之注。《書》則孔安國傳，《詩》則毛萇傳、鄭玄箋，《周禮》、《儀禮》、《禮記》則鄭玄注，《公羊》則何休學，《孟子》則趙岐注，皆漢人；《易》則王弼注，魏人；《繫辭》則韓康伯注，晉人；《論語》則何晏集解，魏人；《左氏》則杜預注，《爾雅》則郭璞注，《穀梁》則范寧集解，皆晉人；《孝經》則唐明皇御注；其後群儒辨釋之書，名曰《正義》，今通謂之疏。""注釋"連讀而成爲術語，則見於南北朝時期。北齊顏之推《顏氏家訓·書證》説：

> 《詩》云："參差荇菜。"《爾雅》云："荇，接余也。"字或爲莕。先儒解釋皆云水草，圓葉細莖，隨水淺深。今是水悉有之，黄花似蓴，江南俗亦呼爲猪蓴，或呼爲荇菜。劉芳具有注釋。

按，劉芳乃北魏人，著有《毛詩箋義證》，見《魏書·劉芳傳》及《隋書·經籍志》。

二、注釋的目的在於詮釋古籍，而其最高境界乃是追尋原意，求契作者之初心。清仇兆鰲《杜詩詳注序》（中華書局 1979 年版）説：

　　是故注杜者必反復沉潛，求其歸宿所在，又從而句櫛字
比之，庶幾得作者苦心於千百年之上，恍然如身歷其世，面接
其人，而慨乎有餘悲，悄乎有餘思也。

今人傅庚生在《中國文學欣賞舉隅》（上海書店 1989 年新 1
版）中也説：

　　欣賞文學，捨精研更莫由也。研之精則悟之深，悟之深
則味之永，味之永則神相契，神相契則意相通，意相通則詁之
達矣。

此謂注釋的出發點與歸宿，就是與作者神契意通。

　　三、注釋在古代可以統稱爲"訓詁"，但在不同的歷史時期又
有不同的專門術語。大抵漢代以前，學貴專門，講究師承，注釋遂
多墨守家法，故謂之"傳"（如《詩毛氏傳》）、"説"（如《老子傅氏經
説》）、"訓"（如《春秋釋訓》）、"微"（如《左氏微》）、"故"（如《倉頡
故》）、"解"（如《禮記略解》）、"箋"（如《毛詩箋音證》）、"章句"（如
《公羊章句》）、"正義"（如《周易正義》），皆不出一家之言。而魏晉
迄於唐，乃有薈粹衆説的"集解"（如《論語集解》）、"義疏"（如《論
語義疏》）出現。及至宋代，其體例又大變，注釋不惟不拘家法和
成規，而且往往推翻舊説，獨抒己見。如清李兆洛所説：

　　治經之塗有二：一曰專家，確守一師之法，尺寸不敢違
越，唐以前諸儒類然；一曰心得，通之以理，空所依傍，惟求乎
己之所安，唐以後諸儒類然。孔子曰："述而不作，信而好
古。"專家是也。孟子曰："以意逆志，是爲得之。"心得是也。
能守專家者，莫如鄭氏康成，而其於經也，泛濫博涉，彼此通
會，故能集一代之長。能發心得者，莫如朱子，而其於經也，
搜採衆説，惟是之從，故能爲百世之宗。（《養一齋文集》卷三
《詁經堂續經解序》）

這裏字面上是講"治經"，實際上則是在說歷代的注釋。當今通行的注釋體例即屬於"心得"之學，是宋人"搜採衆說，惟是之從"傳統的繼承和發揚。

四、注釋是當今古籍整理工作中最爲通行的一種整理方式。注釋在整理過程中所承擔的任務，就是構築溝通古今的橋梁。其着力點不外兩條，首先是掃除閱讀古籍中的語言障礙，其次則是準確地詮釋古籍原意。具體説來，可以將其工作内容細化爲四個方面：(1)校正文字；(2)解字注音；(3)闡釋典故；(4)解析文意。例如，曹礎基的《莊子淺注》(中華書局 2000 年版)，其前言對自己的注釋工作有如下表述：

(一)本書中的《莊子》原文，以中華書局一九六一年七月版的《莊子集釋》(郭慶藩輯，王孝魚整理)爲底本，參閱其他，擇善而從。凡於底本有所改動者，必在注中加以説明。

(二)每篇篇首有"説明"，概括該篇中心，指出其中的主要問題；每段之後有段意説明，而且必要時稍加評點。

(三)由於《莊子》文章義理玄虛，故除了對生字難詞注明音義外，有些句子還根據上下文意略加串解。

(四)《莊子》的核心在内篇，故評注時内篇稍詳，而外雜篇偏略。

既謙稱"淺注"，可見是要做成面向大衆的通俗讀本，即便如此，有關注釋的四項基本要求，一項也不可少。

五、在當今的古籍整理工作中，注釋所採用的體例往往繁簡不一，因書而異。讀者面較廣的古籍，整理時通常採用簡注的方式。簡注的鮮明特點是出注略少，注釋用語亦簡短淺白，直截了當，而且注釋側重於解釋語詞，至於較爲疑難的典故、名物，乃至本事考訂之類，一般並不作引證和考辨。不妨仍以《莊子淺注》爲

例，如《齊物論》：“昔者莊周夢爲蝴蝶，栩栩然蝴蝶也。自喻適志
與？不知周也。俄然覺，則蘧蘧然周也。不知周之夢爲蝴蝶與？
蝴蝶之夢爲周與？周與蝴蝶則必有分矣。此之謂物化。”曹書止
有五條注，如謂“喻，曉，覺得”、“適志，得意”之類，簡潔明瞭，即令
較難懂的“蘧蘧然”，也止注爲：

> 驚疑的樣子。夢醒之後，想到自己又是莊周，故感到驚
> 奇而又可疑。

而同樣是這三個字，郭慶藩撰《莊子集釋》的注却是：

> 蘧蘧，徐音渠，又其慮反。李云：有形貌。崔作據據，引
> 《大宗師》云據然覺。

此中包括了徐、崔兩家注，“蘧蘧”不但有不同的讀音，而且有不同
的寫法和含義。曹、郭二者的注法有異，正説明二書在體例上有
繁簡之别。從《莊子淺注》一書還可以看到，注釋中常伴有句子的
串講，數段之後又歸納其段落大意，這也是簡注的特色所在。其
好處是讓讀者能够通過其講解直奔主題，不致爲注釋所牽累。

六、注釋的又一種常用體例是詳注。其特點是注釋詳明，内
中包含三層意思：一是校勘和注釋並重，先校後注；二是出注的範
圍廣，舉凡音義、典故、名物、本事、地理、職官等，無所不包，出注
自然較多；三是注釋往往徵引書證，有時還進行必要的考辨。例
如，趙仲邑的《新序詳注》（中華書局1997年版），其《前言》對於體
例有七點説明：

（一）關於出處的標明，則書名篇名一般用全稱。書名、篇名
以及必須注明的卷數和編著者、注家的姓名，都儘量標明。

（二）注解如已見别章，也儘量予以省略。如認爲有重複出現
的必要，則往往注明見本書某篇某章某注。前後兩條注解如果可
以互相補充，也在其中一條内注明或在兩條内分别注明。

（三）注中有解詁，有集證，有考釋，有考辨，有校勘，有考異，有音讀，爲方便計，統稱爲注。

（四）注中的材料，有的是所根據的載籍的原文，有的是載籍原文的翻譯或譯述，有的是若干載籍原文綜合的叙述或譯述。

（五）校勘有兩種：一種是《新序》各章中的文字，某字應作何字，止根據鐵華館校宋本、明程榮校本、《四部叢刊》本和湖北崇文書局刊本文字的異同，擇善而從，一般不在注内標明。另一種是在這範圍以外的校勘，如下斷語，也止在注内注明應作或應該增删某字某某字，對《新序》各章中根據第一種校勘所確定下來的文字則一律不加改動。希望通過這兩種做法，一方面能幫助讀者閱讀，一方面又能儘量保存宋本《新序》十卷原書的面目。

（六）校勘中所用的類書或古書中的注疏，其下止説"引"而没有説明引什麽的，所引都指《新序》而言。

（七）考異的目的，是爲的幫助讀者瞭解故事的變動性。其次是爲的幫助讀者更準確地瞭解本書語句的含義。如《雜事》第一《昔者周舍事趙簡子》章"令我"，《太平御覽》卷四百二十八引作"教寡人"，雖不必據以校改，但可作爲"令"即"教"之佐證。又如《雜事》第二《莊辛諫楚襄王曰》章："先生老歟？妄爲楚國妖歟？""妄"，《戰國策·楚策四》作"將"，更可以證明"妄"應作"抑"解，作選擇連詞用。

上述七條已將詳注所應包括的具體原則和做法臚列殆盡。

七、注釋體例中堪稱繁難的一種是集注，又稱集釋、集解、彙注等，其特點是集古今衆説爲一書，其間又時時有自己的按斷。例如，王蘧常的《顧亭林詩集彙注》（上海古籍出版社1983年版），卷首《編例》前四條説：

（一）本書以傳録潘耒手鈔本爲底本，以其較潘耒初刻本（以下簡稱"潘刻本")爲完整,少避忌缺文。手鈔本與潘刻本同爲六卷,但起訖分卷不同;徐嘉《顧詩箋注》本,即據潘刻本,想以時代使然,但與潘刻本分卷亦不同(潘分作六卷,徐分作十七卷)。今分別於《詩目》中加按語説明,以清版本源流。

(二)本書分"彙校"與"彙注"兩部分。先列"校文",列於原詩之後,空半行,每校之間空一字接排;"注文"列於"校文"之後,空一行,每一注碼提行,各注之間空一字;"蘧常案"另行,以清眉目。

(三)本書彙校所據本,有一、潘耒初刻本,二、幽光閣鉛槧本,三、翁同龢秘本,四、孫詒讓託名荀氏校本,五、孫氏別校本,六、吳校本,七、曹氏校本,八、汪辟疆校本,九、冒廣生批本,十、陳氏校注稿本。止出校異文,稱"某云"或"某案"。徐嘉《顧詩箋注》本與底本整句不同者,間出徐氏注文,以資參考。

(四)本書彙注所據本,以徐嘉《顧詩箋注》本爲基礎。原有顧氏自注,仍以小字注於正文原句之下(如"潘刻本"例);彙注部分首列潘刻本"原注",次列"徐注",它注略按年次排列,曰"某注";批注而不見成書或取各家之説者,用"某云"。據本有(按,以下列"全祖望批本"、"戴望注本"等計有八種之多,茲不具)。

憑此四條,應能看出彙注本在"校"(版本校勘)與"注"(前人舊注)兩方面,皆求備求精,臻於極致。對於自己的新見解(補正舊注,提出新解),則以"蘧常案"的形式另行附於當句之後,新舊分明,相得益彰。

八、簡注、詳注、集注,此可謂注釋的三大類型,就各自的典型特徵而論,它們體例互別,不相混同。不過三者之間,除集注偏於薈萃資料、詳考得失見長而外,簡注和詳注其實無法作出嚴格的區分。即如當前普遍稱爲"校注"、"校釋"、"校箋"、"箋注"之類的注釋本,其注釋有詳有略,間亦有所徵引和考辨,大多介於簡注和詳注之間。將它們歸屬何種類型並不重要，關鍵是要看其體例是否符合注釋的學術規範，至於其學術性質、讀者對象倒是可以因書而異的。例如，楊伯峻的《論語譯注》是一本普及讀物，中華書局 1960 年版爲繁體字本，2007 年新一版改排簡體字，尤其符合其書整理的宗旨。雖説出於普及的目的，但其注釋亦甚講求學術規範。該書《例言》中説：

（一）《論語》的本文，古今學者作了極爲詳盡的校勘，但本書所擇取的止是必須對通行本的文字加以訂正的那一部分。而這一部分中，其有刊本足爲依據的，便直接用那一刊本的文字；不然，仍用通行本的文字印出，止是在應加訂正的原文之下用較小字體注出來。

（二）在注釋中，著者所注意的是字音詞義、語法規律、修辭方式、歷史知識、地理沿革、名物制度和風俗習慣的考證等等，依出現先後以阿拉伯數字爲標記。

（三）本書雖然不糾纏於考證，但一切結論都是從細緻深入的考證中提煉出來的。其中絶大多數爲古今學者的研究成果，也間有著者個人千慮之一得。結論固很簡單，得來却不容易。爲便於讀者查究，有時注明出處，有時略舉參考書籍，有時也稍加論證。

（四）字音詞義的注釋止限於生僻字、破讀和易生歧義的地方，而且一般止在第一次出現時加注。注音一般用漢語拼音，有時兼用直音法，而以北京語音爲標準。直音法力求避免古今音和土語方言的歧異。

《例言》原本共有十四條，這裏僅擇録其中相關的四條，由此已足以見出該書關於校勘和注釋兩方面的細密思考。可以説，即便是簡約而通俗的注釋，必要的校勘與考證也是不可或缺的。又如,金開誠、董洪利、高路明的《屈原集校注》(中華書局 1996 年版),此書雖非集注一體,但完全稱得上是歷代《楚辭》注釋的集大成之作。這裏就其體例説明摘引如下:

(一)本書所注屈原辭二十五篇,是根據王逸《楚辭章句》所標明的屈原作品而定。二十五篇之中關於作者真僞爭議較大的是《遠游》、《卜居》、《漁父》。《遠游》篇雖有疑點,但尚無確證可斷其非屈原所作,《卜居》、《漁父》則顯然不是屈原的作品。這裏,仍依王逸所定,把這幾篇列入《屈原集》中,並爲作注。又,二十五篇之外的《招魂》篇,王逸認爲是宋玉爲招屈原之魂而作,近人多據司馬遷説認爲是屈原的作品,並認爲篇中所招的是楚懷王之魂。這裏也仍依王逸之説,不予作注。各篇的先後順序,也與《楚辭章句》同。有不同的意見,則於題解或有關注釋中説明。

(二)本書採用的底本是《四部叢刊》影印明翻宋本《楚辭補注》,同時參校了宋端平本《楚辭集注》、明隆慶間芙蓉館本《楚辭章句》、明萬曆十四年馮紹祖觀妙齋刊《楚辭章句》本以及清嘉慶間胡克家覆刻宋淳熙本李善注《文選》、《四部叢刊》本六臣注《文選》、《知不足齋叢書》本宋錢杲之《離騷集傳》。凡底本之誤字、缺字以及其他訛誤,均於校記中注明,不改底本。

(三)本書校勘徵引異文,以洪興祖《補注》、朱熹《集注》爲主。洪氏曾多方搜羅《楚辭》版本,作了精密、系統的校勘,因此保存在《補注》中的文字考異材料很有參考價值,既有助於瞭解各本《楚辭》的文字異同,也便於人們參證比較,作出近是的解釋。朱注中徵引異文,除過録洪氏《考異》之外,亦有所增益。兩相比勘,頗有助於校勘考證。所以凡二書所引異文，皆録於校記之中，並略加考辯。其他書籍和前賢之説，凡有可參者亦皆引録之。

（四）本書於正文之前均有解題，説明各篇的篇題命意、創作背景、思想内容和藝術特色，並對某些疑問或有爭議的問題加以考辯。

（五）本書注釋包括語詞的解釋、典故用事的説明和史事的考證等内容。注釋力求詳備、準確，儘量不留難點。除表達我們的意見之外，對於有分歧的字詞章句，還介紹了多種不同的解釋，以供讀者參考。詞語的解釋不避重複，但同一篇中意義相同的詞語一般止注一次。生僻的字詞，用漢語拼音和同音漢字注音，注音根據《辭源》和《辭海》。引文必注書名，但王逸、洪興祖、朱熹等人之説由於各篇都引用較多，則於各篇初見時注出書名，再出則省。凡引文有删節省略之處，則用删節號標出。

（六）注中對原作的大部分句子，基本上以兩句或四句爲單位作了串講，其中標明"以上二句説"的，大體上是直譯；標明"以上二句意思是"的，大體是意譯；另外有一小部分句子由於理解有異，或者譯文不能充分反映作者用意，我們則在串講之後又按照不同的理解再作串講，或者在串講之外又用一些文字解釋作者用意。

《屈原集校注》的學術性很强，故其體例中涉及到以何爲底本，如何進行文字校勘，如何吸納前人注釋成果，如何融會貫通而出以新意等諸多問題，條分縷析，滴水不漏。

九、以學術性爲主要訴求的注釋中，還有一種箋注體別具特色。例如，鄧廣銘的《稼軒詞編年箋注》（上海古籍出版社1978年版），因爲注者是史學家，故在講求底本、校勘之外，尤爲重視作品

編年,對於注釋則偏於徵引典實、本事。今摘引《例言》數條以見其意:

(一)兹編參考所及,範圍雖廣,而所偏重者則爲宋元二代之史籍、文集、志乘、筆記之屬。諸書中之記載,凡直接或間接足以考明辛氏友輩之事跡者,莫不儘量搜採。

(二)兹編之注釋,唯以徵舉典實爲重。其在詞藻方面,則融經鑄史、驅遣自如,原爲辛詞勝場之一,故凡其確爲脱意前人或神化古句者,亦皆爲之尋根抉原,注明出典;至如字句之訓詁以及單詞片語之偶與古合者,均略而不注。

(三)明悉典實則詞中之涵義自見,揆度本事則作者之宅心可知。越此而往,舉凡鑿空無據之詞,游離寡要之説,所謂"祇謂攪心,胡爲析理"者,兹編概不闌入。寧冒釋事忘意之譏,庶免或臆或固之失。

又如徐震堮的《世説新語校箋》(中華書局 1987 年版),其《前言》中説:

本書用涵芬樓影印明袁氏嘉趣堂本作爲底本,校以唐寫本(附影宋本後)、影印金澤文庫所藏宋本(簡稱影宋本)、沈寶硯據傳是樓藏宋槧本所作校語(簡稱沈校本)、明凌瀛初刻批點本(簡稱凌刻本)及王先謙思賢講舍刻本(簡稱王刻本)。凡此諸本異文甚多,各種史書及類書所引也時有出入,只取其可以是正底本的,其明顯錯誤或和文義無甚關係的皆不録。近人著作如沈劍知先生之札記及王利器先生之影宋本校記,亦曾涉獵,有所借資,並應誌謝。

引用諸家之説,皆注明出處,其中劉辰翁、劉應登、王世懋的評語,見於凌刻本;嚴復語取之華東師範大學圖書館所藏盛氏愚齋藏書《世説新語》眉批,全書僅寥寥數條。

　　書中所用晉、宋常語與習見義有出入的以及名物之難曉者,輯爲《世說新語詞語淺釋》,附於書後。

　　鄧、徐二注皆以詮釋典實、採集諸說爲要義,"箋注"體也以此而與一般性的注釋相區別。

　　十、注釋的難點在注典故。典故的使用有顯、晦之分,有時明引,有時暗用,有時略取語意,有時語意兼取,有時直用,有時化用(詳請參考陳望道《修辭學發凡》,上海教育出版社 1976 年版),注釋前須仔細分辨。注釋典故應當注意兩個問題:一是既知其爲典故,必當溯其源,瞭解其本事出處與含義;二是解釋典故既要符合原始出處的含義,更要兼顧此處的確切用意。例如,王力主編《古代漢語》第三冊選入庾信《哀江南賦序》,其中"荊璧睨柱,受連城而見欺[1];載書橫階,捧珠盤而不定[2]"二句,注釋如下:

　　〔1〕這是說相如出使沒有被騙,而自己却爲西魏所欺。荊璧,即和氏璧,因楚人卞和得玉於楚國的荊山,所以稱荊璧。睨柱,斜視着柱子。連城,相連的城。《史記·廉頗藺相如列傳》載:趙得楚和氏璧,秦昭王聽說後,願以十五連城換和氏璧。趙王使藺相如奉璧見秦王。相如見秦王無意償趙城,於是詭稱璧上有瑕,要指給秦王看。相如取回璧後說:"臣觀大王無意償趙王城邑,故臣復取璧。大王必欲急臣,臣頭今與璧俱碎於柱矣。"說後就"持其璧睨柱,欲以擊柱"。秦王怕他摔碎了璧,於是向他道歉,並召有司案圖指出所要給的十五城。

　　〔2〕這是說毛遂能訂盟而自己却不能。載書,盟書。珠盤,用珠子裝飾的盤子。珠盤是盟會時所用的。《周禮·天官·玉府》:"若合諸侯則共(供)珠槃(盤)玉敦。"《史記·平原君列傳》載:平原君與楚合從,從早晨到中午,還沒談妥。毛遂按着寶劍邁幾層臺階闖上堂去,責備楚王,楚王這才答應了。毛遂捧着

銅盤和楚王歃血(飲血,藉以示信)而定合從之約。

此二注既揭示了典故的出處,又説明了用在此處的含義,考按古典與解釋今意相輔而行,通俗易懂,這是注釋的上佳境界。

十一、注釋的另一個難點是注地名。注釋地名既要考察歷史的沿革,又要注意當代行政區劃的變遷。考察歷史沿革,可依據歷史地理文獻和相關工具書。歷史地理文獻,如正史中的地理志(《漢書·地理志》、《續漢書·郡國志》等)、全國或地區性地理通志(《元和郡縣圖志》、《元豐九域志》、《華陽國志》、《清一統志》等),以及地方志(《保定府志》、《清河縣志》等)之類;地理工具書,如《中國歷史地圖集》、《中國歷史地名大詞典》、《中國歷史大詞典》之《歷史地理》分册等,皆屬於重要的參考依據。注釋地名的具體例證,如《古代漢語》第四册蘇軾《新城道中》詩,有關"新城"的注釋如下:

> 新城,在杭州西南,原是杭州的屬縣,現爲富春縣新登鎮。作者知杭州時,曾於神宗熙寧六年(1073)巡行屬縣,在由富陽至新城的塗中寫了這首詩。

此注既説明了新城原屬杭州,蘇軾時任知杭州,因爲例行巡視而有新城之行,同時又確切指明新城即今天的新登鎮,現已改屬富春縣。這樣的地名注釋,與原文的歷史背景契合無間,相得益彰。

十二、古籍的注釋是一項繁難細緻的工作,注釋者應有很好的學術素養,而進行注釋時,則應保持謹嚴、客觀的治學態度。好的注釋,其首要標準是準確明瞭,符合原意,絶不可强不知以爲知,穿鑿附會,乃至曲解原意。至於注釋的詳略體例如何確定,解説所使用的語言是否通俗易懂,這一切當取決於本書主要讀者對象的需求,其關鍵是量體裁衣,各取其宜。

古籍今譯釋例

一、古籍今譯是當代古籍整理出版諸多形式之一種。其方法就是在整理過程中,對古籍所使用的語言進行古今轉換,亦即把原書的古代漢語翻譯成現代漢語,通俗的説法是將古文譯成白話文。今譯以其通俗易懂,已成爲當代古籍整理出版普遍採用的形式。儒家經典如《周易》、《論語》、《孟子》等,先秦諸子如《老子》、《莊子》、《韓非子》等,史學專著如《左傳》、《史記》、《資治通鑑》等,文學名作如《詩經》、《楚辭》、《文選》等,現在皆已有全譯本或選譯本。

二、翻譯前代文獻或外國文獻,古已有之,但此種翻譯與古籍今譯並非同一個概念。古籍今譯乃近代以來出現的新術語,有其特定含義。簡要地説,1912 年民國建立以前的著述可稱爲古籍,而古籍今譯則是將古籍由文言譯成白話文。白話文興起於 1919 年"五四"新文化運動,以此而論,古籍今譯的歷史迄今尚不足百年。

三、古籍今譯的標準和要求,大抵借鑒近人嚴復的提法,歸結爲"信"、"達"、"雅"三種不同的境界。嚴復《天演論譯例言》説:

譯事三難:信,達,雅。求其信,已大難矣。顧信矣不達,雖譯猶不譯也,則達尚爲……《易》曰"修辭立其誠",子曰"辭達而已”，又曰“言之無文，行之不遠”，三者乃文章正軌，亦即爲翻譯楷模。故“信”、“達”而外，求其爾雅。（嚴譯《天演論》，商務印書館 1981 年版）

此所謂“信”，即信實，譯文必須忠實於原文；“達”，即暢達，譯文不但要忠實於原文，還要語意準確通順；“雅”，即文雅，譯文既要明白曉暢，又要文筆優美，盡可能保持原有的語言特色和風格。

四、古籍今譯的方法，大體上分爲兩種類型，即直譯和意譯。直譯就是按照字面的意思直接進行語詞對譯，一般會保留某些原有的詞彙，按照原有的語序來表達，有時也會根據現代漢語的表達習慣，對原有語序稍作調整。如果需要進行古今漢語詞彙的對換，則所選擇的現代詞彙必須準確，要能夠正確傳達原意。例如：

1. 柴也愚，參也魯，師也辟，由也喭。（《論語·先進》）

譯文：高柴愚笨，曾參遲鈍，顓孫師偏激，仲由鹵莽。（楊伯峻《論語譯注》，中華書局 2007 年版）

此例譯文未改變原文語序，而以“愚笨”對應“愚”，以“遲鈍”對應“魯”，以“偏激”對應“辟”，以“鹵莽”對應“喭”，在訓詁上皆有依據，確能準確轉述原意。

2. 子曰：“不患人之不己知，患不知人也。”（《論語·學而》）

譯文：孔子說：“別人不瞭解我，我不急；我急的是不瞭解別人。”（楊伯峻《論語譯注》，中華書局 2007 年版）

此例譯文根據現代漢語的表達習慣，對原文的語序有所顛倒，但彼此的語意是相對應的，並無改變。此種譯文仍可視之爲直譯。

五、意譯是指無法直接對應譯出時，遂不拘泥於原文的語序和詞彙，專以表達其大意爲重的譯文。意譯通常是用解釋性文字

概括原文大意,有時還需要在文句上或語法上作出相應的補充,以協調古今漢語的差異,保持原文大意的完整性。例如:

　　1. 子曰:"吾與回言終日,不違,如愚。退而省其私,亦足以發,回也不愚。"(《論語·爲政》)

　　譯文:孔子説:"我整天和顏回講學,他從不提反對意見和疑問,像個蠢人。等他退回去自己研究,却也能發揮,可見顏回並不愚蠢。"(楊伯峻《論語譯注》,中華書局 2007 年版)

　　2. 子夏問孝。子曰:"色難。有事,弟子服其勞;有酒食,先生饌,曾是以爲孝乎?"(《論語·爲政》)

　　譯文:子夏問孝道。孔子道:"兒子在父母前經常有愉悦的容色,是件難事。有事情,年輕人效勞;有酒有肴,年長的人吃喝,難道這竟可認爲是孝麽?"(楊伯峻《論語譯注》,中華書局 2007 年版)

此二例譯文屬常規性做法,其譯文均採用解釋性文句概述大意。

　　3.《象》曰:"天行健,君子以自强不息。"(《周易·乾卦》)

　　譯文:《象傳》説:"天道剛健,君子(以天爲法),所以自强不息。"(周振甫《周易譯注》,中華書局 1991 年版)

　　4. 萬章曰:"父母使舜完廩,捐階,瞽瞍焚廩。使浚井,出,從而揜之。"(《孟子·萬章上》)

　　譯文:萬章問道:"舜的父母打發舜去修繕穀倉,等舜上了屋頂,便抽去梯子,他父親瞽瞍還放火焚燒那穀倉。(幸而舜設法逃下來了。)於是又打發舜去淘井,(他不知道舜從旁邊的洞穴)出來了,便用土填塞井眼。"(楊伯峻《孟子譯注》,中華書局 2005 年版)

此例譯文中的括號,是原文所省略的内容,譯文不得不予補充,否則所譯出的現代漢語的語句在表述上便不够完整。

5. 楚人爲食,吳人及之,奔。食而從之,敗諸雍澨。五戰,及郢。(楊伯峻《春秋左傳注》定公四年,中華書局 1981 年版)

譯文:楚軍做飯,吳國人趕到,(楚軍)奔逃。吃完(楚軍)做的飯又追趕上去,在雍澨打敗楚軍。經過五次戰鬥,(吳軍)到達郢都。(沈玉成《左傳譯文》,中華書局 1981 年版)

6. 子曰:"可與共學,未可與適道;可與適道,未可與立;可與立,未可與權。"(《論語·子罕》)

譯文:孔子説:"可以同(他)一道學習的人,未必可以同(他)一道取得某種成就;可以同(他)一道取得某種成就的人,未必可以同(他)一道事事依禮而行;可以同(他)一道事事依禮而行的人,未必可以同(他)一道通權達變。"(楊伯峻《論語譯注》,中華書局 2007 年版)

此二例譯文中的括號並非原有,乃是此次引用時所加,只爲説明古漢語常常省略主語、謂語和賓語,譯文如不相應點明,原文所描述的當事方則極易發生混淆。

六、直譯、意譯之外,還有一種重在傳達原文意境,類似於改寫的譯文。此種譯文多適用於文學作品的翻譯,高超的譯筆可以做到既達意又傳情,故可謂之神譯。例如:

1. 吉日兮辰良,穆將愉兮上皇。撫長劍兮玉珥,璆鏘鳴兮琳琅。瑶席兮玉瑱,盍將把兮瓊芳。蕙肴蒸兮蘭藉,奠桂酒兮椒漿。(《楚辭·九歌·東皇太一》)

譯文一:

選擇了一個吉日的好辰光,

將要虔虔誠誠地來愉樂天神上皇。

迎神的靈巫撫持着長劍的玉飾鼻梁，

舞動起身上的琳琅珮玉和鳴鏘鏘。

瑞玉的瑱圭被放在瑶草的墊席上，

將那些如美玉般的芬芳之物擺得滿堂。

齋供的蕙殽以芳蘭爲墊，斟在杯中的是桂花酒，

放在尊中的是芳椒醽漿。（姜亮夫《屈原賦今譯》，北京出版社 1981 年版）

譯文二：

日子好，天上出太陽，

高高興興，來敬東皇。

你兩手按着寶劍，寶劍長又長，

劍鞘上，玉飾多輝煌！

全身的珮玉，風吹得丁丁當當。

竹玉面光，寶石鎮四方。

請把香料來加上，

菜也香，飯也香。

桂花泡得酒，

椒子灑得湯。（郭沫若《屈原賦今譯》，作家出版社 1953 年版）

此二例譯文，如果説姜譯緊扣原文，仍屬意譯的話，則郭譯已近於天馬行空的神譯。

七、直譯和意譯常常相伴而行，直譯中會有意譯成分，意譯中也會有直譯的成分，相輔相成，相得益彰。例如：

1. 孟子曰："仁，人心也；義，人路也。捨其路而弗由，放其心而不知求，哀哉！人有鷄犬放，則知求之；有放心而不知

求。學問之道無他，求其放心而已矣。"(《孟子·告子上》)

　　譯文：孟子説："仁是人的心，義是人的路。放棄了那條正路而不走，喪失了那善良之心而不曉得去找，可悲得很呀！一個人，有鷄和狗走失了，便曉得去尋找，有善良之心喪失了，却不曉得去尋求。學問之道没有别的，就是把那喪失的善良之心找回來罷了。"(楊伯峻《孟子譯注》，中華書局 2005年版)

此例譯文"仁"、"義"二字涵蓋儒家學説，一兩句話不易説清，便採取直譯，而"放心"、"放其心"、"求其放心"則用解釋性語句意譯。

　　2. 坎坎伐檀兮，置之河之干兮，河水清且漣猗。不稼不穡，胡取禾三百廛兮？不狩不獵，胡瞻爾庭有縣（懸）貆兮？彼君子兮，不素餐兮！(《詩經·魏風·伐檀》第一章)

　　譯文：丁丁當當來把檀樹砍，砍下檀樹放河邊，河水清清紋兒像連環。栽秧割稻你不管，憑什麼千捆萬捆往家搬？上山打獵你不沾，憑什麼你家滿院掛猪獾？那些個大人先生啊，可不是白白吃閑飯！(余冠英《詩經選譯》，作家出版社1956年版)

此例譯文與原文句句對應，而其中"不稼不穡"、"取禾三百廛"、"君子"、"素餐"之類，皆取意譯。

　　八、今譯大多譯作現代漢語的散體語句，但亦有爲增强文學欣賞效果，而以詩譯詩、以駢文譯駢文者。例如：

　　1. 蒹葭蒼蒼，白露爲霜。所謂伊人，在水一方。遡洄從之，道阻且長。遡游從之，宛在水中央。(《詩經·秦風·蒹葭》第一章)

　　譯文：蘆花一片白蒼蒼，清早露水變成霜。心上人兒他在哪，人兒正在水那方。逆着曲水去找他，繞來繞去道兒長。逆着直水去找他，像在四邊不着水中央。（余冠英《詩經選譯》，作家出版社 1956 年版）

此例譯文以詩譯詩，用韻亦同原詩，朗朗上口，意境完美。

2. 夫情動而言形，理發而文見，蓋沿隱以至顯，因内而符外者也。然才有庸俊，氣有剛柔，學有淺深，習有雅鄭，並情性所鑠，陶染所凝，是以筆區雲譎，文苑波詭者矣。（《文心雕龍·體性第二十七》第一節，標點據張本）

譯文：有感情活動才形之於語言，有思想發表才見之於文字，這是把蘊藏的東西顯示於他人，把内心的事物表達於外界。而作者的才能有高低之分，氣質有剛柔之異，學識有深淺之差，習染有雅俗之別，這都是内在性情所表現，也是外界熏染所形成，因此文筆如風雲之詭譎多端，文苑如波濤之變化無窮了。（張光年譯述《駢體語譯文心雕龍》，上海書店出版社 2001 年版）

此例譯文以對仗的語句翻譯《文心雕龍》的駢體文字，頗能保持原有的氣勢與韻味。

九、今譯雖然大體上可以做到明白暢達，但原文中的一些專用術語，或不宜直接對譯的語句，仍需要另作説明，故今譯與注釋往往結合爲一體，名曰"譯注"，或"注譯"。譯注者以譯爲主，注爲輔；注譯則反是。例如：

1. 子曰："吾自衛反魯，然後樂正，《雅》《頌》各得其所。"（《論語·子罕》）

譯文：孔子説："我從衛國回到魯國，才把音樂（的篇章）整理出來，使《雅》歸《雅》，《頌》歸《頌》，各有適當的位置。"

注釋：①自衛反魯——根據《左傳》，事在魯哀公十一年冬。②《雅》《頌》各得其所——"雅"和"頌"一方面是《詩經》內容分類的類名,一方面也是樂曲分類的類名。篇章內容的分類,可以由今日的《詩經》考見;樂曲的分類,因爲古樂早已失傳,便無可考證了。孔子的正《雅》《頌》,究竟是正其篇章呢?還是正其樂曲呢?或者兩者都正呢?《史記·孔子世家》和《漢書·禮樂志》則以爲主要是正篇章,因爲我們已經得不到別的材料,祇得依從此說。孔子祇"正樂",調整《詩經》篇章的次序,太史公在《孔子世家》中因而說孔子曾把三千篇的古詩刪爲三百餘篇,是不可信的。(楊伯峻《論語譯注》,中華書局 2007 年版)

此例涉及孔子刪《詩》這一學術史公案,至關重要,而僅憑字面的翻譯並不能準確、完整的表達原意,故需要附加兩條必要的注釋,一則說明孔子回到魯國的年代,也就是認定刪《詩》的年代;一則考證"《雅》《頌》各得其所"的確切含義,也就是認定刪《詩》主要調整篇章次序,而非"把三千篇的古詩刪爲三百餘篇"。由此可以全面揭示原文的真諦。

　　2. 子曰:"譬如爲山,未成一簣,止,吾止也。譬如平地,雖覆一簣,進,吾往也。"(《論語·子罕》)

　　譯文:孔子說:"好比堆土成山,祇要再加一筐土便成山了,如果懶得做下去,這是我自己停止的。又好比在平地上堆土成山,縱是剛剛倒下一筐土,如果決心努力前進,還是要自己堅持啊!

　　注釋:①子曰……往也——這一章也可以這樣講解:"好比堆土成山,止差一筐土了,如果(應該)停止,我便停止。好比平地堆土成山,縱是剛剛倒下一筐土,如果(應該)前進,我便前進。"依照前一講解,便是"爲仁由己"的意思;依照後一

講解，便是"唯義與比"的意思。（楊伯峻《論語譯注》，中華書局 2007 年版）

此例中的注釋，實際上給出了另一種版本的譯文，二者皆符合原文大意，亦皆符合孔子的思想。在一條原文不可能出現兩條譯文的情況下，採用注釋的形式加以補救，從而避免了因爲偏狹的翻譯而影響到讀者的思路，不失爲一種譯注結合的成功範例。

十、直譯和意譯可謂今譯的兩翼，二者既有區別，又相交融，何者需要直譯，何者需要意譯，當隨書所宜、隨文所宜，毋須强作劃分。不過古籍舊分經史子集四部，迄於今日乃有文史哲之大別，大抵説來，歷史、哲學之屬宜以直譯爲主，而文學作品則宜以意譯爲主。若就一書來説，則凡能够直譯處，應首先考慮直譯；當直譯不能够完整表達原文大意，或不足以再現原文的風格時，則可改用意譯。

（原載《古籍整理出版情況簡報》第 442 期，2007 年）

古籍輯佚釋例

一、“輯佚”是古籍整理的諸種方式之一。輯録散佚之事，古已有之，但“輯佚”作爲古籍整理學的專用術語，當形成於清代晚期，如梁啟超《中國近三百年學術史》所説：“書籍遞嬗散亡，好學之士，每讀前代著録，按索不獲，深致慨惜，於是乎有輯佚之業。最初從事於此者爲宋之王應麟，輯有《三家詩考》、《周易鄭氏注》各一卷，附刻《玉海》中，傳於今。明中葉後，文士喜摭拾僻書奇字以炫博，至有造僞以欺人者，時則有孫瑴輯《古微書》，專搜羅緯書佚文，然而範圍既隘，體例亦復未善。入清而此學遂成專門之業。”

二、古籍輯佚有廣狹二義：狹義的理解，止限於輯録殘篇斷句，恢復亡佚之書，至多包括原書尚存而可補其闕佚者。而廣義的理解，則凡掇拾遺缺而成編者，皆得稱爲輯佚。總體説來，輯佚大抵分爲四大類型：(1)輯録佚書，如《古本竹書紀年輯證》(上海古籍出版社 1981 年版)、《宋會要輯稿》(中華書局 1957 年版)等；(2)輯録佚文，如《華陽國志》(巴蜀書社 1984 年版)、《風俗通義校釋》(天津人民出版社 1980 年版)等；(3)輯録一人或多人之書，如《王粲集》(中華書局 1980 年版)、《十種古逸書》(江蘇廣陵古籍刻印社 1991 年版)等；(4)輯録某一專題之書，如《緯書集成》(上海

古籍出版社 1994 年版)、《古籍叢殘彙編》(北京圖書館出版社
2001 年版)等。

三、輯録佚書，是説原書已散亡，而今爬梳群書，蒐集其中所
引録的原書中的殘篇斷句，按照原書體例重新編次，試圖恢復原
書舊貌。例如，中華書局點校本"二十四史"中的《舊五代史》，就
是清人輯録佚書的一個重要成果。其《出版説明》寫道：

> 《舊五代史》原稱《五代史》，或《梁唐晉漢周書》，共一百
> 五十卷，修於宋太祖開寶六年(973)四月至七年閏十月，由薛
> 居正監修……到了元代，《舊五代史》就逐漸不行於世。清乾
> 隆中開四庫館時，未能找到原本。館臣邵晉涵等就《永樂大
> 典》中輯録排纂，再用《册府元龜》、《資治通鑑考異》等書引用
> 的《舊五代史》材料作補充，大致恢復了原來面貌的十分之七
> 八。同時還從其他史籍、類書、宋人説部、文集、五代碑碣等
> 數十種典籍中輯録了有關的資料，作爲考異附注，與今輯本
> 《舊五代史》正文相互補充印證，在不少方面豐富了原本的内
> 容。今輯本《舊五代史》作爲《四庫全書》之一，於乾隆四十年
> (1775)編成繕寫進呈，標明原文輯録出處，補充和考證史實
> 的注文附在有關正文之下，部分文字考訂則另附黄色粘籤。
> 1921 年，南昌熊氏曾影印出版(簡稱"影庫本")。後來又有乾
> 隆四十九年(1784)繕寫的文津閣《四庫全書》本和武英殿刊
> 本(簡稱"殿本")，補充史實的注文仍附於正文之下，文字、史
> 實考訂則作爲"考證"附於卷末，文字頗有改動，内容也有不
> 少增删，並删去了輯文的出處……我們這次整理校點《舊五
> 代史》時以影庫本爲底本，同時用殿本、劉本及其他三種抄本
> 參校，並適當吸收了邵晉涵的批校及孔荭谷、彭元瑞等人的
> 校勘成果。

《舊五代史》的輯佚及版本情況,於此《説明》中皆能看出端緒。

四、輯録佚文,是説原書尚有版本傳世,但已有殘闕,今在保持原有版本舊貌的同時,另輯佚文,以爲附編。例如,應劭《風俗通義》一書,《隋志》、兩《唐志》並著録爲三十卷,而今存諸本惟元大德九年(1305)無錫州學刻明修本最早最善,却止有十卷,自唐以來,歷代都有人進行輯佚,所獲條目已不亞於十卷本文。今人王利器的《風俗通義校注》(中華書局1981年版),即以《四部叢刊》影印之元大德本爲底本,在卷十之下,別題曰"佚文",專用以登載歷來所輯佚文,多達數百條。王利器在卷首《叙例》中説:

> 應氏書卷帙,今所存者,劣及三分之一,原書佚篇,已如蘇氏(按,指北宋蘇頌《校風俗通義題序》)所舉,於其存者,覆加尋檢,則一篇之中,猶有佚條,一條之中,猶有佚句,甚矣,應書之厄也!自錢大昕以下諸家,蒐採遺文,拾遺補闕,冀復舊觀;而姓氏一篇,輯之者尤衆,前修未密,後出轉精,諒乎其爲應氏之功臣也。唯諸家所輯,其沈而未鉤者固多,其輯而非佚者亦夥,錢輯則有孝文革烏、柘林爲弓二條,顧輯則有秦刻、《漢書》、藉田、大江、笙簧、坎侯、羌笛、秦箏、五聲、八音,及福脯、秦運十一條,此皆二氏之失者也。別有割裂未當,倫脊毫無,或一事而兩屬,或兩事而不分,或當在甲而入乙,或既見前而重申,且有以漢以後之事而屬入者:凡此紕繆,悉爲是正,並依蘇氏所見篇目,略爲類聚。夫由今之所輯,欲以復應書之舊,懸解肕斷,不無得失,如之何其任情無例,至此極也!比年以來,逸書頗出,多爲前修所不及見,其引應氏書,往往溢出舊輯之外,爰最録之,以程其識小之功,非以此求勝前人也。

輯佚所得，與原書現存善本雖然合爲一書，但前後互爲區別，不相混淆，此爲現今古籍輯佚的一個通例。

五、輯録佚文的又一種情況是，傳世有多種版本，各自完好，未見散佚，但諸本所收多寡不同，選定任一版本都可能有所遺漏。如此，則祇能選擇一個善本爲底本，然後將他本所載零星篇章，附見於底本之後。例如，"唐宋八大家"之曾鞏，其詩文集今存《南豐先生元豐類稿》、《南豐曾先生文粹》、《南豐曾子固先生集》、《曾文定公全集》等多個版本，收録篇目彼此互有出入，陳杏珍、晁繼周點校整理的《曾鞏集》（中華書局 1984 年版），選用清康熙五十六年（1791）長洲顧崧齡刻《元豐類稿》五十二卷本爲底本，用他本互校，掇拾遺闕，在五十二卷後另設"輯佚"一目。其《前言》説：

> 在整理《曾鞏集》時，從《南豐曾子固先生集》、《群書校補》等書中輯録了散佚詩文，計有詩三十三首，詞一首，文七十八篇……輯佚中，詩《疏山》、《石門》、《清風閣詩》、《薛老亭晚歸》四首，由南豐縣紀念曾鞏活動辦公室的同志提供。

但凡古代作者的詩集、文集之類，祇要有多種版本傳世，整理時皆宜取其善本爲底本，並參校他本及群書輯録遺逸，將所得附載底本卷末，既補其闕失，亦與原本判然有別。此亦文集類古籍點校整理的一個通例。

六、輯録一人或多人之書，其前提條件是，作者原曾有集，但早已亡佚，現今雖有傳本，乃屬後人所輯，殘缺冗濫，難稱善本，故需重新輯録。例如，《三國志・蜀書・諸葛亮傳》謂諸葛亮有集"二十四篇，凡十萬四千一百一十二字"，《隋志》、兩《唐志》著録尚屬全書，至《宋志》僅存十四卷，明清以來乃有輯本十多種，其中以清人張澍所輯《諸葛忠武侯文集》爲佳。中華書局 1960 年點校出版的《諸葛亮集》，即依據張澍本整理。卷首引録張澍輯本序云：

明王士騏集《武侯全書》二十卷，楊時偉以王書蕪累，更撰《諸葛忠武全書》十卷，亦無財擇。本朝朱璘輯《諸葛武侯集》二十卷，遂寧張鵬翮之《忠武志》全襲之，庸俗詩文，盈汀篇牘，侯之著作，反多遺漏……澍搜采散逸，較諸本增益倍蓰，編文集四卷，附錄二卷，別撰《諸葛故事》五卷，都爲十一卷。（中華書局按：《諸葛集》，張氏所舉四本外，又有明崇禎時武侯三十六世孫羲輯本二十三卷，《道藏輯要》中刻之。）

《諸葛亮集》可謂輯録一人之書，若《建安七子集》（中華書局1989年版，2005年新1版），則爲輯録多人之書。“建安七子”是漢末除“三曹”（曹操、曹丕、曹植）而外的重要作家，包括孔融、陳琳、王粲、徐幹、阮瑀、應瑒、劉楨，每人原各有集，宋以後漸次沉湮，明清則有輯本，但採摭未廣，故今人俞紹初重爲輯集，其輯校始末具見於《前言》：

建安七子諸家詩文集，《隋書·經籍志》皆有著録，大約到宋代便先後亡佚，現在所能見到的是明清人從唐宋類書、總集及史乘中撮鈔而成的輯本。其中以明楊德周《彙刻建安七子集》本（有曹植而無孔融）、張溥《漢魏六朝一百三家集》本（缺徐幹）以及清楊逢辰《建安七子集》本、丁福保《漢魏六朝名家集》本等較有代表性。此外，明馮惟訥《古詩紀》和清嚴可均《全上古三代秦漢三國六朝文》也分別輯存有七子的詩和文。以上各家爲當時客觀條件所限，不同程度存在着蒐羅未備、勘理欠精等缺失，但是，他們爲保存七子的詩文，並使之廣爲流佈，付出了辛勤的勞動，成績斐然，功不可没。現在的《建安七子集》，就是在前人輯本的基礎上，參稽群書，辨僞訂訛，重新整理而成的。本書所收七子詩文，人各一卷，合爲七卷。

在清人輯佚之舉中，此種輯録多人之書爲一編的成就最堪稱道，如王謨輯《漢魏遺書鈔》、張澍輯《二酉堂叢書》、馬國翰輯《玉函山房輯佚書》、黄奭輯《漢學堂叢書》（一名《黄氏逸書考》），還有民國葉昌熾輯《鬱淡廬叢稿》、陶棟輯《輯佚叢刊》等，不勝枚舉。所輯佚書的範圍遍及經史子集四部，且輯録中所做的工作十分精細，如梁啓超評價《玉函山房輯佚書》時提到："馬氏書每種之首冠以一簡短之提要，説明本書來歷及存佚沿革，頗可觀。"（《中國近三百年學術史》十四《清代學者整理舊學之總成績（二）》）

七、輯録某一專題之書，在上條説到的輯佚叢書中已然有足夠的例證。譬如馬國翰《玉函山房輯佚書》輯得六百三十種，分爲經、史、子三編，經編又分易類、尚書類、詩類、周官禮類、儀禮類、禮記類、通禮類、樂類、春秋類、孝經類、論語類、孟子類、爾雅類、五經總類、緯書類和小學類。實則每一類都可視爲一個專題，諸如詩類三十二種，悉屬三家詩的文本及其古注；孟子類九種，悉屬孟子古注等。而今人的專題輯佚之作，則無妨以魯迅《古小説鈎沉》爲例。魯迅此書專以抄撮漢魏六朝小説，齊魯書社 1997 年推出此書時，其《出版説明》對此有比較全面的介紹：

> 《古小説鈎沉》是魯迅先生於 1909 年秋至 1911 年底輯録的古小説佚文集，共收自周至隋的散佚小説 36 種。該書的取材來源廣泛，有見於《漢書·藝文志·小説家》著録者，有見於《隋書·經籍志·小説家》著録者，有見於《新唐書·藝文志·小説家》著録者，有見於上述三志"小説家"之外著録者，還有不見於史志著録者。書中引用及用以參考的古書共 80 種左右，所輯內容非常豐富。魯迅先生對材料的取捨非常審慎，而且重視去僞存真，務求有科學依據。本書最早編入 1938 年版《魯迅全集》中，後由魯迅先生紀念委員

會編入全集單行本"著述之部 24"，魯迅全集出版社於 1939年出版。單行本的版本還有：大連光華書店 1947 年版，人民文學出版社 1951 年版。我社本次重新出版此書，以現存最早的版本爲底本，參校新版《魯迅全集》，基本保持底本原貌，僅對個別明顯錯訛作了訂正。

《古小說鈎沉》所收的三十六種古小說，包括《青史子》、《裴子語林》、《郭子》、《笑林》、《俗說》等，止收原文，未作提要，關於古小說的評價則另見於所著《中國小說史略》。

八、輯佚必須要有切實的依據。對此，梁啟超《中國近三百年學術史》曾作過全面的論述：

> （四庫館臣）先後從《永樂大典》輯出之書著錄及存目合計凡三百七十五種四千九百二十六卷……《永樂大典》所收者，明初現存書而已，然古書多佚自宋元，非《大典》中所能搜得。且《大典》往往全書連載，移抄較易，捨此以外，求如此便於撮纂者，更無第二部。清儒好古成狂，不肯以此自甘，於是更爲向上一步之輯佚。向上一步之輯佚，乃欲將《漢書·藝文志》、《隋書·經籍志》中曾經著錄而今已佚者，次第輯出。其所憑藉之重要資料，則有如下諸類：
>
> （一）以唐宋間類書爲總資料。——如《北堂書鈔》、《藝文類聚》、《初學記》、《白帖》、《太平御覽》、《冊府元龜》、《山堂考索》、《玉海》等。
>
> （二）以漢人子史書及漢人經注爲輯周秦古書之資料。——例如《史記》、《漢書》、《春秋繁露》、《論衡》等所引古子家說；鄭康成諸經注、韋昭《國語》注所引緯書及古系譜等。
>
> （三）以唐人義疏等書爲輯漢人經說之資料。——例如從《周易集解》輯漢諸家《易》注，從孔、賈諸疏輯《尚書》馬、鄭

注,《左氏》賈、服注等。

（四）以六朝唐人史注爲輯佚文之資料。——例如裴松之《三國志》注、裴駰以下《史記》注、顏師古《漢書》注、李賢《後漢書》注、李善《文選》注等。

（五）以各史傳注及各古選本各金石刻爲輯遺文之資料。——古選本如《文選》、《文苑英華》等。

在上述總論五大類資料之後,梁氏還就經、史、子、集各部的輯佚成果與輯佚方法,進行了更爲深入的剖析,兹不具列。概括言之,今日可據以輯佚的資料應包括史書、子書、類書、總集、古注、金石、方志、敦煌遺書、出土文獻等。

九,古籍輯佚的步驟與方法,大體説來,不外乎首先輯録佚文,經過甄別補綴,去重辨僞,然後確定體例,編次成書。其中至關重要的環節有以下幾點:

1. 輯佚如需選擇一個底本,則應做全面考察,諸如作者生平、成書年代、原書體例、版本源流、前人有無輯佚等情況,必須瞭然於胸。一旦底本選錯,勢必事倍功半。例如,清湯球所輯《十六國春秋輯補》(商務印書館 1958 年重印版),誤以《漢魏叢書》本即《隋志》著録的《纂録》,亦即崔鴻原書的節録本,遂以之爲底本進行輯録,引出新的謬誤。(詳見劉琳《明清幾種〈十六國春秋〉之研究》,《文史》1999 年第 1 期。)

2. 輯録資料所依據的本子應屬足本、善本,如本子選擇不當,則可能漏輯或誤輯。例如,唐張守節《史記正義》多引《括地志》,但刪節太甚,清孫星衍據《史記》三家注輯録《括地志》八卷,未能見到日本所藏古本《史記正義》和瀧川氏《史記會注考證》,故頗多遺誤。今人賀次君的《括地志輯校》(中華書局 1980 年版)利用《史記會注考證》進行補輯,有新收穫。

3. 輯得的資料須經考證辨僞，然後才能決定去取。例如，前舉《曾鞏集》在《前言》中説："周密《浩然齋雅談》稱曾鞏有《彌陀閣記》及《答黄漢傑書》，查此二文均爲李覯著，分別見於《直講李先生文集》卷二十四和卷二十八，疑周密記載有誤，本書不再收録；又楊慎《太史升庵文集》卷五十五録《曾子固享祀軍山廟歌》，實爲曾肇之作，本書也不收録。"

4. 古書各自體例不同，輯録佚書當先察明原書體例，嚴守收録範圍，否則亦易流於混雜羼亂，不成體統。例如，明張溥所輯《漢魏六朝一百三家集》，《四庫提要》評之曰："卷帙既繁，不免務得貪多，失於斷限。編録亦往往無法，考證亦往往未明。有本係經説而入之集者，如董仲舒集録《春秋·陰陽》，劉向、劉歆集録《洪範五行傳》之類是也。有本係史類而入之集者，如褚少孫集全録《補史記》，荀悦集全録《漢紀論》是也。"又如《括地志》，其書雖佚，而其體例則見於今存《序略》（《初學記》卷八州郡部引），如賀次君所説："孫星衍的輯本雖然費力不少，作出了一定成績，却不能讓人滿意。首先他没有認識到《序略》是《括地志》的總綱，三百五十八州是按十道排比，都督府也是常州，與下列各州不皆有隸屬關係，岑仲勉在《括地志序略今詮》裏給他指出了。"孫輯本不僅採集未備，與原書體例亦不合。

十、輯録佚書佚文，還有兩條重要的原則應該遵守：一是標注出處，一是異文出校。前者要求對所輯的每一條資料，都要逐一注明其來源。這樣既表明信實可據，又便於覆按原書。後者要求對來源各異的同一條資料，在一一注明出自何書的同時，還要將彼此不同的文字用校勘記的形式加以記録和分析。例如，《建安七子集》（中華書局 2005 年新 1 版）的《前言》説：

本書所收七子詩文，人各一卷，合爲七卷。一卷之中，孔融無賦除外,按詩、賦、文分類編排,每類下的篇目則大體上依丁福保《漢魏六朝名家集》編次。每篇詩文都一一注明出處,首列的出處即爲輯録底本,其餘各書及馮惟訥《古詩紀》、張溥《百三家集》(簡稱"張輯本")、嚴可均《全後漢文》(簡稱"嚴輯本")則爲校本。散見於諸書的佚文,凡確與底本上下文字相銜接者,則逕爲搭接,並用方括號標示,同時在校記中説明出處,無法搭接者則另立一條。在輯校中用作底本的有:《文選》(中華書局影印胡刻本)、《玉臺新咏》(世界書局排印本)……七子今存詩文,除《文選》、《玉臺新詠》、《樂府詩集》等所載各篇較爲完整外,其餘在前人輾轉引録過程中多經刪節,脱、誤、衍、倒的情況相當嚴重,這給校勘工作帶來不少困難。我們在校勘中,除明顯版本錯訛,逕改不出校外,凡遇有重要異文,一概出校;可以斷定底本有訛誤的字句,逕行改正,並酌情在校記中説明理由;採用前人的校勘成果,也在校記中説明。

茲舉一例:《建安七子集・孔融集》有《薦禰衡表》一篇,篇末注:"《文選》三七。《後漢書・禰衡傳》。《魏志・荀彧傳》注引《平原禰衡傳》。《北堂書鈔》三三。《藝文類聚》五三。《初學記》二〇。《太平御覽》六三二。"首列的《文選》爲底本,其餘諸書則爲校本。其正文中"昔世宗繼統"句,有校記云:"'世宗',《後漢書・禰衡傳》作'孝武'。按,漢武帝廟號世宗。"

十一、鑒定輯佚書優劣的標準,梁啓超早有精闢的結論,共含四個方面:"(一)佚文出自何書必須注明,數書同引,則舉其最先者。能確遵此例者優,否者劣。(二)既輯一書,則求必備。所輯佚文多者優,少者劣。例如《尚書大傳》,陳(壽祺)輯優於盧(文弨)、孔(廣林)輯。(三)既須求備,又須求真。若貪多而誤認他書爲本書佚文則劣。例如秦(嘉謨)輯《世本》劣於茆(泮林)、張(澍)輯。(四)原書篇第有可整理者極力整理,求還其書本來面目。雜亂排列者劣。例如邵二雲(晉涵)輯《五代史》,功等新編,故最優。"(《中國近三百年學術史》十四《清代學者整理舊學之總成績(二)》)

古籍索引釋例

一、索引是一種查檢圖書資料的學術工具。其得名始於二十世紀初年,源自英文 index,故亦有直接譯稱"引得"者。類似的撰述,在我國歷史上固已有之,如明張士佩的《洪武正韻玉鍵》(即《洪武正韻》的逐字索引)、清汪輝祖的《史姓韻編》(即"二十四史"經傳人名索引)之類,近代如蔡啟盛的《皇清經解檢目》(即《皇清經解》的主題索引)、李桓的《國朝耆獻類徵初編通檢》(即《國朝耆獻類徵初編》人名索引)等,止是體例尚欠縝密。至於 20 世紀 30、40 年代燕京大學引得編纂處出版的四十餘種古籍索引,其體例則爲引進的"堪靠燈"(Concordance)式,一概稱爲"引得"。與燕大引得編纂處差不多同時的中法漢學研究所,所編古籍索引十四種,則統稱爲"通檢"。

二、古籍索引是專指以古籍爲檢索範圍的索引,其性質屬於古籍的整理與研究,其功用則有助於提高利用古籍的效率,有助於發現古籍自身存在的問題,有助於吸收前人的研究成果,有助於進一步提高古籍整理的學術質量。

三、古籍索引的構成有三項基本條件:(1)一定的檢索範圍。例如,《唐五代五十二種筆記小說人名索引》(方積六、吳冬秀編撰,中華書局 1992 年版)是以《太平廣記》、《類說》、《説郛》、《朝野

僉載》等五十二種唐五代筆記小説爲檢索範圍;《太平廣記索引》
(王秀梅、王泓冰編,中華書局 1996 年版)則是以《太平廣記》一書
爲檢索範圍。(2)特定的檢索對象。例如:《三國志人名索引》(高
秀芳、楊濟安編,中華書局 1980 年版)以《三國志》中有事跡的人
名爲檢索對象,《三國志地名索引》(王天良編,中華書局 1980 年
版)以《三國志》中"屬於政區的州、郡、郡國、屬國、縣以及城邑、
鄉、里、亭等縣級以下的地名"爲檢索對象,而《元人文集篇目分類
索引》(陸峻嶺編,中華書局 1979 年版)則是以《湛然居士文集》、
《雲山集》等一百七十種元人文集中的篇目爲檢索對象。(3)便捷
的檢索手段。例如:《春秋經傳引得》(洪業等編纂,上海古籍出版
社 1983 年版)原由哈佛燕京學社引得編纂處出版,全書按"中國
字庋擷"法編次,通過卷首《筆畫檢字》及《拼音檢字》檢得各目首
字,上海古籍出版社於 1983 年重版時,以"中國字庋擷"法繁細難
記,遂於卷末另編有《四角號碼檢字》和《拼音檢字》,並保留了原
書的《筆畫檢字》;《全唐文篇名目録及作者索引》(馬緒傳編,中華
書局 1985 年版)於《全唐文》、《唐文拾遺》、《唐文續拾》的篇目,仍
按原卷次編排(不署卷次),而於書後按四角號碼編製《作者索引》
及《索引字頭筆畫檢字》;《二十四史紀傳人名索引》(張忱石、吳樹
平編,中華書局 1980 年版)所有人名悉依四角號碼編次,可直接
據書眉所標四角號碼檢索,爲方便不熟悉四角號碼的讀者使用,
附編《筆畫索引》,一一列出所收各目首字的四角號碼。

　　四、古籍索引以其檢索對象和功用的不同,而呈現出各種不
同的形態,大體上可以歸併爲三種類型:(1)字句索引,其下又可
分爲逐字索引、字詞索引和句子索引。(2)專名索引,其下又可分
爲人名索引、地名索引、職官索引、篇目索引和書名索引。(3)主
題索引,其下又可分爲關鍵詞索引和分類索引。

　　五、字句索引中的逐字索引是以古籍中的每一個單字立目組成的索引。例如：《李賀詩索引》（唐文、尤振中、馬恩雯、劉翠霞編，齊魯書社1984年版）以中華書局上海編輯所1960年版《三家評注李長吉歌詩》爲底本，以每一條詩句爲一個單元，以每條詩句中的逐個單字作爲款目，再將各個單字按部首筆畫順序編排，各單字下臚列所在詩句及其出處（卷數、頁碼）。如開篇一部“一”字下首條作：

　　　　還家〇日餘 5/1/38

　　此下含“一”字的詩句多達六十六條。詩句後所注出處，第一個數字爲詩題號（見卷首《詩題編號表》），第二個數字爲卷數，第三個數字爲頁碼。在辵部“還”字下首條作：

　　　　何事〇車載病身 4/1/37

　　此下臚列十一條，次條即“〇家一日餘”。依例類推，在宀部“家”字下、日部“日”字下、食部“餘”字下，皆可檢得“還家一日餘”句。

　　六、字句索引中的字詞索引較逐字索引略有變化，有時以單字立目，有時亦以詞組立目，二者混用組成一部索引。例如：《文選索引》（［日］斯波六郎主編，日本京都中文出版社1986年第三版）以上海掃葉山房影印清胡克家仿宋刻本爲底本，以各篇章每一語句爲單元，以字或詞組分別立目，目字按筆畫順序，同筆畫按《康熙字典》順序先後排列。如一畫先以“一”字立目，以下臚列“作畫〇之歌”、“備萬〇之慮也”等凡二百條。往下又以“一二”立目，列“不能〇〇其詳”等三條；以“一人”立目，列“不階尺土〇〇之柄”等二十二條；以“一也”立目，列“其義〇〇”等十三條。再往下還有“一介”、“一分”、“一切”、“一夫”等名目。讀者可以通過單字或詞組，分別檢得所需的語句。

　　七、字句索引中的句子索引是以每句爲一單元，以該句首字立目進行檢索的索引。例如：《十三經索引》（葉紹鈞編，開明書店1934年版）的重訂本（中華書局1983年版）以中華書局1980年影印本阮刻《十三經注疏》爲底本，以每句爲一單元，以每句首字立目，全書按目字筆畫順序（以卷首《筆畫檢字》爲準）編次。如一畫"一"字首條作：

　　　　一二臣術敢執埌奠書康・二四三下

　　也就是説，此句見《尚書・康誥》，在《十三經注疏》本二四三頁下欄。又如一畫"乙"字首條作：

　　　　乙巳春僖二七・一八二二上

　　也就是説，此句見《春秋左傳》僖公二十七年經文，在《十三經注疏》本一八二二頁上欄。

　　八、專名索引中的人名索引即專以古籍中的人名爲檢索對象的索引。此種索引又分兩種情況，一是單書的人名索引，一是群書的人名索引。前者如《史記人名索引》（鍾華編，中華書局1977年版），後者如《唐五代人物傳記資料綜合索引》（傅璇琮、張忱石、許逸民編撰，中華書局1982年版），皆其典型。《史記人名索引》以中華書局1959年點校本《史記》爲底本，以人物姓名或曾用稱謂爲主目，以字號、別稱、謚封爲參見條目，全書按四角號碼編次。例如：

　　　　17620 司

　　　　71 司馬相如（司馬長卿、犬子）

　　　　　　117/2999＊

　　　　　　30/1420

　　　　　　112/2965

　　　　　　116/2994

　　前一個數字爲卷數，後一個數字爲頁碼，有＊號者爲本傳所在。姓名後的括注爲字號、別稱，在"司馬長卿"和"犬子"目下則分別注明"見司馬相如"。《唐五代人物傳記資料綜合索引》收錄《舊唐書》、《新唐書》、《全唐文》、《唐才子傳》、《元和姓纂》、《唐登科記考》、《郡齋讀書記》、《歷代名畫記》、《吳郡志》、《開元釋教錄》等八十三種傳記著述中的唐五代人物近三萬人，各以其本名或常用稱謂立目，附列字號、別稱。因爲收人衆多，字號、別稱亦繁，故專門編製《字號索引》，置於《姓名索引》之前，以便由異稱檢得本名。而《姓名索引》主目後雖仍括注異稱，但不再作爲參見條目處理。例如：

　　40407 **李**

　　26 李白（太白）

　　　　1 舊唐 15/190 下/5053

　　　　2 新唐 18/202/5762

　　　　7 新志 5/60/1603

　　　　8 全文 347/1A

　　　　11 全詩 3/161/1670

　　　　12/882/9972

　　　　12/890/10050

　　　　12 詩逸上/10178

　　　　13 河嶽上/53

　　　　17 紀事上/18/266

　　　　18 才子 2/31

　　　　27 郡齋 4 上/17A

　　　　28 直齋 16/11A

　　　　34 書譜 9/1B

39 書史 5/12B

57 景定建康 31/15A

可知李白傳記資料分別見於《舊唐書》、《新唐書》、《新唐書·藝文志》、《全唐文》、《全唐詩》、《全唐詩逸》、《河嶽英靈集》、《唐詩紀事》、《唐才子傳》、《郡齋讀書志》、《直齋書錄解題》、《宣和書譜》、《書史會要》、《景定建康志》。

　　九、專名索引中的地名索引專以歷史地理名稱爲檢索對象，亦有單書索引與群書索引之別。上面提及的《三國志地名索引》爲單書索引，《兩種海道針經》(向達校注，中華書局 2000 年版)所附《兩種海道針經地名索引》爲群書索引。《三國志地名索引》按四角號碼編製，除收錄州、郡、縣、鄉等一般政區地名外，兼收山川、湖泊、關隘、宮觀、道路等名稱。凡地名有簡稱、異稱者，則以常用稱謂作主目，括注其他稱謂作參見條目。遇有同名而異類的地名時，分別立目，括注其類別。例如：

00286 **廣**

07 廣望觀

　　4/129

13 廣武（縣）

　　6/171

　　26/732

廣武（地名）

　　45/1077

廣武（山）

　　21/605

　　這組數字表明，卷六、卷二十六的廣武專指縣治所在地，而卷四十五的廣武泛指地區，卷二十一的廣武特指廣武山。向達校注的兩種《海道針經》皆屬得自海外的明鈔本，一爲《順風相送》，一爲《指南正法》，所附地名索引按地名首字筆畫編次，相關相近的地名盡可能排在一起，每條地名下有簡單的解説，注出今地名。例如：

> 太武山　明代從泉州出洋，俱自浯州嶼即金門島發舶，以金門島上之太武山爲海舶望山。因鎮海角亦有太武山，遂名金門太武爲北太武山，鎮海太武爲南太武山。此處均指北太武而言。甲：32，49，51，52，54，55，70，72，88，89，93，94，95；乙：116，166，167，170，173，175，190，191，193，195。

此處甲指《順風相送》，乙指《指南正法》，後面的數字則指頁碼。

十、專名索引中的職官索引較爲特殊，迄今僅見到一種單書索引，即《歷代職官表》（清黄本驥編，上海古籍出版社 1980 年新 1 版）卷末附編的《綜合索引》。該索引按官名的最後一字編排（其中《等官索引》部分按首字編排），以最後一字（《等官索引》部分爲首字）的四角號碼爲序。官名最後一字相同者，則按倒數第二字、第三字的四角號碼編排（《等官索引》反是）。例如：

> 60101 目
>
> 11 蒙古醫生頭目 34—11—0(120，釋 32)
>
> 12 孔目 19—12—0(120，釋 32)
>
> 　　翰林孔目 19—12—14(120)
>
> 　　翰林院孔目 19—12—18(120)
>
> 50 吏目 16—4—0(103，釋 53)
>
> 　　32—4—0(169)
>
> 　　36—10—17(204)
>
> 　　49—4—18(280)

哈喇婁萬戶府吏目 40—5—17(229)

兵馬司吏目 16—4—18(103)

南京各衛吏目 43—4—18(247)

管河吏目 53—3—18(301)

州吏目 48—17—0(276)

　　48—17—17(276)

　　48—17—18(276)

　　49—4—0(280)

太醫院吏目 32—4—18(169)

　　其數字所示，依次爲表號—直行號—橫行號(《職官表》部分的頁碼，《職官簡釋》部分的頁碼)。

　　十一、專名索引中的篇目索引最爲常見，一般多附於本書之末，如中華書局1979年版《杜詩詳注》、中華書局1986年版《蘇軾文集》書後皆附編有《篇目索引》。若爲卷帙浩繁的總集編製索引，通常還會採取以作者爲綱，以篇目爲緯的辦法，將人名索引與篇目索引合爲一體，如中華書局1966年影印本《文苑英華》即其一例。《文苑英華》第六册附《作者姓名索引》，作者姓名下列所收作品篇題，按書中收録次序先後排列。例如：

55806 **費**

36～昶

　　入幌風 2/0734

　　行路難 2/0988

　　有所思 2/1001

　　芳樹 2/1031

　　采菱女 2/1033

　　發白馬 2/1037

37 ～冠卿

　　九華山化成寺記 5/4313

90 ～光裕

　　卒史有文學判 4/2734

　　第一步查找作者，第二步即可索得篇名及其所在冊數頁碼。也有的篇目索引與原書分離，獨自成冊。如前已提及的《太平廣記索引》，其中包括《引書索引》、《篇目索引》和《人名索引》三部分，在《太平廣記》之外別成一書。

　　十二、專名索引中的書名索引可分成兩大類，一類是書目索引，一類是引書索引。書目索引可舉《中國叢書綜錄》爲例。《中國叢書綜錄》共分三冊，第一冊是所收二千七百九十七種叢書的《總目分類索引》，第二冊是《子目分類目錄》，第三冊是第二冊的索引，包括《子目書名索引》和《子目著者索引》兩部分。《子目書名索引》按四角號碼編次，例如：

60430 **因**

02 因話錄（趙璘）337 右、338 左

　　因話錄（曾三異）986 左

08 因論 966 左

30 因寄軒尺牘 1452 右

33 因述 1001 左

47 因柳閣詞鈔 1628 右

60 因園集 1410 左

81 因領錄 733 右

　　根據每條後的數字可在第二冊《子目分類目錄》中檢得該書的版本。如從 337 右可知唐趙璘撰《因話錄》一卷，有《百川學海》、《唐宋叢書》、《説郛》、《唐人説薈》、《唐代叢書二集》諸本。引

書索引較爲純粹的書證可推《史記三家注引書索引》（段書安編，中華書局 1982 年版），該索引以中華書局點校本爲底本，收錄三家注（南朝宋裴駰《集解》、唐司馬貞《索隱》、張守節《正義》）所引諸書，以較完整的書名立目，若原引止標篇名（如《漢書·地理志》止標《地理志》）則補足書名後立目（即按《漢書·地理志》立目）。例如：

10601 **晉**

40 晉太康地記 3/99

　　晉太康地理志 1/5

44 晉地記 2/87

50 晉書 1/45

　　晉書天文志 27/1311

　　晉書刑法志 10/428

　　晉書地道志 7/337

80 晉令 95/2664

　　晉八王故事 7/309

如果要爲前賢舊注或類書之屬編製引書索引，以其採事廣博、體例駁雜，實難設置完全統一的立目原則，祇能相應加以變通。譬如《初學記》（唐徐堅等撰，中華書局 1962 年版）一書，以其成於衆手，引書或署作者，或不署作者，甚或有逐引篇名子目者，悉按照作者立目或書名立目皆無可能，故《初學記索引》（許逸民編，中華書局 1980 年版）中《引書索引》部分的立目原則是：“凡注明作者的，以作者爲主目，書名爲參見條目；未注明作者的，則逐照引書名立目”；“同一作者或著作，有不同的名稱或簡稱者，今據《隋書·經籍志》、《舊唐書·經籍志》、《新唐書·藝文志》加以考證，按其通用名立目，以別稱爲參見條目”；“同一篇詩文而有不同省稱或代稱者，以全稱立目"；"凡同一部書的篇名子目，則在書名之下分別列目，未標篇名的材料，不再考其篇章名稱，統繫於書名之後"。例如：

00227 **高**

02 高誘

　　淮南子注 2/30

　　　　3/44

　　　　3/53(3)

　　呂氏春秋注 28/校〔八〕

04 高諶見北齊武成帝

11 高麗定法師

　　詠孤石詩 5/109

21 高上老子内傳 23/547(2)

23 高允

　　祭岱宗文 5/96

28 高僧傳 23/557(2)

23/558(8)

23/559

40 高士傳見皇甫謐

44 高若思

　　勸封禪表 13/337

77 高閭

　　燕志 24/569

其數字爲卷數、頁碼，括注的數字則爲同一書名或篇名在當頁重出次數。

十三、主題索引是一種綜合性索引，既不同於字句索引的有字必收，也不同於專名索引的止取專名，而是要把原書語言環境"中間的重要字眼"（洪業《引得説》第一篇，引得編纂處《特刊》之四）——標舉出來，不但可能包括人名、地名、篇名、書名，而且可能包括典章制度、敘事梗概中的關鍵詞語，然後將這些"重要字眼"混合編次，並設置必要的參照項目，即成爲綜合性關鍵詞索引。按照洪業《引得説》的定義，這些"重要字眼"，"就是'目'，目者頭目之意也"，綜合性索引依靠這些"目"提綱挈領，導引檢索路徑。關於"目"的確定，《引得説》曾舉《説苑》卷十八齊景公一節爲例：

　　齊景公爲露寢之臺，成而不通焉。柏常騫曰："爲臺甚急，臺成君何爲不通焉？"公曰："然。梟昔者鳴，其聲無不爲也，吾惡之甚，是以不通焉。"柏常騫曰："臣請禳而去之。"公曰："何具？"對曰："築新室爲置白茅焉。"公使爲室成，置白茅焉。柏常騫夜用事。明日問公曰："今昔聞梟聲乎？"公曰："一鳴而不復聞。"使人往視之，梟當陛布翼伏地而死。公曰："子之道若此其明也，亦能益寡人壽乎？"對曰："能。"公曰："能益幾何？"對曰："天子九，諸侯七，大夫五。"公曰："亦有徵兆之見乎？"對曰："得壽地且動。"公喜，令百官趣具騫之所求。柏常騫出，遭晏子於塗，拜馬前，辭曰："騫爲君禳梟而殺之，君謂騫曰'子之道若此其明也，亦能益寡人壽乎'，騫曰'能'，今且大祭爲君請壽。故將往以聞。"晏子曰："嘻，亦善矣！能爲君請壽也。雖然，吾聞之，惟以政與德順乎神，爲可以益壽。今徒祭可以益壽乎？然則福名有見乎？"對曰："得壽地將動。"晏子曰："騫，昔吾見維星絕，樞星散，地其動，汝以是乎？"柏常騫俯有間，仰而對曰："然。"晏子曰："爲之無益，不爲無損也。薄賦斂，無費民。且令君知之。"

在《説苑引得》裏，這一文節共設置了"齊景公"、"露寢之臺"、"柏常騫"、"梟"、"禳"、"天子"、"諸侯"、"大夫"、"地動"、"晏子"、"維星"、"樞星"凡十二"目"。爲使各目具有明確的專指性，在有的目下還加了注。例如，《説苑引得》"柏常騫"條作：

5/36282 柏常騫問齊景公通露之臺 18/6a—b，[32b]

——與齊景公論益壽 18/6b，[32b]

——與晏子論益壽 18/7a—b，[32b]

"地動"條作：

5/37310 地動爲得壽之徵 18/6b

而如"露寢之臺"、"禳"、"維星"、"樞星"之類語義明晰、僅此一用的詞語，則未曾加注。此處條目前數字爲首字的中國字庋擷法編碼，注後面的數字爲卷數、頁碼及有無異文的標識。關鍵詞索引還可以再引一書爲證，如商務印書館 1937 年爲《通典》、《通志》、《文獻通考》等"十通"編製的《十通索引》，其四角號碼檢字索引部分，"係將十通全部書中所載之制度名物，篇章節目，凡成一名詞，或可特立爲一條目者；概於其初見之處，論列最詳之處，或其興廢沿革爲參考者必須檢到之處；詳注其所隸之書，所見之頁，及所始之欄"（《十通索引説明》）。例如：

44231 蔗

40 蔗塘詩考一〇二四三下

47 蔗根集考一〇二七二上

77 蔗尾詩文集考六九三六下

　　蔗尾叢談考一〇一八七上

88 蔗餘偶筆考一〇一三六下

90 蔗糖産量考一一二九四上

　　蔗糖業考一一三二〇下

此處“考”指商務版《十通》之《四通考》頁碼，《文獻通考》爲考一上至考二七六四下，《續文獻通考》爲考二七六五上至考四八四六下，《清朝文獻通考》爲考四八四七上至考七四八九下，《清朝續文獻通考》爲考七四九一上至考一一五二八下。

　　十四、主題索引的又一種形式是分類索引。此種索引要求先將所欲檢索的內容劃分成若干門類，然後在各門類下按一定的編次方式排定條目，並提供相應的檢索手段。譬如前文提及的《元人文集篇目分類索引》，共收錄元人別集、總集和明初人（卒於明洪武間）別集一百七十種，其中上萬條篇目全都打散原書，重新按設定的門類編排。卷首的《分類目錄》揭示了該索引劃分門類的總框架，其門類共分四級。第一級是將全書總分爲三大部分，即人物傳記部分、史事典制部分和藝文雜撰部分。第二級類目是第一級的細分，如人物傳記部分以人物衆多，遂分爲甲（男子）、乙（婦女）、丙（釋道）、丁（有姓無名者）四編；史事典制部分又分爲政事、賦役、禮教、軍事、刑法、營造、農民起義七編；藝文雜撰部分又分爲經類、史類、子類、集類、雜撰五編。第三級類目是第二級的細分，如史事典制部分的類目“是參酌元代《經世大典》和《國朝聖政典章》兩書的分類擬定的”（《凡例》），其賦役又分爲田制、農桑水利、戶計、賦稅、課程、科差、官俸、錢鈔、倉庫、漕運、災恤十一類，藝文雜撰部分的經類又分爲易、書、詩、禮、春秋、孝經、四書、樂律、經總義、小學十類。第四級類目的劃分更爲深入，如史事典制部分賦役類田制之下更分爲民田、屯田、職田、寺田、學田、義田（義莊、祭田）六小類，藝文雜撰部分經類《易》之下更分爲通論、經文、序跋三小類。全書總計有二級類目十六個，三級類目八十八個，四級類目一百七十個。其中人物傳記部分“按姓氏筆畫排列”（《凡例》），例如“人物甲”：

二畫

丁士英

　　新喻州丁士英舉遺逸序道園學古錄 33/10 上

～子儀

　　送丁山長序九靈山房集 13/8 上

～元諒

　　送丁主簿南還序秋澗集 42/16 上

～文苑（見哈八石）

　　……

　　史事典制部分則"以作者的時代先後爲序,有些類目如'路學'、'書院'、'城垣'、'橋道'、'寺觀'、'亭臺樓閣'、'族譜'、'山水'等按其名稱或姓氏筆畫排列"(《凡例》)。例如:

二、賦役

1. 田制

(1)民田

　　經理(經世大典序錄之一)

　　國朝文類 40/16 下

　　田制墻東類稿 4/4 下

　　田制石門集 9/32 下

　　革昏田地榜文紫山集 22/27 下

　　……

(2)屯田

　　屯田(經世大典序錄之一)

　　國朝文類 41/67 下

　　廣屯田太平金鏡策上/4 上

　　時政(襄陽軍屯田等事,詳目見"議論")紫山集 22/

　　23 上

　　……

　　由於"藝文雜撰部分的分類,是參酌《四庫全書》的分類擬定的。篇目分類,主要是以篇目反映的內容爲標準"(《凡例》),故其篇目編次亦與《四庫全書》大略相同。例如:

一、經類

1. 易

(1)通論

總論

　　易(五經論之一)郝文忠公集 18/1 上

　　易經石門集 6/1 上

　　歐陽氏藏易贊青山集 5/13 上

　　……

(2)經文

乾

　　大哉乾元萬物資始乃統天稼村類稿 19/1 上

　　……

(3)序跋

　　跋誠齋楊先生易傳草稿吳文正公集 28/13 下

　　……

　　《十通索引》的後半也是分類索引,共分三編(三通典、三通志、四通考)六十一大類(食貨類、職官類、本紀、年譜、田賦考、錢幣考等)一百九十七小類,各小類下著錄條目及出處頁碼(例證從略)。總之,分類索引所要處理的內容往往十分龐雜,能否合理地劃分各級類目,便成爲衡量分類索引學術水準的最主要的標誌。

　　十五、爲古籍編製索引説到底是一項學術性很强的工作,這首先體現在對底本的選擇要確當。關於底本的確定大致有三項標準：(1)選用整理較好的點校本；(2)選用流通較廣的通行本；(3)選用內容完整的足本。在索引的編製凡例中，一定要明確交待所依據的底本，事涉多種版本時還要說明此次選擇底本的理由。例如：《元人文集篇目分類索引》卷首有《文集目錄》，一一列出所採用的一百七十種文集的撰人和版本，並在《凡例》中說明："所收文集，盡可能採用內容較多和流傳較廣的通用板本。通用板本的內容不及善本(包括刻本和鈔本)時，始採用善本。"

十六、索引自身學術性的另一種體現，在於條目的確定和辨析。洪業《引得說》講到《說苑引得》的立目原則時，特別強調"學者目中有其目"。即是說作爲索引編撰者在考慮檢選"重要字眼"立爲條目時，一定要想到學者的要求，一定要符合學術規範，而且對於相關相近的條目，還要具有很好的學術分辨能力。譬如人名索引，有時同一人前後姓名有變更，有時並非一人而同名同姓，皆需要合併爲一人或區分爲二人。如《唐五代人物傳記資料綜合索引》"裴"字下有二"裴弘"作：

裴弘 文瑞子

　　5 新表 7/71 上/2210

裴弘 (裕志)休子

　　5 新表 7/71 上/2232

　　20 郎考 12/49B

　　25 登科 22/39A

二"裴弘"雖同見於《新唐書·宰相世系表》，但前者是裴文瑞子，後者是裴休子，世系不同，顯非一人。又，後一裴弘，《新唐書·宰相世系表》謂"弘字裕志"。而《登科記考》卷二十二大中十四年(860)有"裴弘餘"，下引《唐語林》稱"中書舍人裴坦擢休子弘

餘上第”。按《唐尚書省郎官石柱題名考》卷十二有“裴弘”，下引
《東觀奏記》卷中稱“裴坦主貢舉，擢裴休子弘上第”。據此，《登科
記考》所謂“裴弘餘”當即裴弘，“餘”蓋“裕志”之誤。《唐五代人物
傳記資料綜合索引》合《新志》、《郎考》、《登科》三者爲一人，並於
《登科》條出注云：“按，《登科》引《唐語林》作裴弘餘，亦云休子，當
爲一人，今從《新表》、《郎考》作弘，另出裴弘餘作參見條。”辨析同
名同姓而非一人的辦法，除上述世系不同外，還可以藉助字號、籍
里、職官、生卒時代有異等加以區別。事例均可參見《唐五代人物
傳記資料綜合索引》，兹不贅舉。

　　十七、專名索引中地名索引和引書索引也經常存在同名的區
分和異名的歸併問題，處理不當就會直接影響到索引的學術質
量。例如，《三國志地名索引》“平陽”條作：

　　76 平陽（郡）18/536,27/739

　　　　平陽（縣，屬泰山郡）12/383,25/708

　　　　平陽（縣，屬平陽郡）10/315,13/393,15/472,18/545,

　　　　36/944

　　　　平陽郡 4/122

　　就政區縣來説，平陽亦有兩地，有《三國志》中見於不同的卷
數。又如《兩種海道針經地名索引》九畫有二“表山”作：

　　　　表山　表山有二。此指廣東潮州港口之表山。乙:16。

　　　　表山　此係呂宋表山，在玳瑁灣外，即今品亞詩蘭港口。
甲:89;乙:166。

　　引書索引的同名區分例證，如《初學記》一書既引陸機（士衡）
的詩賦，又引陸機的《毛詩草木疏》，實則《毛詩草木疏》應爲陸璣，
與詩人陸機非同一人，故《初學記索引·引書索引》作：

　　　　12 陸璣

　　　毛詩草木疏 25/616,26/640

　　42 陸機(士衡)

　　　文賦 21/511(2),21/512(2),27/649

　　　詩 1/9,6/112,10/230

　　　王侯挽歌辭 14/358

　　　晉書 9/212

　　　……

　又如《古今注》一書《初學記》引有兩本,一爲崔豹《古今注》,一爲優侯(無忌)《古今注》,《初學記》亦分別立目。

　十八、關鍵詞索引的學術性要求尤爲顯著,譬如引得編纂處所編的《說苑引得》、《食貨志十五種綜合引得》等,有目有注,目下所以加注,爲省學者逐段檢索之勞,確實屬於選錄適當、目注確切的佳作。不過今日用其引得必須細辨體例,方可甚快收效。例如,《食貨志十五種綜合引得》如下三條的“目”“注”作:

　　　串票即截票清 2/1b

　　　小錢,王莽,之形制,前漢 24 下/206

　　　小鹽,太原民戶自煎,元 94/12a

　這三條“目”“注”代表三種不同的讀法,究竟該如何讀,其解釋見卷首《叙例》第五條:

　　　本引得每條有目注之分,如“串票即截票”一條,“串票”爲目,“即截票”爲注。凡目均用五號鉛字,注則用六號鉛字,以便識別。又目注有時因逗點(,)位置變遷而異其讀法。如“串票即截票”一條,則按字之順序讀之。惟如“小錢,王莽,之形制”,則應讀爲“王莽小錢之形制”,而“小鹽,太原民戶自煎”,則應讀爲“太原民戶自煎小鹽”。餘類推。

　由此可見,《食貨志十五種綜合引得》的“目”“注”設置,與原書絲絲入扣，對原書有着很高的解讀能力。

　　十九、無論何種類型的索引，除了整體編次應合乎學術規範而外，更重要的還應具備便捷的檢索方法。實際上檢索方法與整體編次是相輔相成、互爲一體的。迄今所使用的檢索方法計有五種：(1)中國字庋擷檢索法，當初引得編纂處首創此法，所編六十餘種引得皆採用此法，止是目前已無人使用。(2)筆畫檢索法，如顧頡剛主編的《尚書通檢》、葉紹鈞的《十三經索引》、陳乃乾的《室名別號索引》、日本斯波六郎主編的《文選索引》、昌彼德等編《宋人傳記資料索引》等均用此法。(3)音序檢索法，現在通常採用的是漢語拼音字母排序，如中華書局 1982 年版《韓非子索引》即其一例。因爲讀音不易準確，此法目前較少被採用。(4)四角號碼檢索法，自商務印書館王雲五等在 20 世紀 20 年代發明此檢字法以來，商務印書館與中華書局出版的各種古籍索引多採用此法。中華書局版如《二十四史紀傳索引》、《唐五代人物傳記資料綜合索引》、《太平廣記索引》、《唐五代五十二種筆記小説人名索引》等皆用四角號碼檢字法。(5)分類檢索法，此法一般用於綜合性主題索引，如《三國志索引》、《全唐文篇目分類索引》、《元人文集篇目分類索引》、《清人文集篇目分類索引》等。在同一本書中，圍繞編次主體，往往數種檢索手段並用。譬如全書按四角號碼編次，亦要同時編一個筆畫檢字表或音序檢字表，以便不熟悉四角號碼者使用。其他以筆畫編次或以音序編次的索引，亦有附編四角號碼檢字表者，其道理是一樣的。

　　（原載《古籍整理出版情況簡報》第 374、375 期，2002 年）

古籍影印釋例

一、影印是古籍整理出版的一種形式。影印本專指採用按原本照相或電腦掃描製版複印的方法出版的古籍。影印古籍的目的和用塗，從大的方面劃分，大抵有兩種：一爲存真收藏，一爲流通使用。着眼於前者，則欲使古籍中的善本、孤本化身千百，能够以本真面目永存世間。着眼於後者，則欲使珍稀版本或卷帙浩繁的資料以翻檢便捷的形式出現，爲學術研究者和廣大讀者提供閱讀的便利。因爲主要目的和用塗的不同，二者所要求的影印規範和標準也有不同。一種古籍在決定影印之前，必須首先確定其文獻價值和主要讀者對象，明確此次影印的主要目的和用塗，從而決定影印的形制。

二、從總體的要求來説，凡是着眼於存真收藏的影印本，對原本的行款、版框一般不作變動，連開本、裝訂甚至是否雙色套印之類，也一仍其舊。例如，中華書局 1974 年 7 月影印北京圖書館藏宋淳熙八年(1181)尤袤刻《文選》，綫裝兩函，重在保存版本，故一切貼近原書，印數亦較少。凡着眼於廣泛流通的影印本，爲便於翻檢並降低成本計，則可於照相後縮印，乃至重新割裱，以原本數頁合爲今本一頁。其裝訂亦多爲平裝或精裝，開本大小可隨書所宜。例如，中華書局 1977 年 11 月影印清嘉慶十四年(1809)胡克家重刻宋淳熙本《文選》，十六開平裝，正文縮印爲上下兩欄，並將原書加了斷句，卷末還附有索引，這種做法既可降低影印成本，也更方便讀者使用。

三、早在 1958 年 6 月，國務院古籍整理出版規劃小組在《整理和出版古籍計劃草案》（文學部分）的説明中就明確指出："整理時將以最完備的最好的一種版本作爲底本，並參考其他各種本子，比勘對校，作出校勘記。用馬克思列寧主義的觀點，寫出新的序文，對作品的思想性、藝術性加以新的批評與研究。標點是必要的，索引也要每書必具。"這個基本的整理要求具有鮮明的時代特色，雖然主要是針對排印本説的，但對影印本（特別是着眼於廣泛流通的影印本）也是完全適用的。如果把這個要求落實到古籍的影印上來，則合格的古籍影印本一般應具備以下條件：（1）所採用的底本具有一定的學術價值；（2）參校他本作出校勘記；（3）有足以反映當代研究成果的序文（或稱前言、出版説明）；（4）正文有斷句或新式標點；（5）編製有新的目録或索引；（6）附録有相關研究資料。舉例來説，中華書局 1966 年 5 月影印的《文苑英華》即大致符合上述要求。該影印本以現存最早的宋刊殘本爲底本，不足的部分則用明刊本配補。因爲原刻卷首的分類總目不便查檢，故又重新編訂了一個篇名總目，分列於各冊之前。又以本書篇目過多，各篇按類分編，查檢頗嫌繁瑣，故於卷末編製了一個《作者姓名索引》，所有作品一律按書中收録次序列於各家姓名之下。而與《文苑英華》直接相關的兩部書，一爲彭叔夏《文苑英華辨證》，一爲勞格《文苑英華拾遺》，此次影印時也一併選擇善本附録於後。

四、影印的首要工作是選擇底本。從版本學的角度來説，底本的學術價值主要取決於它屬於何種善本。清張之洞在《輶軒語》中說："善本之義有三：一，足本，無闕卷，未刪削；二，精本，一精校，一精注；三，舊本，一舊刻，一舊抄。"據此，則唐、宋鈔本，宋、元刻本，明嘉靖以前刻本，明活字本，明鈔本，以及清前期舊鈔本和稿本、批校本，皆屬善本；清中葉以來的精校、精注、輯佚本，也屬於善本。如影印的目的主要出於保存收藏，則底本的選擇自然是越古越好，一切孤本、稿本之類，也當在首選之列。但倘若影印主要是爲了切合實用，則應不拘泥於時代早晚，而把考慮的重點放在是否足本、是否精校精注本上。例如，中華書局 1983 年仿原書影印北京圖書館藏宋刻本《山海經傳》，一函三册，編入《古逸叢書三編》，主要偏重於版本價值。而巴蜀書社和上海書店分別在1985 年和 1991 年平裝影印清郝懿行的《山海經箋疏》，上海古籍出版社 1989 年平裝影印清畢沅校本《山海經》（編入《諸子百家叢書》），顯然更偏重於學術積累的實用價值。

　　五、選擇善本作底本時，有時還要顧及某一版本存在的缺陷，須用他種版本進行必要的配補，以便使影印本既保留原本的版本價值，又能在卷帙上彌補缺失，增大其學術實用價值。例如，商務印書館 1935 年影印的宋本《太平御覽》一千卷，其中九百四十五卷根據南宋蜀刻殘本，蜀本所缺的，又取靜嘉堂文庫所藏的別種宋刻殘本和日本活字本分別補足。商務的這個影印本實際上已經成爲一種新的最好的版本。後來中華書局於 1963 年縮印出版《太平御覽》，即是以商務印書館的影宋本爲底本的。

　　六、爲了提升影印本的學術價值，使讀者知道此影印本與現存他種版本在卷帙、文字上有何異同，則應進行必要的比勘對校，寫成校勘記附於書後。這樣做的成功範例，當首推商務印書館1930 年至 1936 年影印的《百衲本二十四史》。商務爲影印此書專門成立了校史處，隨讀隨校，有可疑處輒作校記，每畢一史，即摘要寫入跋文，附印於各史影印本卷末。當時張元濟先生主其事，後來還以這些校勘記爲依據，撰寫出《校史隨筆》，成爲頗具份量的校勘學名著。他如中華書局 1965 年影印《四庫全書總目》時，以錯誤較少的浙江杭州本作底本，同時又參校殿本和粵本，作了一個《四庫全書總目校記》附在書後。

七、根據拍攝或複印所得而製成的底樣，除了對校頁碼，發現缺頁，糾正倒錯而外，下一步要做的工作就是描潤。關於描潤的方法，張元濟先生在《記百衲本二十四史影印描潤始末》、《修潤古書程序》、《修潤要則》、《填粉程序》等文中，提出了許多細則，可以參考。需要注意的是，描潤止是針對底本模糊斷缺，又無他本可以替代的情況說的，底本清晰者可以不作描潤。而且在今天可以運用電腦掃描技術的條件下，描潤工作較張元濟的時代亦應有所改變，所要描潤的範圍應僅限於剔除溢墨、搭痕、雙影、黑眼，以清潔版面。一般毋須描塗文字筆畫，以免因爲誤認而造成文字差錯。中華書局 1966 年版《文苑英華》的《出版說明》中談及描潤工作時說：「底本的墨污作適當修削；書中文字不加描潤；藏書圖章全部修去；卷次和頁次的錯誤，調整次序而不改誤字。」這種嚴肅、負責的做法，應該成爲古籍影印的一個通則。

八、古人著書往往疏於撰寫詳細目錄，而刻書者亦僅在每冊或每卷之首編製簡目，如果照原書合爲一集影印，檢索將極其困難。故在影印底樣定稿之後，應該爲全書重編一個包括卷目、類目、篇名和頁碼的總目錄置於卷首。屬於類書、總集之類卷帙浩繁的影印本，除重編目錄外，還應該編製各種專項索引。索引可以附在影印本後，也可單獨出版，配套發行。上文提到的中華版《文苑英華》，是索引附於書後的例證。另如中華書局 1983 年影印的《全唐文》(全 11 冊)，已刪去原書分卷目錄，而於 1985 年單獨出版《全唐文篇名目錄及作者索引》一册，這是索引與影印本分離別行的例證。

　　九、古書的序、跋等附件，是研究該書源流以及作者情況的重要資料。影印古籍時，應注意妥善保留，否則將直接影響到新本的質量和使用價值。如中華書局1963年出版的《書目答問補正》，是用1931年南京國學圖書館出版的本子爲底本影印的。底本書後本來有一篇柳詒徵先生寫的《補正》作者范希曾的墓誌銘，提供了作者生平的重要資料，尤其是對像范希曾這樣一個早逝而又名不見經傳的人，就顯得更爲重要。可是中華書局在影印時，將墓志銘刪去了。因此，要對這部書作些研究，還須求助於1931年出版的本子。刪去墓誌銘，構成了新本和舊本的區別，並且新本還不如舊本。近年來，有些做法很值得提倡，如"二十四史"，整理時是把這些附件集中在書後，供研究者，特別是版本、目錄學研究者參考。還有些整理者，不僅注意保存原書的附件，而且還增錄了有關該書的不少新資料，給使用者帶來極大的方便，如《唐宋史料筆記叢刊》大部分就是這樣做的，反映良好。這一點應該特別引起注意。

　　十、影印本重在保存古籍的原貌，因而對原書中存在的問題，不可能像點校排印本那樣通過整理一一加以解決。即使在影印前言中特意作出説明，因爲受篇幅約束，也祇能點到爲止，不可能展開論述。所以，適當選取與影印本直接相關的前人研究成果，附綴書後，以備讀者稽考，是十分必要的。上文已提及中華版《文苑英華》附印彭叔夏《文苑英華辨證》和勞格《文苑英華拾遺》，體例完善，足可樹爲典型。另外，上海古籍出版社1995年影印《全唐文》，不僅包括《欽定全唐文》及清末陸心源輯補的《唐文拾遺》和《唐文續拾》，而且還附錄了兩種《讀全唐文札記》(一爲清勞格撰、丁寶書述《讀全唐文札記》，一爲當代學者岑仲勉撰《讀全唐文札記》），讀者借此可瞭解《全唐文》原書所存在的各種問題。

十一、重在流通使用的影印本，雖然不方便使用新式標點，但從有助於廣大讀者閱讀考慮，還是應該採用舊式句讀法加以圈點斷句爲宜。圈點的形式一般有三種：一爲墨點(.)，一爲頓號(、)，一爲句號(。)。有時一律作墨點或頓號，有時頓號、句號並用。例如，中華書局1965年影印的《四庫全書總目》，全用頓號和句號點斷，並在《出版説明》中交待："本書由王伯祥先生斷句。"又如，中華書局1977年影印的胡刻本《文選》，正文用句號斷句，注文用墨點斷句，而1983年影印《全唐文》時，全書一概用句號圈斷。究竟要採用何種符號，並無硬性規定，只要做起來方便，看起來清晰，斷句準確無誤即可。

十二、自宋以降，刻書多有牌記（或稱書牌、本記、墨圍、碑牌等），或在卷首序目後，或在卷末空白處。牌記文字有詳有略，一般是記錄刻印者姓名、堂號、刻印年月等。牌記是考訂版本故實的重要依據。近代以來的古籍影印業，繼承了古人刻印牌記的傳統，並逐步加以規範，形成了一個較爲固定的表述原書版式及其藏所的格式。例如，商務印書館影印《四部叢刊初編》，其經部《周易》卷首牌記作："上海涵芬樓景宋刊本，原書版匡高營造尺六寸七分，寬四寸八分。"（原文無標點）又如，上海古籍書店影印《天一閣藏明代方志選刊》，第一種《嘉靖河間府志》卷首牌記作："一九六四年十一月，上海古籍書店據寧波天一閣藏明嘉靖刻本景印，原書版框高二一·〇公分，寬一五·四公分。"（原文無標點）有時據他書輾轉影印，不知原書版式，則可簡要説明版本來源。例如，中華書局1963年影印《太平御覽》，在版權頁上括注："本書用上海涵芬樓影印本複製重印。"當代影印本的牌記，應簡約明瞭，文字不作標點，外加邊框，置於扉頁背面。

十三、作爲影印本的整理者和出版者，在上述各項工作完成以後，應該對工作中所遇到的問題和解決問題所依循的原則，作一個總結式的説明。這個總結式的説明，整理者可稱之爲"序"或"前言"，出版者可稱之爲"出版説明"或"影印説明"。整理者和出版者要説的話，可以合在一起説，統稱爲"前言"或"出版説明"。也可以分開説，這樣同一個影印本既會有"前言"，又會有"出版説明"。如果整理者和出版者合寫一篇"前言"或"出版説明"，其内容大抵應包括四個方面：（1）作者簡介（生卒、仕履、學術成就等，疑僞處應作考辨）；（2）内容評價（著述背景、體例，在當時及後世的影響等）；（3）底本依據（底本與他本的比較，配補、割裱情況等）；（4）影印本所作加工（描潤、目録、索引、附録等）。根據各書的不同情況，上述四個方面的内容可以各有側重。例如，陳垣的《影印明本册府元龜序》（載中華書局1960年影印本），用大半篇幅講《册府元龜》的編纂體例及其史料價值，小半篇幅講明刻本與宋刻殘本的異同，最後得出結論："今宋刻既無完本，以明刻初印本影印，亦其宜也。"而聶崇岐的《重印太平御覽前言》（載中華書局1963年影印本），則主要論述《太平御覽》的編纂背景及其在引書方面的得失（特別是存在的問題），後面始談及當初商務印書館製作影宋本時所據南宋蜀刻殘本及配補他種刻本的情況，以及此次中華書局根據商務版縮小影印的情況。又如，中華書局編輯部1974年爲影印北京圖書館藏宋淳熙八年尤袤刻本《文選》所寫的《影印説明》，幾乎全部文字都用來談版本。首先説明宋刻本自身有重刻補版現象，但基本上屬於尤刻初版。其次，比較清胡克家覆宋刻本與宋淳熙刻本的同異，斷言胡刻所據底本是一個屢經修補的後印本。最後，交待此次影印所作的加工情況："書中有一部分頁子不够清晰，尤其是附録《李善與五臣同異》，模糊特甚，而且曾經人用墨筆描改，好像已非原貌。但較之《同異》其他版本，錯誤還少一些，因此仍照原書附印於後。影印時除修去版面墨污外，對模糊的字一概不加描修。"這篇《影印説明》對《文選》一書和李善注文無一字涉及，這是因爲中華書局當時已擬另外影印胡刻本《文選》，與《文選》有關的問題，將在影印胡刻本的《出版説明》中作較詳細的論述。把影印尤刻本的《影印説明》和影印胡刻本的《出版説明》對照起來讀，就可以體會到前言的詳略與影印本自身的性質其實存在着相互對應的關係。

古籍字體轉換釋例

一、古籍整理過程中的字體轉換，不外乎兩種情況：（1）古籍整理本依舊採用繁體字，則從古籍原本到古籍整理本，其字體轉換完全是在繁體字範疇内進行，此種轉換可稱爲"由繁到繁的轉換"；（2）古籍整理本採用簡體字，則從古籍原本（或繁體字古籍整理本）到新整理本，其字體轉換是從繁體字到簡體字的轉換，此種轉換可稱爲"由繁到簡的轉換"。這兩種情況的字体轉換，其繁難程度不同，轉換的基本原則也有別。

二、古籍整理本如採用由繁到繁的形式，一般不主張對古籍原本的字體進行改易，即所謂"悉依其舊"。其根本原因是，繁體字的使用一直未經全面梳理，國家迄今尚未制定出《繁體字總表》，具有標準化功能的繁體字還缺少一個"正字表"。"正字表"即核定標準的繁體字正體，並將其異體字歸於正體字之下。在"正字表"缺失的前提下，即使是由繁到繁的字體轉換，如果試圖取消異體字，都會出現極大的盲目性和隨意性。與其改而不足信，改而不能盡，甚或改後反生歧義，莫如一律不改。對於注重其學術價值的"二十四史"、《十三經注疏》、《諸子集成》之類古籍足本而言，尤應如此。

三、由繁到繁，一字不改，固然簡便可信，但古籍中保留的衆多生僻異體字，必然會加重讀者不必要的認知負擔。因此，如果是面向廣大讀者的古籍整理本，也可以在適當範圍内審慎穩妥地校改某些異體字。這裏强調一是"適當範圍"，二是"審慎穩妥"，就是説要有一個具有權威性的統一標準。目前這個統一標準，衹能是《新華字典》（本文所引《新華字典》爲商務印書館 2011 年第11 版）。《新華字典》的字頭雖爲簡體字，但所附括弧内包含了與之相對應的繁體字和異體字（字前帶有星號），其繁體字即是該字的正體字，而其餘帶星號的字即其異體字。據統計，《新華字典》所列繁體字正體共 822 個（字同音不同者不重計），所列帶星號的異體字 986 個，見附表一。這些帶星號的異體字，如霸（覇）、駁（駮）、詶（詶）、粗（麤）之類，無論是出於筆型不同，還是部首差異，皆可以改從其正體字。

四、遵從《新華字典》進行繁體正體字和異體字的轉換，雖然普遍適用於使用繁體字的古籍整理本，但在以下情況下，却需要保留原字，不得隨意進行轉換：

（1）人名用字不宜轉換。例如：

　　（泰始二年）夏四月，以散騎侍郎明僧暠爲青州刺史。（《宋書·明帝紀》）

　　李勣，曹州離狐人也。隋末，徙居滑州之衛南。本姓徐氏，名世勣，永徽中，以犯太宗諱，單名勣焉。（《舊唐書·李勣傳》）

此二例中，"暠"的正體字是"皓"，"勣"的正體字是"績"，作爲專用人名，不宜轉換，以免與他人混淆。

（2）地名用字不宜轉換。例如：

　　十九年夏，吳伐越，越王句踐迎擊之檇李。（《史記·吳太伯世家》）

尋授驩州道行軍總管,以尚書右丞李綱爲司馬,經略林邑。(《隋書·劉方傳》)

此二例中,"橋"的正體字是"橌","驪"的正體字是"歡",作爲專用地名,不宜轉換,以免與別地混淆。

(3)書名用字不宜轉換。例如:

《湧幢小品》三十二卷,明朱國楨撰。是書雜記見聞,亦間有考證。其是非不甚失真,在明季説部之中,猶爲質實。(《四庫全書總目》卷一二八)

《四書賸言》四卷補一卷,國朝毛奇齡雜論四書之語。(《四庫全書總目》卷三六)

此二例中,"湧"的正體字是"涌","賸"的正體字是"剩",作爲習以爲常的專用書名,不宜轉換,以免徒生疑惑。

(4)約定俗成的詞中的字不宜轉換。例如:

出與王、許子弟爲群,在於綺襦紈絝之間,非其好也。(《漢書·敍傳上》)

身長八尺,面如刻畫,聲欬爲洪鍾響,胸中貯千卷書,使人那得不畏服。(《北齊書·崔悛傳》)

此二例中,"絝"的正體字是"褲","欬"的正體字是"咳",但"紈絝"與"聲欬"已經約定俗成,比較固定,不宜再作轉換。

五、古籍整理本採用由繁到繁的形式,在文字處理中,還有一個古今字和通假字的問題。所謂古今字,就是彼此有直接對應關係的古本字與後起字,如"陳"與"陣"、"差"與"瘥"、"反"與"返"、"元"與"原"、"屬"與"囑"之類即是。常用古今字,見附表二。在古籍整理本中,不能以其有對應關係,逐將古本字改爲今日通行之後起字。例如:

會侯騎還,言大兵且至城北,軍陳數百里,不見其後。

（《後漢書·光武帝紀上》）

王導遇病，召洋問之。洋曰："君侯本命在申，金爲土使之主，而於申上石頭立冶，火光照天，此爲金火相爍，水火相煎，以故受害耳。"導即移居東府，病遂差。（《晉書·戴洋傳》）

旦日，（周）建、（蘇）茂出兵圍漢。漢選四部精兵黃頭吳河等，及烏桓突騎三千餘人，齊鼓而進。建軍大潰，反還奔城。漢長驅追擊，爭門併入，大破之。（《後漢書·吳漢傳》）

學者須是直前做去，莫起計穫之心。如今説底恰似畫卦影一般，吉凶未應時，一場鶻突，知它是如何，到應後，方始知元來是如此。（《朱子語類》卷八《總論爲學之方》）

在第一例中，"陳"亦讀 zhèn，在這個意義上後來作"陣"。在其餘三例中，"差"後來作"瘥"，"反"後來作"返"，"元"後來作"原"。

六、所謂通假字，亦稱假借字，有兩種情況：一是本有其字的假借，二是本無其字的假借，如"蚤"（早）、"甄"（鄄）、"弗"（祓）、"翅"（啻）、"裁"（纔）之類。常用通假字，見附表三。例如：

哀公立三十六年卒。太子夷公，夷公蚤死，不得立，立夷公子，是爲惠公。（《史記·秦本紀》）

興平元年，（曹）操東擊陶謙，使（荀）彧守甄城，任以留事。（《後漢書·荀彧傳》）按，甄城，李賢注："縣名，屬濟陰郡，今濮州縣也，'甄'今作'鄄'，音絹。"

生民如何，克禋克祀，以弗無子。（《詩·大雅·生民》）按，《毛詩注疏》鄭玄箋："克，能也。弗之言祓也。姜嫄之生后稷，如何乎？乃禋祀上帝於郊禖，以祓除其無子之疾，而得其福也。"

取食之重者與禮之輕者而比之,奚翅食重?(《孟子·告子下》)按,《孟子注疏》孫奭音義:"'翅'與'啻'同,古字通用。施智反。"

此四例中,"蚤"即"早","甄"即"鄄","弗"即"祓",皆属通假字。在整理本中,此类通假字可以不校,更不必改字。如为普及性整理本,可在原字后括注本字。

七、古籍整理本如採用由繁到簡的形式,其簡體字應以《簡化字總表》(1986年新版)爲依據,或以《新華字典》爲據。《簡化字總表》或《新華字典》未收的繁體字,不可隨意簡化。繁體字部首,如風部、馬部、頁部、金部之類,除《簡化字總表》或《新華字典》所收字外,亦不得隨意簡化。因爲《簡體字總表》和《新華字典》檢索極其便利,今不再列表附錄。

八、遵從《簡體字總表》或《新華字典》進行由繁到簡的文字轉換時,其基本原則是要保證原文的正確性,使人不致發生誤解,或产生疑問。凡涉及人名、地名、書名(篇名)、成語的地方,尤須慎重對待,不可隨意遥行轉換。

(1)繁體轉換成簡體,若人名可能帶來疑問,則不宜轉換。例如:

始文帝为五官将,及平原侯植皆好文学。粲与北海徐幹字伟长、广陵陈琳字孔璋、陈留阮瑀字元瑜、汝南应场字德琏、东平刘桢字公幹并见友善。(《三国志·魏书·王粲传》)

(贞观)十年春正月壬子,尚书左仆射房玄龄、侍中魏徵上梁、陈、齐、周、隋五代史,诏藏于秘阁。(《旧唐书·太宗纪下》)

若王薑斋论哀郢,谓指襄王徙陈,则为时太远,未必及见矣。且其时长沙曾为秦取,原尚得晏然安身其地乎?(清·

蔣驥《山帶閣注楚辭》卷首)

　　翁同龢,字叔平,江蘇常熟人。(《清史稿》卷四三六)

　　第一例中,徐幹是"建安七子"之一,其名與字義亦相應,若簡化爲"干",可能與"干謁"、"若干"之"干"相混。第二例中,魏徵是歷史名人,若行簡化,則可能與名"征"者相混。第三例中,王薑齋即王夫之,號薑齋,著有《楚辭通釋》,今若簡化爲"姜",恐將不知爲何許人。第四例中,"龢"是"和"的古體字,但其義止用於調和、和諧,較今體"和"字使用面窄,若改稱此人爲"翁同和",則很可能令人生疑。

　　(2)繁體轉換簡體,若書名可能產生歧義,則不宜轉換。例如:

　　　《春秋穀梁传》曰:"五谷不登,谓之大侵。"(《后汉书·樊宏传》)

　　　《氾胜之书》二卷,汉议郎氾胜之撰。(《隋书·经籍志三》)

　　　宋楼宣献公钥《攻媿集》八十五卷,温陵黄氏写本。诗仅九卷,杂文八十五卷,诸体中题跋最胜。(清·王士稹《居易录》卷一一)

　　　《墨子閒诂》十五卷附录一卷后语二卷(清·孙诒让《中国丛书综录》第二册第706页)

　　第一、二兩例中,"穀梁"和"氾"既是姓氏,又是書名組成部分,若依據漢字簡化原則,"穀梁"當改"谷梁","氾"當改"泛",這等於給原作者改換了姓氏,已非原書了。第三例中,"攻媿集"的"媿",簡體當作"愧",然而原書名約定俗成,已經不宜變更爲他字。不過作者樓鑰的"鑰"字可以改为"钥",因爲"鑰"、"钥"對應無別體。第四例中,書名中的"閒"字有二讀:一讀 jiàn,意思是門有縫而月光可入,字也寫作"間";一讀 xián,意思是閒暇,字也寫作"閑"。現在的簡體字無"間"字,"閒"直接對應的是"闲",若將書名的簡體字寫作"墨子闲诂",則屬大錯。此處要麼保留"閒"字,要麼改爲"间"字才是。

(3)繁體轉換簡體,若地名可能發生誤解,則不宜轉換。例如:

(后元二年)二月,行幸盩厔五柞宫。(《汉书·武帝纪》)按,颜师古注:"晋灼曰:'盩厔,扶风县也。'张晏曰:'有五柞树,因以名宫也。'师古曰:'盩音张流反,厔音竹乙反。'"

(西魏)文帝大统十四年,于今理置南豳州,废帝除"南"字。隋大业二年省入宁州,义宁二年复为新平郡。武德元年复为豳州,开元十三年,以"豳"与"幽"字相涉,诏曰:"鱼鲁变文,荆并误听。欲求辨惑,必也正名。改为'邠'字。"天宝元年改为新平郡,乾元元年复为邠州。(《元和郡县图志》卷三关内道)

锺离　汉县,属九江郡。晋、宋、齐、梁置徐州。隋改为濠州,炀帝复为锺离郡。(《旧唐书·地理志三》)

始,楚怀王初封项籍为鲁公,及其死,鲁最后下,故以鲁公礼葬项王穀城。(《史记·项羽本纪》)按,正义:"括地志云:'项羽墓在济州东阿县东二十七里,穀城西三里。述征记项羽墓在穀城西北三里半许,毁坏,有碣石"项王之墓"。'"

在第一、第二例中,"盩厔"、"邠州"皆古地名,同屬今陕西省,以其生僻難認,經國務院批准,今已分別改作"周至"和"彬縣",止看字面,已很難與歷史相銜接。此類情況,在古籍整理簡體字本中,仍須使用原地名,不能因爲生僻難認而逕改爲今地名(注釋中古今地名對照不在此例)。第三例中,"鍾離"若簡化爲"钟离",反轉爲繁體便成了"鐘離",無論作爲地名,還是作爲姓氏,都被視爲錯誤。第四例中,"穀城"亦不宜簡化爲"谷城",否則項羽墓也將不知所在。

(4)繁體轉換簡體,已約定俗成的字詞,或易生歧義的字詞,則不宜轉換。例如:

阳货欲见孔子,孔子不见,归孔子豚。孔子时其亡也,而往拜之,遇诸途。(《论语·阳货篇》)按,何晏注:"孔曰:'途,道也。'于道路与相逢。"

今拘学或抱咫尺之义,久孤于世,岂若卑论侪俗,与世沈浮而取荣名哉!(《史记·游侠列传》)

光按剑曰:"吾受国厚恩,不能翦除寇贼,今得自死,便如登仙,何得退还也!"声绝而卒。(《晋书·张光传》)

宋宣献(绶)博学,喜藏异书,皆手自校雠,谓校书如扫尘,一面扫,一面生,故一书三四校,犹有脱谬。(宋·沈括《梦溪笔谈》卷二五)

第一例中,"遇諸途"的"途"原作"塗",按照《簡化字表》,"塗"當簡化作"涂"(見《新華字典》第 503 頁),並不對應"途",而"途"字無所謂繁簡,也不對應繁體之"塗"(同上),故有簡體字本《論語》逕作"遇諸涂"者,雖說於古有徵,但今日讀來,祇能算错。事實上,"道路"一義,"塗"、"涂"、"途"三字通用,而"泥塗"一義,祇作"塗","涂抹"一義,既可作"涂",也可作"塗"。現在"塗"、"涂"合併爲"涂","道路"一義祇作"途"(見《王力古漢語字典》第 1436 頁)。在這種情況下,要簡化祇能作"途",否則保留"塗"字。第二例中,"沈"同"沉",現代漢語作"沉浮",不作"沈浮",但在古漢語中,"沈浮"爲成詞,今之古籍整理簡體字本亦不必改作"沉浮"。第三例中,"翦"在《新華字典》中僅作爲姓氏存在,其他意義皆"同剪",但"翦除"作爲成詞,不宜簡化爲"剪除"。第四例中,"雠"的簡體字作"仇"，而"校讎"是古籍整理學常用術語，可以簡化爲"校讐"，但不能簡化爲"校仇"。

(5)注音(反切、直音)用字凡可能改變讀音者不宜轉換。例如：

妬佳冶之芬芳兮，嫫母姣而自好。(《楚辭補注》卷四九章《思美人》)按，王逸注："嫉害美善之婉容也。"洪興祖補注："佳，一作娃。於佳切。吳、楚之间谓好曰娃。"

役，戍边也。从殳从彳。臣鉉等曰："彳，步也。彳亦声，营隻切。"(《说文解字》卷三下)伪民背实而要名，奸夫犯害而求利，篡弑取国者为王公，圉夺成家者为雄桀。(《汉书》卷九一《货殖传》)按，颜师古注："圉谓禁守其人也。"刘敞曰："圉读如'禦人于国门'之禦。"

第一例中，"娃"的注音是"於佳反"，"於"字今簡化作"于"，但"於"此處讀 wū("於乎"即"嗚呼")，與讀作 yú 的"于"是兩個完全不同的讀音，自不宜逕行轉換。第二例中，"营隻切"之"隻"字，今簡體字作"只"，而依據《廣韻》，"隻"爲之石切，在鐸部，"只"爲諸氏切，在支部，二者有異，今若對轉爲簡體，則亦將使音讀隨之生變。第三例中，劉敞以爲"圉"當讀作"禦"，如此處簡化爲"御"，音雖相去不遠，而義則失之，故亦不宜轉換。

九、在現今使用電腦的時代，受限於目前的平面書寫軟件，古籍整理中的繁簡字體轉換，還會遇到一些新問題，就是採用簡體字輸入，要想恢復爲繁體，有些字是必定會轉錯的，如"某某云"錯成"某某雲"、"辛丑"錯成"辛醜"、"反覆"錯成"反復"、"復元"錯成"複元"、"范進中舉"錯成"範進中舉"之類，應特別加注意。反過來说，當繁體字一律轉化爲簡體字時，有些字詞也會造成理解上的煩惱。因此，有學者建議，使用簡體字的古籍整理本，應在《簡化字方案》之外，適當保留數十個繁體字，以減少歧義的出現。我贊同這一建議，茲將程毅中先生《古籍整理中異體字的處理問題》(《程毅中文存》第523—527頁)一文中建議保留的三十個繁體字轉錄如下：

衝(衝突)　醜(醜惡)　　鬭(鬭爭,可以考慮用"鬥爭")

發(發展)　髮(頭髮)　範(模範)　復(恢復)　複(重複)

覆(反覆)　乾(乾净)　穀(五穀)　後(前後)　鬍(鬍子)

幾(幾何)　繫(聯繫)　藉(藉口)　裏(裏外)　瞭(瞭望)

麵(米麵)　寧(安寧)　僕(奴僕)　麯(酒麯)　適(舒適)

術(藝術)　鬆(鬆緊)　係(關係)　餘(多餘)　雲(風雲)

鬱(憂鬱)　製(製造)

這三十個繁體字即使無法保留,在古籍整理簡體字本中也應引起足夠的重視。

附表一《新华字典》繁体字正體與異體對照表

(1)挨(捱,第2頁)

(2)鞍(鞌,第4頁)

(3)庵(菴,第4頁)

(4)暗(闇,第5頁)

(5)爐(爐,第6頁)

(6)鰲(鼇,第6頁)

(7)翱(翱,第6頁)

(8)拗(抝,第6頁)

(9)呇(嚣,第6頁)

(10)把(欛,第9頁)

(11)霸(覇,第10頁)

(12)坂(岅,第12頁)

(13)邦(邫,第14頁)

(14)榜(牓,第14頁)

(15)蚌(蜯,第14頁)

(16)褒(襃,第16頁)

(17)寶(寳,第16頁)

(18)鉋(鐧,第17頁)

(19)抱(菢,第17頁)

(20)杯(盃,第18頁)

(21)背(揹,第18頁)

(22)備(俻,第19頁)

(23)奔(犇、逩,第21頁)

(24)祊(鬃,第22頁)

(25)绷(綳,第22頁)

(26)庇(屁,第23頁)

(27)逼(偪,第23頁)

(28)珌(瑋,第25頁)

(29)斃(獘,第25頁)

(30)痹(痺,第26頁)

(31)弊(獘,第26頁)

(32)躄(躃,第27頁)

(33)篦(籓,第27頁)

(34)遍(徧,第29頁)

(35)臕(臕,第30頁)

(36)飆(飈、飇,第30頁)

(37)癇(癎,第 32 頁)

(38)檳(梹,第 33 頁)

(39)曷(昺,第 34 頁)

(40)并(併、並、竝,第 34 頁)

(41)稟(稟,第 34 頁)

(42)鉢(缽、盋,第 35 頁)

(43)駁(駮,第 36 頁)

(44)脖(頰,第 37 頁)

(45)博(愽,第 37 頁)

(46)布(佈,第 39 頁)

(47)踩(跴,第 41 頁)

(48)采(cǎi 採;cài 采邑。寀、埰,第 41 頁)

(49)彩(綵,第 41 頁)

(50)睬(倸,第 41 頁)

(51)參(叅,第 42 頁)

(52)餐(飡、湌,第 42 頁)

(53)慚(慙,第 42 頁)

(54)草(艸、騲,第 44 頁)

(55)策(筞、筴,第 45 頁)

(56)嘗(嚐、甞,第 52 頁)

(57)剿(勦、劋,第 54 頁)

(58)扯(撦,第 55 頁)

(59)碜(磣,第 56 頁)

(60)趁(趂,第 57 頁)

(61)撐(撑,第 57 頁)

(62)乘(乗、椉,第 59 頁)

(63)吃(喫,第 59 頁)

(64)耻(恥,第 61 頁)

(65)翅(翄,第 62 頁)

(66)忡(憃,第 63 頁)

(67)酬(酧、醻、詶,第 65 頁)

(68)瞅(瞍、䁤,第 65 頁)

(69)厨(廚、厨,第 66 頁)

(70)鋤(鉏、耡,第 67 頁)

(71)船(舡,第 69 頁)

(72)窗(窻、窓、牕、牎、牕,第 70 頁)

(73)捶(搥,第 71 頁)

(74)錘(鎚,第 71 頁)

(75)春(旾,第 71 頁)

(76)蒓(蓴,第 72 頁)

(77)唇(脣,第 72 頁)

(78)醇(醕,第 72 頁)

(79)蠢(惷,第 72 頁)

(80)詞(䛐,第 73 頁)

(81)瓷(甆,第 74 頁)

(82)兹(茲,第 74 頁)

(83)鶿(鷀,第 74 頁)

(84)辭(辤,第 74 頁)

(85)蔥(葱,第 75 頁)

(86)叢(藂,第 76 頁)

(87)粗(觕、麤、麁,第 76 頁)

(88)蹴(蹵,第 77 頁)

(89)攢(欑,第 78 頁)

(90)淬(焠,第 78 頁)

(91)脆(脃,第 78 頁)

(92)悴(顇,第 79 頁)

(93)膵(脺,第 79 頁)

(94)村(邨,第 79 頁)

(95)銼(剉,第 80 頁)

(96)答(荅,第 81 頁)

(97)瘩(瘩,第 83 頁)

(98)聃(耼,第 87 頁)

(99)撣(撢,第 87 頁)

(100)擋(攩,第 89 頁)

(101)島(嶌,第 91 頁)

(102)搗(擣、搨,第 91 頁)

(103)凳(櫈,第 95 頁)

(104)堤(隄,第 95 頁)

(105)嘀(啲,第 98 頁)

(106)蒂(蔕,第 98 頁)

(107)雕(鵰,第 100 頁)

(108)吊(弔,第 102 頁)

(109)蝶(蜨,第 104 頁)

(110)疊(疉,第 104 頁)

(111)鬭(閗、鬪,第 109 頁)

(112)豆(荳,第 109 頁)

(113)虱(蝨,第 109 頁)

(114)瀆(凟,第 110 頁)

(115)睹(覩,第 111 頁)

(116)杜(廜,第 111 頁)

(117)妒(妬,第 111 頁)

(118)蠹(螙、蠧,第 112 頁)

(119)惇(憞,第 114 頁)

(120)敦(㪟,第 114 頁)

(121)墩(墪,第 114 頁)

(122)躉(㩐,第 115 頁)

(123)遁(遯,第 116 頁)

(124)朵(朶,第 117 頁)

(125)躱(躲,第 117 頁)

(126)嚲(軃,第 117 頁)

(127)垛(垜、稂,第 117 頁)

(128)訛(譌,第 118 頁)

(129)鵝(鵞、䳘,第 118 頁)

(130)額(頟,第 119 頁)

(131)惡(噁,第 119 頁)

(132)厄(阨、戹、阸,第 119 頁)

(133)扼(搤,第 119 頁)

(134)苠(蕚,第 120 頁)

(135)腭(齶,第 120 頁)

(136)鰐(鱷,第 120 頁)

(137)恩(㤙,第 121 頁)

(138)筏(栰,第 124 頁)

(139)罰(罸,第 124 頁)

(140)珐(琺,第 124 頁)

(141)帆(颿,第 124 頁)

(142)幡(旛,第 1204 頁)

(143)翻(飜,第 125 頁)

(144)凡(凣,第 125 頁)

(145)繁(緐,第 125 頁)

(146)泛(汎、氾,第 126 頁)

(147)仿(倣、髣,第 126 頁)

(148)廢(癈,第 131 頁)

(149)痱(疿,第 131 頁)

(150)氛(雰,第 132 頁)

(151)峰(峯,第 135 頁)

(152)蜂(蠭、蝪,第 135 頁)

(153)麩(䴷、粰,第 137 頁)

(154)彿(髴,第 138 頁)

(155)俯(俛,第 142 頁)

(156)附(坿,第 142 頁)

(157)婦(媍,第 143 頁)

(158)丐(匃,第 146 頁)

(158)概(槩,第 146 頁)

(160)乾(乹,第 146 頁)

(161)尷(尲,第 148 頁)

(162)杆(桿,第 148 頁)

(163)秆(稈,第 148 頁)

(164)幹(榦,第 149 頁)

(165)杠(槓,第 150 頁)

(166)皋(皐、臯,第 151 頁)

(167)槔(橰,第 151 頁)

(168)糕(餻,第 151 頁)

(169)槁(藁,第 151 頁)

(170)稿(稾,第 151 頁)

(171)歌(謌,第 153 頁)

(172)個(箇,第 155 頁)

(173)亘(亙,第 156 頁)

(174)耕(畊,第 157 頁)

(175)鯁(骾,第 157 頁)

(176)躬(躳,第 158 頁)

(177)鉤(鈎,第 160 頁)

(178)構(搆,第 161 頁)

(179)够(夠,第 162 頁)

(180)羖(羘,第 165 頁)

(181)鼓(皷,第 165 頁)

(182)雇(僱,第 167 頁)

(183)挂(掛、罣,第 168 頁)

(184)拐(枴,第 168 頁)

(185)怪(恠,第 168 頁)

(186)關(関、関,第 168 頁)

(187)館(舘,第 170 頁)

(188)管(筦,第 170 頁)

(189)罐(鑵、鱹,第 171 頁)

(190)嫣(嬀,第 173 頁)

(191)規(槼,第 173 頁)

(192)瑰(瓌,第 173 頁)

(193)鮌(鯀,第 175 頁)

(194)餓(餀,第 176 頁)

(195)果(菓,第 176 頁)

(196)椁(槨,第 177 頁)

(197)哈(蝦,第 177 頁)

(198)函(圅,第 180 頁)

(199)捍(扦,第 181 頁)

(200)悍(猂,第 181 頁)

(201)焊(釬、銲,第 181 頁)

(202)夯(硴,第 182 頁)

(203)蚝(蠔,第 183 頁)

(204)嘷(嗥,第 183 頁)

(205)皓(皜、暠,第 184 頁)

(206)喝(欱,第 184 頁)

(207)和(龢、咊,第 185 頁)

(208)核(覈,第 186 頁)

(209)恒(恆,第 189 頁)

(210)轟(揈,第 190 頁)

(211)哄(鬨,第 191 頁)

(212)猴(鯸,第 192 頁)

(213)呼(嘑,第 193 頁)

(214)戲(戱,第 193 頁)

(215)糊(餬,第 194 頁)

(216)鬍(衚,第 194 頁)

(217)冱(沍,第 195 頁)

(218)花(苍、蘤,第 176 頁)

(219)嘩(譁,第 197 頁)

(220)話(話,第 198 頁)

(221)歡(懽、讙、驩,第 199 頁)

(222)獾(貛、讙,第 199 頁)

(223)浣(澣,第 201 頁)

(224)晃(撗,第 203 頁)

(225)恍(怳,第 203 頁)

(226)輝(煇,第 204 頁)

(227)徽(微,第 205 頁)

(228)迴(廻、迴,第 205 頁)

(229)蛔(蚘、蛕、痐、蝈,第 205 頁)

(230)毀(燬、譭,第 205 頁)

(231)匯(滙、彚,第 206 頁)

(232)彗(篲,第 207 頁)

(233)昏(昬,第 208 頁)

(234)魂(寬,第 208 頁)

(235)驨(劓,第 209 頁)

(236)禍(旤,第 211 頁)

(237)鷄(雞,第 212 頁)

(238)期(朞,第 214 頁)

(239)賫(齎、賚,第 214 頁)

(240)羈(羇,第 214 頁)

(241)檝(檝,第 216 頁)

(242)績(勣,第 220 頁)

(243)迹(跡、蹟,第 220 頁)

(244)夾(裌、袷,第 222 頁)

(245)戛(戞,第 223 頁)

(246)假(叚,第 224 頁)

(247)箋(牋、椾,第 225 頁)

(248)奸(姦,第 225 頁)

(249)繭(蠒、䋝,第 227 頁)

(250)鹹(鹻,第 227 頁)

(251)鹼(城,第 228 頁)

(252)謪(譖,第 228 頁)

(253)間(閒,第 229 頁)

(254)鑒(鑑、鋻,第 230 頁)

(255)僵(殭,第 231 頁)

(256)繮(韁,第 231 頁)

(257)獎(奬,第 232 頁)

(258)强(強、彊,第 233 頁)

(259)犟(勥,第 233 頁)

(260)糨(糡,第 233 頁)

(261)僥(儌,第 235 頁)

(262)脚(腳,第 235 頁)

(263)剿(勦、勤,第 236 頁)

(264)階(堦,第 237 頁)

(265)秸(稭,第 237 頁)

(266)劫(刧、刦、刼,第 259 頁)

(267)捷(捷,第 239 頁)

(268)解(觧,第 240 頁)

(269)届(屆,第 241 頁)

(270)斤(觔,第 242 頁)

(271)筋(觔,第 242 頁)

(272)緊(繁、緊,第 243 頁)

(273)晋(晉,第 245 頁)

(374)揹(揹,第 245 頁)

(275)繒(繒,第 245 頁)

(276)粳(秔、稉,第 247 頁)

(277)阱(穽,第 247 頁)

(278)徑(逕,第 248 頁)

(279)脛(踁,第 288 頁)

(280)净(淨,第 248 頁)

(281)絅(褧,第 250 頁)

(282)炯(烱,第 250 頁)

(283)糾(紏,第 250 頁)

(284)韭(韮,第 251 頁)

(285)捄(捄,第 251 頁)

(286)厩(廄、廏,第 251 頁)

(287)局(跼、侷,第 253 頁)

(288)矩(榘,第 254 頁)

(289)舉(擧,第 254 頁)

(290)巨(鉅,第 255 頁)

(291)據(擄,第 256 頁)

(292)鐫(鑴,第 257 頁)

(293)倦(勌,第 257 頁)

(294)眷(睠,第 257 頁)

(295)雋(儁,第 257 頁)

(296)狷(獧,第 257 頁)

(297)屩(蹻,第 258 頁)

(298)脚(腳,第 239 頁)

(299)橛(橜,第 259 頁)

(300)蹶(蹷,第 259 頁)

(301)俊(儁、傻,第 261 頁)

(302)浚(濬,第 261 頁)

(303)慨(嘅,第 263 頁)

(304)瞰(矙,第 265 頁)

(305)糠(穅、秔,第 265 頁)

(306)炕(匟,第 266 頁)

(307)考(攷,第 266 頁)

(308)咳(欬,第 268 頁)

(309)克(剋、尅,第 269 頁)

(310)肯(肎,第 270 頁)

(311)坑(阬,第 271 頁)

(312)硻(硻,第 271 頁)

(313)扣(釦,第 273 頁)

(314)箍(篏,第 273 頁)

(315)寇(宼,第 273 頁)

(316)圐(嘮,第 273 頁)

（317）褲（袴,第 274 頁）

（318）侉（咵,第 274 頁）

（319）款（欵,第 276 頁）

（320）礦（鑛,第 277 頁）

（321）況（况,第 277 頁）

（322）窺（闚,第 2708 頁）

（323）餽（餲,第 279 頁）

（324）愧（媿,第 279 頁）

（325）坤（堃,第 279 頁）

（326）崑（崐,第 279 頁）

（327）鷗（鴎,第 280 頁）

（328）髡（髠,第 280 頁）

（329）捆（綑,第 280 頁）

（330）闊（濶,第 281 頁）

（331）砬（磖,第 281 頁）

（332）臘（臈,第 282 頁）

（333）辣（辢,第 282 頁）

（334）賴（頼,第 283 頁）

（335）懶（嬾,第 285 頁）

（336）蜋（蝬,第 286 頁）

（337）琅（瑯,第 286 頁）

（338）塱（塣,第 287 頁）

（339）淚（涙,第 291 頁）

（340）棱（稜,第 292 頁）

（341）狸（貍,第 293 頁）

（342）縭（褵,第 293 頁）

（343）梨（棃,第 293 頁）

（344）犁（犂,第 293 頁）

（345）藜（藋,第 294 頁）

（346）裏（裡,第 294 頁）

（347）荔（茘,第 295 頁）

（348）曆（厤,第 296 頁）

（349）苙（蒞、涖,第 297 頁）

（350）隸（隷、隸,第 298 頁）

（351）鬲（䰝,第 298 頁）

（352）栗（慄,第 298 頁）

（353）璃（瓈,第 299 頁）

（354）奩（匳、匲、籢,第 299 頁）

（355）廉（亷、廲,第 300 頁）

（356）鐮（鎌、鐮,第 300 頁）

（357）斂（歛,第 300 頁）

（358）煉（鍊,第 301 頁）

（359）鏈（鍊,第 301 頁）

（360）涼（凉,第 301 頁）

（361）梁（樑,第 302 頁）

（362）鄰（隣,第 307 頁）

（363）磷（燐、粦,第 308 頁）

（364）麟（麐,第 308 頁）

（365）凜（澟,第 308 頁）

（366）廩（廪,第 309 頁）

（367）懍（懔,第 309 頁）

（368）檁（檩,第 309 頁）

（369）吝（恡,第 309 頁）

（370）櫺（櫺,第 309 頁）

（371）菱（蔆,第 311 頁）

（372）留（畱、畱、畄,第 312 頁）

（373）瘤（癅,第 313 頁）

（374）琉（瑠、瑠,第 313 頁）

（375）柳（栁、桺,第 314 頁）

（376）罶（罶,第 314 頁）

（377）碌（磟,第 314 頁）

（378）溜（霤,第 314 頁）

（379）壟（壠,第 316 頁）

（380）剄（剄,第 316 頁）

（381）瘻（瘺,第 317 頁）

（382）壚（壚,第 318 頁）

（383）爐（鑪,第 319 頁）

（384）鹵（滷,第 319 頁）

（385）虜（虜,第 319 頁）

（386）櫓（樐、艪、艣,第 319 頁）

(387)戮(剹,第321頁)

(388)稆(穭,第321頁)

(389)略(畧,第323頁)

(390)圙(嗠,第324頁)

(391)侖(崘、崙,第324頁)

(392)覼(覶,第326頁)

(393)騾(驘,第326頁)

(394)裸(躶、臝,第326頁)

(395)麻(蔴,第328頁)

(396)駡(罵、傌,第329頁)

(397)蟆(蟇,第329頁)

(398)脉(脈、眽、衇,第330頁)

(399)牤(犘,第332頁)

(400)猫(貓,第333頁)

(401)牦(犛、氂,第334頁)

(402)卯(夘、戼,第334頁)

(403)冒(冐,第335頁)

(404)帽(帽,第335頁)

(405)梅(楳、槑,第336頁)

(406)穈(縻,第337頁)

(407)氓(甿,第339頁)

(408)虻(蝱,第339頁)

(409)懵(懞,第340頁)

(410)覓(覔,第342頁)

(411)秘(祕,第342頁)

(412)冪(幎,第343頁)

(413)綿(緜,第343頁)

(414)面(靣,第344頁)

(415)麵(麪,第344頁)

(416)眇(眐,第345頁)

(417)渺(淼,第345頁)

(418)妙(玅,第345頁)

(419)咩(哶、哔,第345頁)

(420)愍(惽,第347頁)

(421)冥(冥、冥,第348頁)

(422)命(肏,第348頁)

(423)謨(謩,第349頁)

(424)饃(餺,第349頁)

(425)脉(脈、眿,第351頁)

(426)歿(殟、殈、歾、歽、歿,第353頁)

(427)幕(幙,第354頁)

(428)嗯(哏、𠮿,第354頁)

(429)拿(拏,第354頁)

(430)乃(迺、廼,第356頁)

(431)奶(嬭,第356頁)

(432)楠(枏、柟,第357頁)

(433)猫(獶,第358頁)

(434)硇(碙,第358頁)

(435)鬧(閙,第359頁)

(436)嫩(嫰,第360頁)

(437)霓(蜺,第361頁)

(438)昵(暱,第362頁)

(439)年(秊,第362頁)

(440)鮎(鯰,第363頁)

(441)念(唸,第363頁)

(442)娘(孃,第363頁)

(443)裊(嫋、嬝、褭,第364頁)

(444)涅(湼,第364頁)

(445)囓(齧、嚙,第365頁)

(446)孽(孼,第365頁)

(447)糱(糵,第363頁)

(448)蘖(蘗,第365頁)

(449)寧(甯、寍,第365頁)

(450)拗(抝,第367頁)

(451)農(辳,第367頁)

(452)弄(挵,第367頁)

(453)耨(鎒,第367頁)

(454)衄(衂、䶊,第368頁)

(455)暖(煖、煗、煖,第368頁)

(456)糯(糥、稬,第369頁)

(457)簰(簿,第 372 頁)

(458)迫(廹,第 372 頁)

(459)膀(胮,第 374 頁)

(460)彷(徬,第 374 頁)

(461)胖(肨,第 375 頁)

(462)抛(抛,第 375 頁)

(463)狍(麅,第 376 頁)

(464)炮(砲、礮,第 376 頁)

(465)疱(皰,第 376 頁)

(466)胚(肧,第 377 頁)

(467)佩(珮,第 377 頁)

(468)碰(拼、踫,第 379 頁)

(469)毗(毘,第 381 頁)

(470)匹(疋,第 382 頁)

(471)嚭(噽,第 382 頁)

(472)飄(飃,第 385 頁)

(473)嫖(闝,第 385 頁)

(474)憑(凴,第 388 頁)

(475)瓶(缾,第 388 頁)

(476)鋪(舖,第 392 頁)

(477)淒(凄、悽,第 393 頁)

(478)栖(棲,第 393 頁)

(479)戚(慼、慽,第 393 頁)

(480)棋(基、碁,第 395 頁)

(481)旗(旂,第 395 頁)

(482)埼(碕,第 396 頁)

(483)啓(啟、啟,第 397 頁)

(484)弃(棄,第 398 頁)

(485)契(栔,第 398 頁)

(486)器(噐,第 399 頁)

(487)憩(憇,第 399 頁)

(488)愆(諐,第 401 頁)

(489)蕁(蕁,第 401 頁)

(490)鉗(箝、拑,第 401 頁)

(491)潛(潜,第 402 頁)

(492)欨(慊,第 402 頁)

(493)槍(鎗,第 403 頁)

(494)羌(羗、羗,第 404 頁)

(495)强(強、彊,第 404 頁)

(496)墻(牆,第 404 頁)

(497)檣(艢,第 405 頁)

(498)蹺(蹻,第 406 頁)

(499)鍫(鍫,第 406 頁)

(500)繰(缲,第 406 頁)

(501)蕎(荍,第 406 頁)

(502)憔(顦,第 407 頁)

(503)峭(陗,第 407 頁)

(504)翹(翽,第 407 頁)

(505)愜(愿,第 409 頁)

(506)矜(殣,第 409 頁)

(507)琴(珡,第 410 頁)

(508)勤(懃、廑,第 410 頁)

(509)寢(寑,第 410 頁)

(510)吣(呇、嗳,第 410 頁)

(511)撳(搇,第 411 頁)

(512)黥(剠,第 412 頁)

(513)擎(撆,第 412 頁)

(514)苘(綮、蕢,第 412 頁)

(515)廎(庼,第 412 頁)

(516)甇(㷀,第 413 頁)

(517)丘(坵,第 414 頁)

(518)秋(秌、穐,第 414 頁)

(519)鞦(鞧,第 414 頁)

(520)球(毬,第 415 頁)

(521)虬(虯,第 415 頁)

(522)驅(敺、駈,第 416 頁)

(523)麴(麹,第 416 頁)

(524)渠(佢,第 417 頁)

(525)蠼(蠷,第 417 頁)

(526)覷(覰、覻,第 418 頁)

(527)蜷(踡,第 210 頁)

(528)却(卻、刼,第 421 頁)

(529)碻(塙、碻,第 421 頁)

(530)愨(慤,第 421 頁)

(531)榷(搉、榷,第 421 頁)

(532)裙(帬、裠,第 422 頁)

(533)群(羣,第 42 頁)

(534)㢆(廧,第 422 頁)

(535)髥(髯,第 422 頁)

(536)冉(冄,第 422 頁)

(537)繞(遶,第 424 頁)

(538)靭(靭、鞚、靱,第 425 頁)

(539)靭(靭,第 425 頁)

(540)餁(飪,第 426 頁)

(541)妊(姙,第 426 頁)

(542)紝(絍,第 426 頁)

(543)衽(袵,第 426 頁)

(544)絨(羢、毧,第 427 頁)

(545)融(螎,第 427 頁)

(546)冗(宂,第 428 頁)

(547)氄(毪,第 428 頁)

(548)蝡(蠕,第 429 頁)

(549)堧(壖,第 430 頁)

(550)軟(輭,第 430 頁)

(551)蕊(蕋、蘂、橤,第 430 頁)

(552)睿(叡,第 431 頁)

(553)箬(篛,第 431 頁)

(554)颯(颭,第 432 頁)

(555)挲(抄,第 432 頁)

(556)搠(㩲,第 433 頁)

(557)腮(顋,第 433 頁)

(558)散(散,第 433 頁)

(559)喪(丧,第 434 頁)

(560)桑(桒,第 434 頁)

(561)澀(澁、濇,第 435 頁)

(562)傻(儍,第 437 頁)

(563)廈(廇,第 437 頁)

(564)刪(删,第 438 頁)

(565)姍(姗,第 438 頁)

(566)珊(珊,第 438 頁)

(567)栅(柵,第 438 頁)

(568)搧(搧,第 439 頁)

(569)潸(潸,第 439 頁)

(570)膻(羶、羴,第 439 頁)

(571)陝(睒,第 439 頁)

(572)釤(鐥、鑱,第 439 頁)

(573)膳(饍,第 440 頁)

(574)鱔(鱓,第 440 頁)

(575)墒(喝,第 441 頁)

(576)緔(鞝,第 442 頁)

(577)筲(𥮊,第 443 頁)

(578)蛇(虵,第 445 頁)

(579)射(躲,第 445 頁)

(580)懾(慴,第 446 頁)

(581)參(shēn,葠、蓡,第 447 頁)

(582)糝(糣,第 447 頁)

(583)深(滼,第 447 頁)

(584)慎(昚,第 449 頁)

(585)升(昇、陞,第 449 頁)

(586)賸(膡,第 451 頁)

(587)尸(屍,第 451 頁)

(588)虱(蝨,第 452 頁)

(589)濕(溼,第 452 頁)

(590)時(峕,第 453 頁)

(591)實(寔,第 453 頁)

(592)世(丗,第 455 頁)

(593)柿(柹,第 455 頁)

(594)視(眎、眡,第 457 頁)

(595)是(昰,第 457 頁)

(596)諡(謚,第 458 頁)

(597)收(収,第 458 頁)

(598)菽(尗,第 460 頁)

(599)倏(倐、儵,第 460 頁)

(600)疏(疎,第 460 頁)

(601)薯(藷,第 461 頁)

(602)竪(豎,第 462 頁)

(603)庶(庻,第 463 頁)

(604)漱(潄,第 463 頁)

(605)摔(踤,第 464 頁)

(606)閂(櫹,第 464 頁)

(607)雙(雙,第 464 頁)

(608)厮(廝,第 468 頁)

(609)祀(禩,第 468 頁)

(610)似(佀,第 468 頁)

(611)飼(飤,第 469 頁)

(612)俟(竢,第 469 頁)

(613)搜(蒐,第 470 頁)

(614)嗽(嗽,第 471 頁)

(615)蘇(蔴、甦,第 471 頁)

(616)訴(愬,第 472 頁)

(617)嗉(膆,第 472 頁)

(618)宿(宿,第 473 頁)

(619)溯(泝、遡,第 473 頁)

(620)酸(痠,第 473 頁)

(621)算(筭,第 474 頁)

(622)歲(歳、嵗,第 475 頁)

(623)穗(穟,第 475 頁)

(624)飧(飱,第 476 頁)

(625)笋(筍,第 476 頁)

(626)挲(挱,第 476 頁)

(627)蓑(簑,第 476 頁)

(628)所(所,第 477 頁)

(629)瑣(瑣,第 477 頁)

(630)鎖(鏁,第 477 頁)

(631)它(牠,第 478 頁)

(632)塔(墖,第 478 頁)

(633)拓(搨,第 479 頁)

(634)抬(擡,第 480 頁)

(635)罎(壜、罈,第 482 頁)

(636)祖(禣,第 483 頁)

(637)嘆(歎,第 483 頁)

(638)蹚(鏜、踹,第 484 頁)

(639)糖(餹、醣,第 485 頁)

(640)縧(條、綹,第 486 頁)

(641)掏(搯,第 486 頁)

(642)韜(弢,第 487 頁)

(643)逃(迯,第 487 頁)

(644)藤(籐,第 489 頁)

(645)啼(嗁,第 490 頁)

(646)蹄(蹏,第 491 頁)

(647)屉(屜,第 491 頁)

(648)剃(鬀、薙,第 491 頁)

(649)逖(逷,第 491 頁)

(650)眺(覜,第 495 頁)

(651)鐵(銕,第 496 頁)

(652)恫(痌,第 498 頁)

(653)同(仝,第 498 頁)

(654)峒(峝,第 499 頁)

(655)筒(筩,第 500 頁)

(656)同(衕,第 500 頁)

(657)偷(婾,第 500 頁)

(658)涂(凃,第 503 頁)

(659)兔(兎、兎,第 504 頁)

(660)頹(穨,第 505 頁)

(661)腿(骽,第 505 頁)

(662)煺(焻、摵,第 505 頁)

(663)臀(臋,第 506 頁)

(664)拖(扡,第 507 頁)

(665)馱(駄,第 507 頁)

(666)駝(馳,第 507 頁)

(667)橐(橐,第 508 頁)

(668)柝(櫄,第 508 頁)

(669)挖(乞,第 508 頁)

(670)蛙(黿,第 509 頁)

(671)襪(韈、韈,第 509 頁)

(672)崴(蹉,第 509 頁)

(673)玩(翫,第 511 頁)

(674)碗(盌、椀、㼝,第 511 頁)

(675)挽(輓,第 512 頁)

(676)尫(尪,第 512 頁)

(677)亡(亾,第 512 頁)

(678)罔(㒺,第 513 頁)

(679)往(徃,第 513 頁)

(680)望(朢,第 513 頁)

(681)爲(爲,第 515 頁)

(682)潙(溈,第 515 頁)

(683)僞(偽,第 516 頁)

(684)蒍(蔿,第 516 頁)

(685)衛(衞,第 517 頁)

(686)餵(餧,第 518 頁)

(687)猬(蝟,第 519 頁)

(688)蚊(螡、䘆,第 520 頁)

(689)吻(脗,第 520 頁)

(690)甕(罋、甖,第 522 頁)

(691)卧(臥,第 523 頁)

(692)圬(杇,第 523 頁)

(693)污(汙、汚,第 523 頁)

(694)忤(牾,第 525 頁)

(695)嫵(斌,第 525 頁)

(696)捂(搗,第 525 頁)

(697)塢(隖,第 526 頁)

(698)誤(悮,第 526 頁)

(699)瘑(瘍,第 527 頁)

(700)晰(晳,第 529 頁)

(701)溪(谿,第 529 頁)

(702)熙(熈、熙,第 530 頁)

(703)膝(厀,第 530 頁)

(704)席(蓆,第 531 頁)

(705)戲(戯,第 532 頁)

(706)屓(屭,第 533 頁)

(707)狹(陜,第 534 頁)

(708)轄(鎋、舝,第 534 頁)

(709)厦(廈,第 535 頁)

(710)仙(僊,第 535 頁)

(711)粙(秞,第 535 頁)

(712)鍬(杴、枚,第 536 頁)

(713)弦(絃,第 536 頁)

(714)閑(閒,第 537 頁)

(715)嫻(嫺,第 537 頁)

(716)涎(次,第 537 頁)

(717)銜(啣、衘,第 537 頁)

(718)鮮(尟、尠,第 538 頁)

(719)綫(綫,第 539 頁)

(720)厢(廂,第 540 頁)

(721)享(亯,第 541 頁)

(722)餉(饟,第 542 頁)

(723)鯗(鮝,第 542 頁)

(724)鱬(鼻,第 543 頁)

(725)淆(殽,第 545 頁)

(726)筱(篠,第 545 頁)

(727)效(俲、効,第 545 頁)

(728)笑(咲,第 546 頁)

(729)蝎(蠍,第 546 頁)

(730)脅(脇,第 547 頁)

(731)邪(衺,第 547 頁)

(732)携(攜、搞、携、攜,第 547 頁)

(733)鞋(鞵,第 547 頁)

(734)灺(炧,第 548 頁)

(735)泄(洩,第 548 頁)

(736)緤(絏,第 548 頁)

(737)契(xiè,人名,偰,第 548 頁)

(738)咼(卨,第 548 頁)

(739)蠏(蠏,第 549 頁)

(740)燮(燨,第 549 頁)

(741)囟(顖,第 551 頁)

(742)搳(揩,第 553 頁)

(743)幸(倖,第 553 頁)

(744)荇(莕,第 553 頁)

(745)凶(兇,第 554 頁)

(746)訩(訥,第 554 頁)

(747)洶(洶,第 554 頁)

(748)胸(胷,第 555 頁)

(749)髹(髤,第 555 頁)

(750)修(脩,第 555 頁)

(751)綉(繡,第 556 頁)

(752)銹(鏽,第 556 頁)

(753)須(鬚,第 557 頁)

(754)叙(敘、敍,第 558 頁)

(755)恤(卹、賉、邮,第 559 頁)

(756)勖(勗,第 559 頁)

(757)婿(壻,第 559 頁)

(758)萱(蕿、蔜、蘐、蕙,第 560 頁)

(759)喧(誼,第 560 頁)

(760)璇(璿,第 561 頁)

(761)炫(衒,第 561 頁)

(762)楦(楥,第 562 頁)

(763)靴(鞾,第 562 頁)

(764)學(孝,第 562 頁)

(765)勛(勳,第 563 頁)

(766)塤(壎,第 563 頁)

(767)熏(燻,第 563 頁)

(768)尋(尋,第 564 頁)

(769)鱘(鱏,第 565 頁)

(770)巡(巡,第 565 頁)

(771)徇(狥,第 565 頁)

(772)浚(濬,第 565 頁)

(772)喫(漢,第 565 頁)

(774)丫(椏、枒,第 566 頁)

(775)鴉(鵶,第 566 頁)

(776)崖(崕、厓,第 567 頁)

(777)猰(貏,第 568 頁)

(778)胭(臙,第 569 頁)

(779)烟(煙、荙,第 569 頁)

(780)懨(厭,第 569 頁)

(781)淹(洊,第 570 頁)

(782)腌(醃,第 570 頁)

(783)岩(巖、巌、嵒,第 571 頁)

(784)檐(簷,第 571 頁)

(785)掩(揜,第 572 頁)

(786)鼴(鼲,第 573 頁)

(787)咽(嚥,第 573 頁)

(788)艷(豔、豓、艶,第 574 頁)

(789)灩(灔,第 574 頁)

(790)鷃(鶠,第 574 頁)

(791)宴(醼,第 574 頁)

(792)騐(駼,第 574 頁)

(793)雁(鴈,第 574 頁)

(794)臁(臕,第 574 頁)

(795)焰(燄,第 574 頁)

(796)燕(鷰,第 574 頁)

(797)揚(颺、敭,第 575 頁)

(798)吆(吙,第 577 頁)

(799)夭(妖,第 577 頁)

(800)肴(餚,第 579 頁)

(801)窑(窰、窯,第 578 頁)

(802)徭(傜,第 579 頁)

(803)咬(齩、齧,第 579 頁)

(804)耀(燿,第 580 頁)

(805)野(埜,第 581 頁)

(806)頁(箓,第 582 頁)

(807)曳(抴,第 582 頁)

(808)夜(宿,第 582 頁)

(809)燁(爗,第 583 頁)

(810)呻(吟,第 583 頁)

(811)醫(翳,第 584 頁)

(812)迤(迆,第 584 頁)

(813)椸(簃,第 584 頁)

(814)移(迻,第 585 頁)

(815)彝(彛,第 586 頁)

(816)以(㠯,第 586 頁)

(817)蟻(螘,第 587 頁)

(818)艤(檥,第 587 頁)

(819)囈(讛,第 588 頁)

(820)异(異,第 588 頁)

(821)翳(瞖,第 590 頁)

(822)臆(肊,第 591 頁)

(823)因(囙,第 591 頁)

(824)姻(婣,第 592 頁)

(825)陰(隂,第 592 頁)

(826)暗(瘖,第 592 頁)

(827)殷(慇,第 592 頁)

(828)堙(陻,第 593 頁)

(829)吟(噖,第 593 頁)

(830)崟(嶔,第 593 頁)

(831)淫(婬、滛,第 593 頁)

(832)飲(歓,第 595 頁)

(833)蔭(廕,第 595 頁)

(834)鶯(鸎,第 595 頁)

(835)罌(甖,第 595 頁)

(836)穎(頴,第 597 頁)

(837)映(暎,第 598 頁)

(838)墉(陣,第 599 頁)

(839)雍(雝,第 599 頁)

(840)咏(詠,第 600 頁)

(841)涌(湧,第 600 頁)

(842)慂(憃、恿,第 600 頁)

(843)尤(尢,第 601 頁)

(844)疣(肬,第 601 頁)

(845)游(遊,第 602 頁)

(846)漁(歔,第 606 頁)

(847)逾(踰,第 607 頁)

(848)窬(踰,第 607 頁)

(849)貐(貐,第 608 頁)

(850)欲(慾,第 609 頁)

(851)鬱(欝、欎,第 609 頁)

(852)蛈(魊,第 609 頁)

(853)愈(癒、瘉,第 610 頁)

(854)寓(庽,第 611 頁)

(855)冤(寃、寛,第 612 頁)

(856)猿(猨、蝯,第 613 頁)

(857)刖(跀,第 615 頁)

(858)岳(嶽,第 615 頁)

(859)鉞(戉,第 616 頁)

(860)韵(韻,第 619 頁)

(861)扎(紥、紮,第 619 頁)

(862)匝(帀,第 619 頁)

(863)雜(襍,第 619 頁)

(864)咋(嘖,第 620 頁)

(865)灾(災、烖,第 620 頁)

(866)再(冄、冄,第 620 頁)

(867)簪(簮,第 621 頁)

(868)咱(喒、偺,第 621 頁)

(869)攢(儹,第 621 頁)

(870)暫(蹔,第 622 頁)

(871)贊(賛、讚,第 622 頁)

(872)臟(臜,第 622 頁)

(873)葬(塟、塟,第 622 頁)

(874)皂(皁,第 624 頁)

(875)唣(唕,第 624 頁)

(876)噪(譟,第 624 頁)

(877)楂(摣、齇,第627頁)

(878)鱸(鱢,第628頁)

(879)札(剳、劄,第628頁)

(880)閘(牐,第628頁)

(881)炸(煠,第628頁)

(882)榨(搾,第629頁)

(883)柵(栅,第629頁)

(884)咤(吒,第629頁)

(885)蜡(蠎,第630頁)

(886)寨(砦,第630頁)

(887)沾(霑,第631頁)

(888)氈(氊,第631頁)

(889)饘(飦,第631頁)

(890)嶄(嶃,第631頁)

(891)盞(琖、醆,第632頁)

(892)占(佔,第632頁)

(893)獐(麞,第633頁)

(894)照(炤,第636頁)

(895)棹(櫂,第637頁)

(896)肇(肈,第637頁)

(897)哲(喆,第638頁)

(898)晢(晣,第638頁)

(899)輒(輙,第638頁)

(900)讁(謫,第638頁)

(901)褶(襵,第639頁)

(902)浙(淛,第639頁)

(903)偵(遉,第640頁)

(904)針(鍼,第640頁)

(905)珍(珎,第640頁)

(906)砧(碪,第641頁)

(907)鬒(顚,第642頁)

(908)圳(甽,第642頁)

(909)鴆(酖,第642頁)

(910)症(證,第645頁)

(911)卮(巵,第646頁)

(912)栀(梔,第646頁)

(913)侄(姪,第648頁)

(914)跖(蹠,第648頁)

(915)址(阯,第648頁)

(916)祇(衹、祗,第649頁)

(917)旨(恉,第649頁)

(918)纸(帋,第649頁)

(919)志(誌,第650頁)

(920)帙(袠、袟,第651頁)

(921)置(寘,第652頁)

(922)稚(穉、稺,第653頁)

(923)寘(寊,第653頁)

(924)冢(塚,第654頁)

(925)衆(眾,第655頁)

(926)周(週,第655頁)

(927)帚(箒,第656頁)

(928)咒(呪,第656頁)

(929)猪(豬,第658頁)

(930)潴(瀦,第658頁)

(931)橥(欓,第658頁)

(932)煮(煑,第659頁)

(933)伫(佇、竚,第660頁)

(934)注(註,第660頁)

(935)箸(筯,第661頁)

(936)拽(抴,第662頁)

(937)專(耑,第662頁)

(938)磚(甎、塼,第662頁)

(939)撰(譔,第663頁)

(940)饌(籑,第663頁)

(941)妆(粧,第663頁)

(942)桌(槕,第665頁)

(943)斫(斮、斲、斵,第667頁)

(944)鐲(錭,第667頁)

(945)資(貲,第668頁)

(946)兹(玆,第668頁)

(947)姊(姉,第 670 頁)

(948)眦(眥,第 671 頁)

(949)傯(傯,第 672 頁)

(950)椶(椶,第 672 頁)

(951)踪(蹤,第 672 頁)

(952)髼(騌、騣、鬃,第 672 頁)

(953)總(緫,第 672 頁)

(954)椶(糭,第 672 頁)

(955)鄬(邘,第 673 頁)

(956)菹(葅,第 673 頁)

(957)卒(卒,第 674 頁)

(958)崒(崪,第 674 頁)

(959)鑚(鑽,第 675 頁)

(960)纂(篹,第 675 頁)

(961)最(冣,第 675 頁)

(962)罪(辠,第 675 頁)

(963)檇(檜,第 676 頁)

(964)樽(鐏,第 676 頁)

(965)筰(筰,第 676 頁)

附表二　《王力古漢語字典》古今字對照表

(1)且(俎,第 3 頁)

(2)亓(其,第 10 頁)

(3)云(雲,第 10 頁)

(4)瓦(桓第 11 頁)

(5)僊(仙,第 17 頁)

(6)佀(似,第 22 頁)

(7)佷(很,第 26 頁)

(8)俓(徑,第 29 頁)

(9)俛(俯,第 31 頁)

(10)侃(偘,第 40 頁)

(11)憏(愸,第 46 頁)

(12)賈(價,第 49 頁)

(13)儁(俊,第 50 頁)

(14)盡(儘,第 51 頁)

(15)內(納,第 57 頁)

(16)凷(塊,第 65 頁)

(17)賸(剩,第 75 頁)

(18)匊(掬,第 84 頁)

(19)匋(陶,第 84 頁)

(20)匡(筐,第 86 頁)

(21)匪(篚,第 86 頁)

(22)甌(簠,第 87 頁)

(23)厄(戹,第 92 頁)

(24)䣍(膝,第 94 頁)

(25)嚮(遷,第 94 頁)

(26)庠(鍚,第 95 頁)

(27)厶(私,第 97 頁)

(28)呆 bǎo(保,第 107 頁)

(29)姓(晴,第 177 頁)

(30)柰(奈,第 181 頁)

(31)姸(妍,第 188 頁)

(32)姍(訕,第 192 頁)

(33)蛋(娷,第 204 頁)

(34)章(嫜,第 205 頁)

(35)孏(懶,第 210 頁)

(36)它(蛇,第 217 頁)

(37)宋(寂,第 221 頁)

(38)屮(艸、草,第 241 頁)

(39)崈(崇,第 246 頁)

(40)嶽(崝,第 248 頁)

(41)巛(川,第 258 頁)

(42)差(瘥,第 260 頁)

(43)帬(裙,第 264 頁)

(44)庿(廟,第 277 頁)

(45)箱(廂,第 277 頁)

(46)悉(愛,第 306 頁)

(47)説(悅,第 314 頁)

(48)憙(憂,第 324 頁)

(49)戡(堪,第 342 頁)

(50)捹(抃,第 351 頁)

(51)扡(拖,第 355 頁)

(52)擡(抬,第 360 頁)

(53)挐(拿,第 364 頁)

(54)奉(捧,第 371 頁)

(55)捡(擒,第 375 頁)

(56)禽(擒,第 398 頁)

(57)歐(驅,第 412 頁)

(58)於(烏,第 419 頁)

(59)勇(敷,第 422 頁)

(60)旤(禍,第 423 頁)

(61)昚(慎,第 430 頁)

(62)昜(陽,第 431 頁)

(63)匌(笏,第 447 頁)

(64)桼(漆,第 489 頁)

(65)楙(茂,第 503 頁)

(66)氣(餼,第 560 頁)

(67)汆(流,第 568 頁)

(68)原(源,第 617 頁)

(69)澂(澄,第 633 頁)

(70)濇(澀,第 635 頁)

(71)渴(渴,第 636 頁)

(72)浧(濕,第 641 頁)

(73)竂(燎,第 664 頁)

(74)燊(燐,第 665 頁)

(75)熏(燻,第 672 頁)

(76)猰(獺,第 697 頁)

(77)猷(獨,第 697 頁)

(78)畊(耕,第 742 頁)

(79)畺(疆,塱,第 747 頁)

(80)皃(貌,第 770 頁)

(81)眎(視,第 786 頁)

(82)睘(睘,第 793 頁)

(83)研(研,第 806 頁)

(84)喝(唐,第 815 頁)

(85)磺(礦,鑛,第 823 頁)

(86)示(祇,第 827 頁)

(87)襅(票,第 832 頁)

(88)稺(稚,第 850 頁)

(89)緜(綿,第 932 頁)

(90)纔(才,第 950 頁)

(91)狧(舐,第 1026 頁)

(92)莫(暮,第 1062 頁)

(93)荼(茶,第 1063 頁)

(94)蜀(蠋,第 1154 頁)

(95)蛰(蛆,第 1158 頁)

(96)褎、襃(袖,第 1225 頁)

(97)要(腰,第 1242 頁)

(98)蕭(善,第 1301 頁)

(99)躃(蹄,第 1373 頁)

(100)辠(罪,第 1416 頁)

(101)鄉(饗,第 1479 頁)

附表三　《王力古漢語字典》通假字對照表

(1)丁(釘,第 1 頁)

(2)上(尚,第 2 頁)

(3)丞(承,第 3 頁)

(4)並(傍,第 4 頁)

(5)久(灸,第 6 頁)

(6)事(剚,第 10 頁)

(7)二(貳,第 10 頁)

(8)亡(忘,第 12 頁)

(9)亮(諒,第 13 頁)

(10)仄(側,第 14 頁)

(11)仁(人,第 15 頁)

(12)以(巳,第 16 頁)

(13)付(袝,第 17 頁)

(14)仞(認,第 17 頁)

(15)仟伯(阡陌,第 18 頁)

(16)仟仟(芊芊,第 18 頁)

(17)伉(抗,第 18 頁)

(18)伎(技,第 18 頁)

(19)似(嗣,第 19 頁)

(20)估(賈 gǔ,第 22 頁)

(21)佛(拂,第 22 頁)

(22)伽(茄,第 23 頁)

(23)但(袒,第 23 頁)

(24)佚(逸、軼,第 23 頁)

(25)作(詛,第 24 頁)

(26)伯(佰,第 24 頁)

(27)併(屏,第 25 頁)

(28)供(恭,第 26 頁)

(29)侉(夸、誇,第 26 頁)

(30)侔(牟,第 28 頁)

(31)信(伸,第 28 頁)

(32)俠(夾,第 29 頁)

(33)俛(勉,第 31 頁)

(34)倉(蒼、滄,第 32 頁)

(35)倖(幸,第 33 頁)

(36)俱(順,第 34 頁)

(37)倈(來,第 34 頁)

(38)個(个,第 36 頁)

(39)倪(睨,第 37 頁)

(40)偃(堰、鼴,第 38 頁)

(41)假(遐、格,第 39 頁)

(42)偋(屏,第 39 頁)

(43)傅(敷,第 42 頁)

(44)傒(奚,第 43 頁)

(45)傿(鄢,第 44 頁)

(46)僇(戮,第 45 頁)

(47)僴(瞷,第 47 頁)

(48)儵(倏,第 52 頁)

(49)兌(説 yuè、鋭,第 55 頁)

(50)免(娩、挽、勉,第 55 頁)

(51)共(恭、供,第 58 頁)

(52)册(策,第 60 頁)

(53)凶(兇,第 65 頁)

(54)刓(玩,第 68 頁)

(55)剋(克,第 71 頁)

(56)剒(斮,第 73 頁)

(57)剔(惕,第 73 頁)

(58)剥 pū(攴,第 73 頁)

(59)削 zhì(制,第 74 頁)

(60)勃(悖,第 79 頁)

(61)務 wǔ(侮,第 80 頁)

(62)勞(遼,第 81 頁)

(63)勛(績,第 81 頁)

(64)募(膜,第 82 頁)

(65)勦(剿,第 82 頁)

(66)勺 zhuó(酌,第 83 頁)

(67)勾 gòu(彀、够,第 84 頁)

(68)匪(斐,第 86 頁)

(69)匱(簣,第 87 頁)

(70)匽(偃,第 88 頁)

(71)匿 tè(慝,第 88 頁)

(72)升(登,第 89 頁)

(73)卑(俾 bǐ,第 90 頁)

(74)卬(昂、仰,第 92 頁)

(75)卷(袞、拳,第 93 頁)

(76)厝(措,第 95 頁)

(77)参(糝,第 98 頁)

(78)又(宥,第 99 頁)

(79)司(伺 sì,第 103 頁)

(80)叨(饕,第 103 頁)

(81)句(彀、絢,第 104 頁)

(82)台(怡、鮐,第 104 頁)

(83)后(後,第 106 頁)

(84)吟(噤,第 108 頁)

(85)告 kù(鞠,第 109 頁)

(86)咋 zhà(乍,第 111 頁)

(87)呰 cǐ(疵,第 114 頁)

(88)咳(欬,第 114 頁)

(89)咢(鍔,第 115 頁)

(90)唐(螗,第 117 頁)

(91)哲(折,第 117 頁)

(92)員(圓、云,第 119 頁)

(93)啑 dié(喋,第 121 頁)

(94)啄(喙,第 122 頁)

(95)啁(嘲,第 123 頁)

(96)喜(饎,第 124 頁)

(97)喽(諺,第 125 頁)

(98)喻(愉,第 127 頁)

(99)喬(驕,第 128 頁)

(100)嗛(銜、歉、謙、慊,第 129 頁)

(101)嗥(號,第 131 頁)

(102)嘖(賾,第 132 頁)

(103)嘔(謳,第 133 頁)

(104)嗷(潄,第 133 頁)

(105)嘯(叱,第 140 頁)

(106)鬺 xiǎng(享、饗、響,第 141 頁)

(107)圉(敔,第 146 頁)

(108)圖(團,第 147 頁)

(109)圛(度,第 147 頁)

(110)堙(湮,第 161 頁)

(111)塗(營,第 163 頁)

(112)填 zhèn(鎮,第 164 頁)

(113)塼(搏,第 166 頁)

(114)增(層,第 168 頁)

(115)墮(惰,第 169 頁)

(116)墨(默,第 169 頁)

(117)壙(曠,第 171 頁)

(118)壘(累,第 171 頁)

(119)壤(穰,第 172 頁)

(120)士(事,第 173 頁)

(121)壺(瓠,第 174 頁)

(122)夏 jiǎ(檟,第 175 頁)

(123)大(代,第 178 頁)

(124)夯(笨,第 179 頁)

(125)失 yì(逸、泆,第 180 頁)

(126)夷(彝,第 180 頁)

(127)夸(跨,第 180 頁)

(128)夾(鋏、狹,第 180 頁)

(129)奄(闍,第 181 頁)

(130)奥(燠、澳、隩,第 184 頁)

(131)女(汝,第 186 頁)

(132)妄(亡,第 186 頁)

(133)奸(姦,第 186 頁)

(134)妃(配,第 187 頁)

(135)姑(盬,第 191 頁)

(136)姿(資,第 192 頁)

(137)姚(遥,第 194 頁)

(138)嬌(驕,第 208 頁)

(139)嬗(禪,第 208 頁)

(140)嬰(纓,第 209 頁)

(141)孃(娘,第 210 頁)

(爲節省篇幅,至丑集止,以下從略。
2013 年 6 月)

古籍整理學術語解釋

1. 目録學

史志目録　主要是指正史中的《藝文志》或《經籍志》。東漢班固據劉歆《七略》撰爲《漢書・藝文志》，記西漢藏書之盛，史志目録由此而開先河。嗣後《隋書》、《舊唐書》、《新唐書》、《宋史》、《明史》、《清史稿》皆有書志，其他各史凡有缺失者，清人亦多爲之補輯。迄今史志目録已達五十二種之多，合起來則可視爲中國古代的圖書總目。此種史志目録，或記一代藏書，或記一代著述，我們從中既可得知某代藏書的概貌，亦可查找某人或某書的著述情況，還可考證亡佚諸書的大體年代。今據《中國大百科全書》將《歷代史志目録一覽表》（倪曉健編，各書卷數未録）迻録於後：

漢書藝文志　　［漢］班固　中華書局 1962 年本

漢書藝文志考證　　［宋］王應麟　《二十五史補編》本

漢書藝文志拾補　　［清］姚振宗　《二十五史補編》本

補後漢書藝文志　　［清］侯康　《二十五史補編》本

補續漢書藝文志　　［清］錢大昭　《二十五史補編》本

補後漢書藝文志　　［清］顧櫰三　《二十五史補編》本

補後漢書藝文志並考　　［清］曾樸　《二十五史補編》本

後漢藝文志 ［清］姚振宗 《二十五史補編》本

補侯康後漢書藝文志補 ［清］陶憲曾 《靈華館叢稿》本

補三國藝文志 ［清］侯康 《二十五史補編》本

三國藝文志 ［清］姚振宗 《二十五史補編》本

補侯康三國藝文志 ［清］陶憲曾 《靈華館叢稿》本

補晉書藝文志 ［清］秦榮光 《二十五史補編》本

補晉書藝文志 ［清］文廷式 《二十五史補編》本

補晉書藝文志 ［清］丁國鈞、丁辰 《二十五史補編》本

補晉書經籍志 吴士鑒 《二十五史補編》本

補晉書藝文志 黄逢元 《二十五史補編》本

補宋書藝文志 聶崇岐 《二十五史補編》本

補宋書藝文志 ［清］王仁俊 《籀鄦誃雜著》本

補南齊書藝文志 陳述 《二十五史補編》本

補南齊書經籍志 陳鴻儒等 北京圖書館藏清末刻本及鈔本

補梁書藝文志 ［清］王仁俊 《籀鄦誃雜著》本

補梁書藝文志 李雲光 臺灣省《師大國文研究所集刊》第1集,1957年

補陳書藝文志 楊壽彭 臺灣省《師大國文研究所集刊》第1集,1957年

補北齊書藝文志 蒙傳銘 臺灣省《師大國文研究所集刊》第1集,1957年

補後魏書藝文志 李正奮 北京圖書館藏鈔本

補魏書藝文志 賴炎光 臺灣省《師大國文研究所集刊》第1集,1957年

補周書藝文志 王忠林 臺灣省《師大國文研究所集刊》第1

集，1957 年

補南北史藝文志　徐崇　《二十五史補編》本

南北史合八代史録目　陳漢章　浙江圖書館藏稿本

隋書經籍志　〔唐〕魏徵等　中華書局 1973 年本

隋書經籍志補　〔清〕張鵬一　《二十五史補編》本

隋代藝文志　李正奮　北京圖書館藏鈔本

舊唐書經籍志　〔後晉〕劉昫　中華書局 1975 年本

新唐書藝文志　〔宋〕歐陽修　中華書局 1975 年本

補五代史藝文志　〔清〕顧懷三　《二十五史補編》本

補五代史藝文志　〔清〕宋祖駿　《樸學廬叢刊》本

南唐藝文志　唐圭璋　《中華文史論叢》1979 年第三輯

宋史藝文志　〔元〕脱脱等　中華書局 1977 年本

宋史藝文志補　〔清〕倪燦等　《二十五史補編》本

西夏藝文志　〔清〕王仁俊　《二十五史補編》本

遼藝文志　繆荃孫　《二十五史補編》本

遼史藝文志補正　〔清〕王仁俊　《二十五史補編》本

補遼史經籍志　〔清〕厲鶚　《遼史拾遺》本

補遼史藝文志　黄任恒　《二十五史補編》本

金史藝文略　孫德謙　《十史藝文經籍志》本

補元史藝文志　〔清〕錢大昕　《二十五史補編》本

補遼金元藝文志　〔清〕倪燦等　《二十五史補編》本

補三史藝文志　〔清〕金門詔　《二十五史補編》本

明史藝文志　〔清〕張廷玉等　中華書局 1974 年本

清史稿藝文志　朱師轍　中華書局 1976 年本

重修清史藝文志　彭國棟　臺灣省商務印書館 1968 年本

公藏目録　又稱官府藏書目録，是古代由政府主持對官府藏書進行整理而纂修的目録。最早是西漢劉向、劉歆父子相繼校秘閣藏書，而後編爲《別録》和《七略》。後歷代各朝多編製有官府藏書目録，諸如三國魏鄭默的《中經》，西晉荀勖的《晉中經簿》（《中經新簿》），宋謝靈運的《宋元嘉八年秘閣四部目録》，梁殷鈞的《梁天監六年四部書目録》，唐元行沖等的《群書四録》，北宋王堯臣等的《崇文總目》，南宋陳騤等的《中興館閣書目》，明楊士奇的《文淵閣書目》，清于敏中等的《天禄琳琅書目》、彭元瑞等的《天禄琳琅書目後編》，以及紀昀等的《四庫全書總目》，尤以《四庫全書總目》體例爲善。近五十年來新編製的公藏書目，則有《北京圖書館古籍善本書目》、《北京大學圖書館古籍善本書目》、《上海歷史文獻圖書館藏書目録》、《浙江圖書館特藏書目》、《四川省圖書館古籍目録》、《中國地方志聯合書目》、《中國古籍善本書目》等。

私藏目録　即私家藏書目録。今存古代私藏目録，較著者有宋尤袤的《遂初堂書目》、晁公武的《郡齋讀書志》、陳振孫的《直齋書録解題》，明朱睦㮮的《萬卷堂書目》、高儒的《百川書志》、晁瑮的《寶文堂書目》、趙琦美的《脈望館書目》、祁承㸁的《澹生堂藏書目》，清錢謙益的《絳雲樓書目》、錢曾的《述古堂書目》、徐乾學的《傳是樓宋元本書目》、孫星衍的《孫氏祠堂書目》、黃丕烈的《百宋一廛書録》、汪士鐘的《藝芸書舍宋元本書目》、楊紹和的《楹書偶録》、陸心源的《皕宋樓藏書志》，近代以來則有繆荃孫的《藝風堂藏書記》、劉承幹的《嘉業堂藏書志》、傅增湘的《雙鑒樓善本書目》、潘明訓的《寶禮堂宋本書録》、李盛鐸的《木犀軒書録》、周叔弢《自莊嚴堪善本書目》等。

2. 版本學

版本學　版本學是以古籍版本爲研究對象的應用性學科。

其研究内容，一是探討歷代的版本現象，如版本發展史、各種版本的特點、某一版本的源流正變等，二是總結版本鑒定的規律，如版本學理論、版本鑒定的方法等。其研究目的是要揭示某一具體版本産生的年代及其真僞、優劣，正確評價其版本價值和學術價值。今人版本學著述，主要有錢基博《版本通義》（古籍出版社 1957 年版）、程千帆、徐有富《校讎廣義・版本編》（齊魯書社 1998 年第 2 版）、曹之《中國古籍版本學》（武漢大學出版社 2000 年版）、李致忠《古籍版本知識 500 問》（北京圖書館出版社 2001 年版）、姚伯岳《中國圖書版本學》（北京大學出版社 2004 年第 2 版）、黄永年《版本學概論》（江蘇教育出版社 2005 年版）等。

　　版　本　“版”是指印書的版片，“本”是指印成的本子，其本義是説用雕版印刷而成的古籍圖書，故又稱“板本”。“版本”之説始於宋代雕版印刷術流行之後，此前止稱“本”，如“寫本”、“古本”、“別本”、“異本”等。此後隨着活字印刷術的發達，特別是近代引進西方鉛印、石印、膠印技術以後，“版本”的含義亦相應拓展，諸如雕印本、活字本、鉛印本、石印本、膠印本，乃至寫本、鈔本、稿本、鈐印本、影印本，皆已納入“版本”範疇，成爲各種不同的類型。《現代漢語詞典》關於“版本”的定義是：“同一部書因編輯、傳鈔、刻板、排版或裝訂形式的不同而産生的不同本子。”

　　善　本　就古籍整理而言，“善本”是指接近原稿的足本、精本、舊本。清張之洞《輶軒語・語學篇》説：“善本之義有三：一、足本（無闕卷，未删削）；二、精本（精校、精注）；三、舊本（舊刻、舊鈔）。”又説：“善本非紙白版新之謂，謂其爲前輩通人用古刻數本，精校細勘付刊，不訛不闕之本也。此有一簡易之法，初學購書，但看序跋，是本朝校刻，卷尾附有校勘記，而密行細字、寫刻精工者，即佳。”就古籍的收藏而言，“善本”的具體含義集中表現爲“三性"。《中國古籍善本書目·前言》説："版本目録學上關於'善本'的含義,向來是精加校讎、誤字較少的版本或稀見舊刻,名家抄校及前賢手稿本之類。《中國古籍善本書目》所著録的書,就上述範圍概括爲凡有歷史文物性、學術資料性、藝術代表性而又流傳較少的古籍,均予收録。"

3. 校勘學

校勘學　校勘是古籍整理的重要手段,校勘的最高追求是正本清源,盡可能糾正古籍在傳鈔、刻印、流播中出現的訛、脱、衍、倒、錯簡等問題,使之恢復或接近古本原貌。這種專門研究古籍校勘的目的和功用、校勘的方法和原則,以及古籍校讎發展歷史的學科,謂之校勘學。今人的校勘學著述,主要有張元濟《百衲本二十四史校勘記》(商務印書館 2001 年版)、陳垣《校勘學釋例》(上海書店出版社 1997 年版)、張舜徽《中國古代史籍校讀法》(中華書局 1962 年版)、倪其心《校勘學大綱》(北京大學出版社 1987年版)、程千帆、徐有富《校讎廣義·校勘編》(齊魯書社 1998 年版)等。

校　讎　"校勘"一詞大約出現在南北朝時期,此前則稱"校讎"或"讎校"。漢劉向《別録》云:"讎校(一作校讎),一人讀書,校其上下,得繆誤爲校;一人持本,一人讀書,若怨家相對,故曰讎也。"(《文選》卷六《魏都賦》李善注引)劉向的這一説法略同於"校勘",但劉向當時整理皇家藏書,"每一書已,向輒條其篇目,撮其指意,録而奏之"(《漢書·藝文志》),所做的工作並不止是搜集不同傳本,比較文字異同,去除重複,訂正錯誤,還包括審定篇章次序,撰寫提要,直至繕寫清稿,故"校讎"也可以作爲古籍整理的代稱。

對　校　陳垣《校勘學釋例》歸納古籍整理的校勘方法共有四種,稱爲"校法四例"。第一種爲"對校法":"即以同書之祖本或別本對讀,遇不同之處,則注於其旁。劉向《別録》所謂'一人持本,一人讀書,若怨家相對者',即此法也。此法最簡便,最穩當,純屬機械法。其主旨在校異同,不校是非,故其短處在不負責任,雖祖本或別本有訛,亦照式録之;而其長處則在不參己見,得此校本,可知祖本或別本之本來面目。故凡校一書,必須先用對校法,然後再用其他方法。"

4. 古籍整理學

文獻學　按照國際標準,"文獻"的定義是"記録有知識和信息的一切載體",按載體説,包括紙草文獻、泥板文獻、甲骨文獻、金文文獻、石刻文獻、簡牘文獻、紙質文獻、音像文獻、機讀文獻等。但就古文獻學研究的領域來説,"文獻"的通常理解是具有歷史價值的圖書文物資料。正是從這個意義上,目前把研究古文獻的存在形式,研究古文獻形成和發展的歷史,研究對古文獻如何進行鑒別、分類、編目、檢索乃至整理的學科,總稱爲"文獻學"。亦有人將之等同於"古籍整理學",實則"文獻學"的研究範疇要比"古籍整理學"更爲廣闊。今人的文獻學著述,主要有張舜徽《中國文獻學》(中州書畫社 1982 年版)、洪湛侯《文獻學新編》(杭州大學出版社 1994 年版)、孫欽善《中國文獻學史》(中華書局 1994年版)、杜澤遜《文獻學概要》(中華書局 2001 年版)等。

古籍整理學　以古籍爲研究對象,以目録學、版本學、校勘學爲研究基礎,以恢復古籍原貌並使之便於今人閱讀爲研究目的,理論與實際技能相結合的專門學科,即古籍整理學。古籍整理學主要研究整理古籍的各種具體方式,如影印、標點、校勘、注釋、今譯、輯佚、索引、資料彙編等，同時也研究整理古籍過程中各種問題，如怎樣選擇底本和參校本，怎樣正確使用標點符號，怎樣合理運用校勘方法，乃至怎樣編寫前言和附錄等。今人的古籍整理學著述，主要有黃永年《古籍整理概論》（上海書店出版社 2001 年版）、程毅中《古籍整理淺談》（北京燕山出版社 2001 年版）、劉琳《古籍整理學》（四川大學出版社 2003 年版）、曹林娣《古籍整理概論》（北京大學出版社 2006 年版）等。

　　影　印　影印是古籍整理的一種常用的形式。影印本專指採用照相或電腦掃描複製的方法出版的古籍。影印古籍以其動機有別而有不同的形制，如果主要爲了保存古籍原本舊貌，則行款、版式連同裝訂樣式，一切悉仍其舊；如果主要爲了擴大流通，則從降低印製成本計，亦可改變原來的版式，重新割裱縮印（上下兩欄四拼一，或上下三欄九拼一）。影印的首要工作是選擇好的底本，其次還要撰寫具有一定學術質量的影印説明，編製必要的目錄和索引，並附錄相關糾謬著述或研究資料。

　　點　校　點校是當代通常採用的古籍整理形式，也是古籍整理諸種形式中最基本最切合實用的一種整理形式。“點”即標點，“校”即校勘。經過標點和校勘的新版古籍整理圖書，稱爲“點校本”。古籍整理所使用的標點符號，亦依據 1990 年國家語言文字工作委員會和新聞出版署共同修訂發佈的《標點符號使用法》（語文出版社 1990 年 3 月版）。古籍整理的校勘方法，大抵依循陳垣《校勘學釋例》總結的“校勘四法”。爲細化點校的原則，中華書局曾根據點校“二十四史”的經驗，於 1991 年組織專人撰寫有《古籍校點釋例》，刊登在中華書局編《書品》1991 年第 4 期。後《古籍整理出版情況簡報》（全國古籍整理出版規劃領導小組辦公室編）1999 年曾予以轉載。

斷　句　斷句又稱句讀、圈斷、圈點，是古籍標點的一種簡單形式，一般止在句絕處施以句號（。）或黑點（.），在句中短暫停留處施以讀號（、），古之讀號類似於今天新式標點的頓號。斷句多應用於影印古籍，如中華書局 1965 年影印的《四庫全書總目》、1977 年影印的清胡克家刻《文選》、1990 年影印的清刻《全唐文》等，皆曾爲之斷句。斷句作爲簡要的古籍標點形式，間亦用於新整理的排印本，如中華書局自上世紀 80 年代開始出版的《學術筆記叢刊》（包括《陔餘叢考》、《義門讀書記》等），因爲所確定的讀者對象主要面向學術界，故其整理形式從簡，只作斷句，不加新式標點。

全式標點　全式標點是指在標點中除了使用新式標點諸種符號外，還特別使用了專名綫。專名綫是古籍整理特有的標誌符號，分直綫（＿＿）和曲綫（﹏﹏）兩種，直綫用於人名、地名、國家名、民族名或其他各種專用名稱，在新式標點符號中没有與它相對應的符號；而曲綫則用於書名、篇名，類同於新式標點符號中的書名號（《》）。全式標點多用於繁體直排本，中華書局點校本"二十四史"最稱典型。全式標點有時亦用於繁體橫排本，如今人錢鍾書的《管錐編》（中華書局 1979 年版）即屬此例。

彙　校　彙校又稱會校、集校，是以校勘諸本異同爲主要任務的一種古籍整理方式。彙校的重要條件是版本的採集必須齊備，對於版本的源流正變要有深入研究。關於諸本異文的處理，既不能簡單臚列，也不能率然芟夷，凡有所取捨，必在校記中一一說明。如擬斷以己意，則應提出史料佐證。惟其如此，方能保證經過彙校而成的本子，在文字上既優於現存諸本，在史料上又能爲研究者提供更多的參考。如今人謝保成的《貞觀政要集校》（中華書局 2003 年版），據其卷首《集校所據貞觀政要鈔本刊本》所列，主校本即有四種，參校本則有十八種之多。又據其《集校所據唐宋史籍、文獻》所列，所引用的史籍、文獻（如《通典》、《唐會要》、《册府元龜》等）亦達十多種。

校　注　校注又稱校釋，或但稱注（如《詩品注》）、故（如《楚辭解故》）、訓（如《尚書注訓》）、解（如《詩經直解》）等，名異而實同，均屬於有校勘有注釋的一種注釋形式。其校勘方面的要求，可參看本書的校勘學術語部分。其注釋方面，則主要包括注音、釋詞、疏解句子大意等。注釋之體始於漢代，如馬融《毛詩注》、鄭玄《三禮注》等皆其名著。魏晉以下，校注大盛。時至今日，注釋樣式繁多，大抵可分爲繁簡兩種不同類型。簡注較爲通俗，一般不作校勘，出注較少，且不引書證。而詳注則校勘與注釋並重，注釋則偏於考史和詮解典故，一般會引録出處原文，以爲信據。以中華書局出版的兩種《莊子》注本爲例，1982 年版《莊子淺注》屬於簡注，而 1961 年版《莊子集釋》則爲詳注。

箋　注　箋注是在舊注基礎上另作新注的一種注釋形式。東漢鄭玄依託毛注而成《毛詩箋》，是爲箋注之始。鄭玄《六藝論》謂"注《詩》宗毛爲主，其義若隱略，則更表明；如有不同，即下己意，使可識别也"，這説明箋注大多前有依傍，而其自注則兼具補注、疏解、辨正等多種功用。清人郝懿行《禮記箋》、孫星衍《尚書箋》等，皆爲箋注體名著。亦有名爲校箋者，則其校勘用力爲多。如今人徐震堮的《世説新語校箋》（中華書局 1984 年版），其《前言》謂"本書用涵芬樓影印明袁氏嘉趣堂本作爲底本，校以唐寫本、影印金澤文庫所藏宋本、沈寶硯據傳是樓藏宋槧本所作校語、明凌瀛初刻批點本及王先謙思賢精舍刻本"；又謂"引用諸家之説，皆注明出處，其中劉辰翁、劉應登、王世懋的評語，見於凌刻本；嚴復語取之華東師範大學圖書館所藏盛氏愚齋藏書《世説新語》眉批，全書僅寥寥數條”，足見其書校與箋一併看重。

疏　證　疏證又稱注疏、義疏、正義，是既講解原文、又詮釋舊注的一種注釋形式。較早者如南朝梁皇侃的《論語集解義疏》，即是取三國魏何晏《論語集解》爲底本，並參酌江熙所集十三家注而寫成。其《論語集解義疏序》説：“侃今之講，先通何集，若江集中諸人有可採者，亦附而申之。其又別有通儒解釋與何集無妷者，亦引取爲説，以示廣聞也。”今人如楊樹達的《論語疏證》（上海古籍出版社 1986 年版），其《凡例》開宗明義，第一條謂“本書宗旨在疏通孔子學説，首取《論語》本書之文前後互證，次取群經諸子及四史爲證，無證者則闕之”；第二條謂“證文次第，以訓解字義、説明文句者居前，發明學説者次之，以事例爲證者又次之，旁證推衍之文又次之。大致由淺入深，由近及遠，取便學者之通曉而已”；第八條謂“本書訓説大致以朱子《集注》爲主，其後儒勝義長於朱説者，則取後儒之説。心有未安，乃下己意焉”。

集　解　集解又稱集傳、集注、集疏、集釋，此種注釋形式，旨在集合諸家所長，並參以己見，合爲一書。較早者如三國魏何晏的《論語集解》，採集孔安國、包咸、馬融、鄭玄、王肅等人之説，對諸家説法皆不滿意，則獨下己意。今人如楊伯峻的《列子集釋》（中華書局 1979 年版），卷首《例略》第一條云：“本書除《列子》正文外，其注釋考證分爲四類，依次排列：（甲）晉人張湛之《注》，（乙）唐人盧重玄之《解》，（丙）有關《列子》本文以及張《注》、盧《解》之校勘、訓詁與考據，（丁）唐人殷敬順所纂與宋人陳景元所補之《釋文》之考證。”至於本書的校勘，《例略》第二條以下諸條，亦有詳盡的説明。他如王利器的《顏氏家訓集解》（上海古籍出版社 1980 年版）、黃懷信的《鶡冠子彙校集注》（中華書局 2004 年版）等，均取此種體例。

　　今　譯　今譯就是把古代漢語翻譯成現代漢語，即把文言文翻譯成語體文。一般和注釋並行，稱注譯或譯注，亦有逕稱今譯，而實則有注有譯者。古籍今譯的原則，大體遵循嚴復《天演論·譯例言》所提出的"信"、"達"、"雅"三條標準："信"就是忠實於原文，"達"就是文義暢達，"雅"就是譯文要有文采。比較而言，"信"、"達"尤爲重要。今譯的具體做法，亦有"直譯"、"意譯"、"神譯"三種不同的境界："直譯"是說一句對一句的翻譯，信守原文的基本格局；"意譯"是說不拘泥於原文格局，爲突出其内在含義，可以略作補充説明；"神譯"是說韻文（詩、賦、詞、曲、駢文等）的翻譯可以有更多的創造，以期能够表達原文的神韻。一般地説，叙事、議論性的文字（如經部、史部、子部書）宜於直譯；直譯而不能曲盡其旨者（如集部書），宜於意譯；韻文之類，則可以神譯。今人的譯本，如楊伯峻的《論語譯注》（中華書局 1960 年版）、沈玉成的《左傳譯文》（中華書局 1981 年版）、陳鼓應的《莊子今注今譯》（中華書局 1994 年版）、余冠英的《詩經選》（人民文學出版社 1958 年版）等，堪稱今譯成功的範例。

　　選　本　選本又稱選輯、選編、選集、別裁，與"全書"、"全集"、"總集"等對言，是指從多人或一人的著述中選取部分内容另編爲一種新書。選本的内容和體例多種多樣，舉凡經、史、子、集四部書，歷代皆有選本。以集部詩文集類書爲例，有獨個作者的選本，有多個作者的選本；有通代選本，有斷代選本；有是詩文合選本，有止是詩的選本，或文的選本。諸如此類，不勝枚舉。而南朝梁蕭統的《文選》出現最早，今已爲人視同唐前詩文的總集。後來唐殷璠的《河嶽英靈集》、宋姚鉉的《唐文粹》、宋吕祖謙的《宋文鑒》、元方回的《瀛奎律髓》、明高棅的《唐詩品彙》、清吳楚材、吳調侯的《古文觀止》、蘅塘退士的《唐詩三百首》等，卷帙多寡雖有不同,但都屬於膾炙人口的佳作。詩文選本的體例約分爲三種,一種是按作者生活年代編次,一是按文體(如詩、賦、銘、表之類)分類編次,另一種則是按所收内容的性質(如禮制、樂律、天文、地理、刑法、財計之類)分類編次。詩文選本是中國古代文學批評的重要形式,一般附有注釋或短評,如魯迅所説,選本主要體現出的是選家的眼光,亦即其政治思想及文學主張。

資料彙編 古籍整理除影印、點校原有版本外,還包括以古籍爲依託的諸種編纂形式,如編撰古籍書目、新編古籍叢書、輯纂古籍佚書等,而資料彙編亦是目前通常採用的一種編纂形式。資料彙編就是按照事先設定的主題和體例,將散見於諸書的有關資料彙編爲一書。今人所纂集的資料彙編,涉及文、史、哲各個學科,史學如《魏晉南北朝農民戰爭史料彙編》(張澤咸、朱大渭編,中華書局 1980 年版)、《明清史資料》(鄭天挺主編,天津人民出版社 1980 年版),哲學如《中國哲學史資料選輯》(中國社科院哲學所編,中華書局 1962—1990 年版)、《中國佛教思想資料選編》(全四卷,石峻、樓宇烈等編,中華書局 1981—1992 年版),文學則可以中華書局的《古典文學研究資料彙編》叢書(如《三曹資料彙編》、《蘇軾資料彙編》等)爲代表。其體例是廣泛蒐集歷代關於某個作家的評論資料,所引書目遍及史傳、方誌、總集、别集、筆記、詩話、各類選本等,按時代先後編次,頗有助於作家作品研究。

避　諱 陳垣《史諱舉例序》説:"民國以前,凡文字上不得直書當代君主或所尊之名,必須用其他方法以避之,是之謂避諱。避諱爲中國特有之風俗,其風俗起於周,成於秦,盛於唐宋,其歷史垂二千年。其流弊足以淆亂古文書,然反而利用之,則可以解釋古文書之疑滯,辨别古文書之真僞及時代,識者便焉。"歷代避諱所用的方法,大要有三種:(1)避諱改字,如秦諱"楚"改"荆",諱

“正”改“端”之類；（2）避諱空字，如許慎《説文》於禾部“秀”字（漢
光武帝諱）、草部“莊”字（漢明帝諱）、火部“炟”字（漢章帝諱）等皆
注曰“上諱”，作空圍而不書其字之類；（3）避諱缺筆，如唐諱“世”
字作“卅”、“王世充”作“王充”之類。研究避諱的專書，除陳垣《史
諱舉例》（中華書局 1962 年版）外，尚有周廣業《經史避名彙考》
（北京圖書館出版社 1999 年版）、王彥坤《歷代避諱字彙典》（中州
古籍出版社 1997 年版）。

　　輯　佚　輯佚就是輯録散亡的古籍或文獻。古書輯佚始於
南宋，鄭樵《通誌·校讎略》已論及輯佚的理論與方法，王應麟輯
得《周易鄭氏注》和《三家詩考》，附見於他所纂集的類書《玉海》。
明代輯佚已小有規模，惟體例不夠謹嚴。輯佚的鼎盛期在清乾嘉
兩朝，如梁啟超《中國近三百年學術史》所言，輯佚乃清人整理舊
學的一大功績。輯佚的主要工作，一是恢復原書篇第，二是校正
底本文字。輯佚的取材要廣泛，諸如類書（如《藝文類聚》、《太平
御覽》等）、古注（如裴松之《三國志注》、李善《文選注》等）、總集
（如《文選》、《文苑英華》等）、方誌（如《太平寰宇記》、《方輿勝覽》
等）、金石（如《金石萃編》、《漢魏南北朝墓銘集釋》等）、出土文獻
（如《敦煌石室遺書》、簡牘帛書等）等，皆應在爬梳範圍之内。好
的輯佚本應該體例完善、輯録完備、出處詳明、考訂精審。

　　辨　偽　辨偽就是考辨古籍的真偽。偽書的出現，從作者方
面説，或欲託古傳書（如托名黃帝的《内經》等），或欲造偽補佚（如
《古文尚書》等），或欲攻姦爭勝（如王肅撰《尚書》偽孔傳，以與鄭
玄注相爭等），從書賈方面説，或出於酤名射利，或出於好事妄爲。
辨偽的方法，明胡應麟《四部正訛》曾歸納爲八種：（一）核之《七
略》，以觀其源；（2）核之群志，以觀其緒；（3）核之並世之言，以觀
其稱；（4）核之異世之言，以觀其述；（5）核之文，以觀其體；（6）核

之事，以觀其時；（7）核之撰者，以觀其託；（8）核之傳者，以觀其人。近人梁啓超則在《中國歷史研究法》中提出十二條辨僞公例，較胡氏所説尤爲細密。

索　引　索引又稱引得、通檢，是查檢圖書資料的一種學術工具。古籍索引因爲檢索對象和功用的不同，可分爲三大類型：（1）字句索引，即逐字索引（如《李賀詩索引》）、字詞索引（如《文選索引》）和句子索引（如《十三經索引》）；（2）專名索引，即人名（如《史記人名索引》）、地名（如《三國志地名索引》）、職官（如《歷代職官表》）、篇目（如《蘇軾文集》附《篇目索引》）、書名（如《中國叢書綜録子目書名索引》）等索引；（3）主題索引，即關鍵詞索引（如《説苑引得》按“重要字眼”立目）或分類索引（如《元人文集篇目分類索引》等）。各種索引的立目標準雖有不同，但以其異稱作爲參見條目則屬於通例。索引或獨自成書，或附於檢索對象之後，可視具體情況而定。

叙　例　叙例又稱叙録。叙録之體始自西漢劉向，劉向校中秘書，每校完一書，必寫一篇總結性的“叙録”，一則“條其篇目”，一則“撮其旨意”。叙録的具體内容大概有十項：（1）著録書名和篇目；（2）叙述此次校讎原委；（3）介紹著者生平；（4）説明其書性質和書名含義；（5）分析其書編次類例；（6）考辨其書之真僞；（7）增補其書佚文；（8）評論其思想和史實；（9）探究其學術源流；（10）判斷其學術價值。現在通行的古籍書目提要，以及古籍整理圖書的點校説明，皆可視爲劉向“叙録”之流變。古籍整理圖書的點校説明（或稱出版説明、前言、叙言等），其内容一般應包括五個方面：（1）古籍的作者（原撰人、編注者）生平；（2）古籍的内容評價；（3）古籍的版本源流；（4）此次整理的體例（底本、校本、點校原則等）；（5）曾參考何種文獻（何人成果）。其中的第四個方面，也可以單獨寫成點校凡例,置於點校説明之後。

　　附　録　附録是指正文後附載的各類資料,古籍有附録,古已有之,當今的古籍整理圖書,尤須注重搜集和附録相關研究資料。通常需要附録的資料,主要是:(1)本書的書目著録和版本序跋;(2)作者的傳記資料(史傳、年譜等);(3)前人對作者和本書的評論資料。所附録的資料不外兩大類,一是原書舊有的,二是整理者新輯的,兩者宜分開編排,以免混淆原書舊貌。

點校本二十四史及清史稿修訂工程
標點分段辦法舉例

爲點校「二十四史」及清史稿，中華書局曾於 1958 年草擬標點使用辦法舉例，次年寫有補例。1963 年，根據以往數年的工作實踐，將以上兩個文本修訂合併爲二十四史標點使用辦法舉例，發表於古籍整理出版情況簡報 1963 年第 3、4 號。1991 年，中華書局又在 1963 年文本的基礎上，組織專人撰寫古籍標點釋例，刊登於書品 1991 年第 4 期。茲參照 1963 年、1991 年的兩個定稿文本，略作補充訂正，寫成標點分段辦法舉例，以作爲點校本「二十四史」及清史稿修訂工程的通用體例。

需要先作説明的是：(1)舉例中不含破折號（——）和省略號（……），這樣做既是爲與原點校本保持一致，也是因爲凡擬使用這兩種符號的地方，皆可用他種辦法代替。(2)所舉諸例，僅限於各史大同之處，不可能涵蓋所有情況，面面俱到，其他類似或相通者，皆可以照此類推。更爲細微之處，各史還可以另擬補例。要之，標點、分段應以全書體例統一、自成體系爲大旨，應避免自相抵牾、前後不一。

甲、標　點

一、句號(。)　句號表示陳述句末尾的停頓。

例1　秦始皇者,秦莊襄王子也。(史記秦始皇本紀)

此例中間衹有一個停頓,文意已完,應當圈斷。下文述説莊襄王如何如何,已是另一層意思。

例2　建武二年春,攻匡賊,下四縣,更封新處侯。引擊頓丘,降三城。(後漢書陳俊傳)

此例「更封新處侯」句下用逗號也不算錯,但不如用句號明確,因爲擊頓丘是另一戰役,未必在二年春。

例3　臣有客在市屠中,願枉車騎過之。(史記魏公子列傳)

此例爲語氣舒緩的祈使句,末尾亦宜用句號。

例4　應劭。十三州志:「弘農有桃丘聚,古桃林也。」(史記留侯世家索隱)

此例「應劭」二字下顯有脱文,十三州志的作者爲闞駰而非應劭,但已無從校補,衹能在「應劭」下加句號,另出校勘記説明問題之所在。

例5　吳公鷙彊,實爲龍驤。電掃群孽,風行巴、梁。(後漢書吳蓋陳臧傳贊)

此例爲韻文(詩、詞、辭賦、駢文、頌贊等),一般宜在押韻處用句號。又「巴」「梁」二字間,亦可不用頓號。

二、逗号(,)　逗号表示句子內部的一般性停頓。

例1　於是漢王夜出女子滎陽東門被甲二千人,楚軍四面擊之。(史記項羽本紀)

此例「滎陽東門」下不宜加逗號。如加逗號,看似可通,但易引致誤會,以爲漢王既疏散出一批婦女,又派出披甲的兵士二千人，其實「女子」即「被甲」者。

例 2　建武五年春正月癸巳，車駕還宫。（後漢書光武紀上）

此例年月日連書，只在日干下用逗號，年月之後不必點斷。凡年月日不連書，但云某月、某日者，則宜在月日下加逗號。遇有「其年」、「是歲」、「去冬」、「翌日」、「一夕」等詞者，亦宜使用逗號。

例 3　向秀字子期，河内懷人也。（晉書向秀傳）

此例本名與字之間不用逗號。

例 4　李存賢字子良，本姓王，名賢，許州人也。（舊五代史李存賢傳）

此例「李存賢字子良」句「字」前不用逗號，而「本姓王，名賢」句中間則宜斷開。

例 5　卿雲，喜氣也。（史記天官書）輕車，古之戰車也。（後漢書輿服志上）

此二例「卿雲」、「輕車」下，實則省略一「者」字，故宜用逗號點開。

例 6　太子太師、趙國公長孫無忌，太子太傅、梁國公房玄齡，太子太保、宋國公蕭瑀，各辭調護之職，詔許之。（舊唐書太宗紀下）

此例中官爵名既已使用頓號分開，則人名下衹能使用逗號，以便分清層次。

例 7　項氏世世將家，有名於楚。今欲舉大事，將非其人，不可。（史記項羽本紀）

此例「將非其人，不可」句，亦可六字連讀作「將非其人不可」。中間點斷者乃取顏師古説：「言以不材之人爲將，不可求勝也。」（見漢書陳勝項籍傳注）作一句讀者乃取劉攽説：「爲將非此人不可。」(王先謙漢書補注引)。凡遇有此類情況,當依據上下文意作相應處理。

例8　史記魏襄王六年,伐楚,敗之陘山。(續漢書郡國一河南陘山注)

此例爲綜括大意的間接引文,宜用逗號,不用冒號、引號。

例9　郡,人所群聚也。(史記秦始皇本紀正義)

此例「郡」下省略「者」字,中間必須點斷,否則文意易生混淆。注意:此種句式,舊式句讀作「郡、人所群聚也」,其讀號(、)與今之頓號相似,但二者含義不同。今不宜再取舊式。

三、頓號(、)　頓號表示句子内部並列詞語之間的停頓。

例1　天下歸舜。而禹、皋陶、契、后稷、伯夷、夔、龍、倕、益、彭祖自堯時而皆舉用,未有分職。(史記五帝本紀)

此例中諸名詞(人名)並列而易引起誤會,必須用頓號分開。注意:雖屬名詞並列而不致造成誤解者,如「日月星辰」、「父子兄弟」、「六七日」、「四五里」、「詩書禮樂」之類,點斷反覺支離破碎,可不用頓號。又如「賜郡國守相金帛各有差」句,「賜郡」、「國守」、「相金」、「帛」下使用頓號本不爲錯,但會給讀者添亂,不如不用。

例2　夫餘在長城之北,去玄菟千里,南與高句麗、東與挹婁、西與鮮卑接。(三國志魏書東夷傳)

此句中「南」字直貫下文「接」字,實則「高句麗」、「挹婁」下各省一「接」字,「南與」、「東與」、「西與」三句爲並列句式,故其間宜用頓號。

例3　以揚州刺史元顯爲後將軍、開府儀同三司、都督揚豫徐兗青幽冀并荆江司雍梁益交廣十六州諸軍事。(晉書安帝紀)

此例中官名已用頓號分開,若十六州之間再加頓號,則層次將會淆亂不清,故祇須用專名綫斷開即可。凡層次繁複的並列名詞,皆可如此從簡處理。

例4　以延州忠義軍節度使、太原西面招討應接使、檢校太師、兼中書令、渤海王高萬興兼鄜延兩道都制置使,餘如故。(舊五代史末帝紀中)丁亥,以延州節度使、鄜延兩道都制置、太原西面招討應接等使、渤海郡王高萬興爲檢校太師、兼中書令,充保大忠義等軍節度、鄜延管內觀察等使。(同上)

此二例官名間已用頓號,故「鄜」、「延」二字間和「招討應接」、「保大忠義」二詞間便不宜再使用頓號。又,第二句主語「高萬興」下有「爲」、「兼」、「充」三個動詞,依上一句例,「檢校太師」、「兼中書令」間仍可用頓號,而「充」字前則宜改用逗號。

四、分號(;)　分號表示複句內部並列分句之間的停頓。

例1　昔伏生將老,漢文帝嗣以晁錯;穀梁寡疇,宣帝承以十郎。(三國志魏書高堂隆傳)

此例前後兩句以「昔」字貫通,包含兩個分句,前一分句與後一分句文意緊接,並列明確,宜用分號隔開。

例2　吳平,軍罷,帝遣侍中程咸犒勞,賜充帛八千匹,增邑八千戶;分封從孫暢新城亭侯,蓋安陽亭侯;弟陽里亭侯混、從孫關內侯衆增戶邑。(晉書賈充傳)

此例中分封賈暢、賈混、賈衆之事,皆屬吳平後對賈充的賞賜,故三個分句可以並列,用分號銜接。惟此類情況宜嚴格選擇,慎重對待,分號的使用不可過濫。凡能夠自成一句者即用句號,應當停頓而不能成句者即用逗號。

例3　(哀江南賦序)潘岳之文采,始述家風;陸機之辭賦,先陳世德。(周書庾信傳)

此例屬駢文句式,分號用於對仗明顯處。

五、冒號(：)　　冒號表示提示性話語之後的停頓，用來提起下文。

例1　武皇帝二十五男：卞皇后生文皇帝、任城威王彰、陳思王植、蕭懷王熊，劉夫人生豐愍王昂、相殤王鑠，環夫人生鄧哀王沖、彭城王據、燕王宇。（三國志魏書武文世王公傳）

此例層次簡單清楚，可用冒號領啟下文。如果下文比較複雜，需要分成幾句處理，則最好用句號來代替冒號，否則不易辨別冒號所包括的範圍。

例2　五刑有服，五服三就；五流有度，五度三居：維明能信。（史記五帝本紀）

此例前兩個分句謂五刑有三就，五流有三居，最後歸結於「維明能信」。兩個分句下的冒號用來總結上文。注意：此種用法止限於上面分句不太多，脈絡比較清楚的情況使用。

例3　是以不別荆棘者，慶雲之惠也；七子均養者，尸鳩之仁也；捨罪責功者，明君之舉也；矜愚愛能者，慈父之恩也：是以愚臣徘徊於恩澤而不能自棄者也。（三國志魏書任城陳蕭王傳）

此例「慈父之恩也」句下，既可用冒號（點校本三國志即是如此），亦可使用句號。因爲句子的結構較上例複雜，以使用句號爲宜。

例4　古公曰：「我世當有興者，其在昌乎？」（史記周本紀）

此例是表示說話的句子，冒號下一定要用引號。

例5　授舜，則天下得其利而丹朱病；授丹朱，則天下病而丹朱得其利。堯曰「終不以天下之病而利一人」，而卒授舜以天下。（史記五帝本紀）

此例「終不以天下之病而利一人」句，乃他人轉述「堯曰」，隱括大意，並非全文，故「曰」下不用冒號，止在隱括語下用逗號點下去即可。

例6　西京賦曰：「徼道外周，千廬內傅。」薛綜注：「士傅宮外，內爲廬舍，晝則巡行非常，夜則警備不虞。」（史記秦始皇本紀集解）

此例引文完整，須用冒號和引號。

例7　易曰「陰陽不測之謂神」，書曰「人惟萬物之靈」，故謂之神靈也。（史記五帝本紀正義）

此二例於行文中夾引不完整的語句，儘管前面有「曰」字，亦應避免使用冒號。

例8　玄囂，帝嚳之祖。案：皇甫謐及宋衷皆云玄囂青陽即少昊也。今此紀下云「玄囂不得在帝位」，則太史公意青陽非少昊明矣。而此又云「玄囂是爲青陽」，當是誤也。（史記五帝本紀索隱）

此例「玄囂不得在帝位」、「玄囂是爲青陽」二句，雖前有「云」字，不用冒號，一氣貫下，文意暢達，加上冒號反而不好。是否使用冒號，應以不割裂文意爲原則。

例9　太史公曰：漢興，孝文施大德，天下懷安。（史記孝景本紀）

此例「曰」下止加冒號，不用引號。各史篇末的論贊，皆從此例。

六、引號（「」『』）　引號標明行文中直接引用的話。

例1　（范增）往說項梁曰：「陳勝敗固當。夫秦滅六國，楚最無罪。自懷王入秦不反，楚人憐之至今，故楚南公曰『楚雖三戶，亡秦必楚』也。」（史記項羽本紀）

此例可見引號有單雙兩種，先單後雙。如果雙引號中還有引文或對話，再用單引號。

例 2　東觀漢記曰「漢但修里宅,不起第。夫人先死,薄葬小墳,不作祠堂」也。(後漢書吳漢傳注)

此例引文下附加非原文所有的語氣詞,引號放在語氣詞前。又因句號在引號外語氣詞後,故上面「曰」字下不加冒號。

例 3　尚書堯典云「類於上帝」,吉禮也;「如喪考妣」,凶禮也;「群后四朝」,賓禮也;大禹謨云「汝徂征」,軍禮也;堯典云「女于時」,嘉禮也。(史記五帝本紀正義)

此例引文不加冒號,逗號(或句號)在引號外。

例 4　括地志云:「空桐山在肅州福祿縣東南六十里。抱朴子內篇云『黃帝西見中黃子,受九品之方,過空桐,從廣成子受自然之經』,即此山。」括地志又云:「笄頭山一名崆峒山,在原州平高縣西百里,禹貢涇水所出。輿地志云或即雞頭山也。酈元云蓋大隴山異名也。莊子云廣成子學道崆峒山,黃帝問道於廣成子,蓋在此。」(史記五帝本紀正義)

此例有單引號,有雙引號,冒號或用或不用,應以實際情況而定。注意:直接引用者,句號在引號內;間接引用者,逗號或句號在引號外。

七、嘆號(!)和問號(?)　嘆號表示感嘆句末尾的停頓。問號表示疑問句末尾的停頓。標點古書嘆號、問號不宜多用,可用嘆號、問號也可用句號的地方,寧可用句號。

例 1　堯曰:「誰可順此事?」放齊曰:「嗣子丹朱開明。」堯曰:「吁!頑凶,不用。」(史記五帝本紀)

此例問號、嘆號並用,堯直接提出問題,故用問號;「吁」乃「疑怪之辭」(孔安國說),故用嘆號。

例 2　紂大說,曰:「此一物足以釋西伯,況其多乎!」(史記周本紀)

此例爲語氣强烈的感嘆句，可用嘆號。注意：句子末尾有「乎」字（或「耶」字），不一定都用嘆號或問號，是否使用應根據文義來定。

例3　今將軍內不能直諫，外爲亡國將，孤特獨立而欲常存，豈不哀哉！（史記項羽本紀）

此例句子末尾雖然使用了疑問語氣詞，但不求回答，止是表示感嘆，不宜用問號。

例4　吾君在前，叱者何也？（史記平原君虞卿列傳）

此例爲語氣强烈的反問句，一般亦可用問號。

八、專名號（＿＿＿）　亦稱專名綫，表示人名、地名、天文名、朝代名、民族名、國名等。凡字號、封謚、尊稱等意在專指者，一律標專名綫。

例1　范雲字彦龍，南鄉舞陰人，晉平北將軍汪六世孫也。（梁書范雲傳）

此例人名、地名、朝代名皆標專名綫。地名不論所指區域大小，從州郡到鄉里街巷，乃至宮殿名稱，一律標專名綫。朝代名一律標專名綫，至如東周、兩漢、漢家、隋朝、唐室、有宋之類，宜二字連標。

例2　東井爲水事。其西曲星曰鉞。鉞北，北河；南，南河；兩河、天闕間爲關梁。（史記天官書）

此例天文名，一律標專名綫。他如太一、北斗、文昌宮、上將、司命等，皆同。

例3　時謂江湖散人，或號天隨子、甫里先生，自比涪翁、漁父、江上丈人。（新唐書陸龜蒙傳）

此例中各稱號雖非真實姓名，但習慣上已用作某一人的專稱，也標專名綫。他如太史公、圯上老人、五柳先生等，皆同此例。

例4　己亥，以太保、宜豐侯蕭循襲封鄱陽王。（梁書敬帝紀）

此例中爵名與人名連書，爵名綫與人名綫當斷開。爵名不論用地名者，用「美稱」者，如<u>淮陰侯</u>、<u>齊王</u>、<u>衛國公</u>、<u>安樂公主</u>之類，一律標專名綫。

例5　<u>太子丹</u>陰養壯士二十人，使<u>荆軻</u>獻督亢地圖于<u>秦</u>，因襲刺<u>秦王</u>。（<u>史記燕召公世家</u>）

此例中官爵名與人名連書，當視同一個名詞，連標專名綫。他如<u>周公旦</u>、<u>太宰嚭</u>、<u>大夫種</u>之類，皆同此例。

例6　<u>李將軍廣</u>者，<u>隴西成紀</u>人也。（<u>史記李將軍列傳</u>）二年春正月，公到<u>宛</u>。（<u>三國志魏書武帝紀</u>）夏四月，少府<u>徐仁</u>、廷尉<u>王平</u>、左馮翊<u>賈勝胡</u>皆坐縱反者，<u>仁</u>自殺，<u>平</u>、<u>勝胡</u>皆要斬。（<u>漢書昭帝紀</u>）

此三例中，前後二例皆官名與人名連書，前者姓氏在官名前，專名綫宜連標；後者人名在官名後，只標人名，不標官名。中間一例，稱「公」而不帶姓氏，雖指專人，亦不標專名綫。

例7　置左右<u>賢王</u>，左右<u>谷蠡</u>，左右<u>大將</u>，左右<u>大都尉</u>，左右<u>大當戶</u>，左右<u>骨都侯</u>。（<u>漢書匈奴傳</u>）

此例中匈奴的官爵不屬於專稱，故不標專名綫。

例8　冬，<u>遼東烏桓</u>反，以中郎將<u>范明友</u>爲度<u>遼</u>將軍，將北邊七郡郡二千騎擊之。（<u>漢書昭帝紀</u>）

此例中官名不標專名綫，官名「度<u>遼</u>將軍」中夾雜地名，只須地名標專名綫。他如「平<u>越</u>將軍」之類，皆同此例。惟既是官名又是地名的名詞，如「京兆尹」、「左馮翊」、「右扶風」之類，作爲官名用時，不應標專名綫。

例9　<u>始皇</u>爲微行<u>咸陽</u>，與武士四人俱，夜出逢盜<u>蘭池</u>，見窘，武士擊殺盜，<u>關中</u>大索二十日。（<u>史記秦始皇本紀</u>）<u>山東</u>郡縣少年苦<u>秦</u>吏，皆殺其守尉令丞反，以應<u>陳涉</u>。（同上）

此例中關中、山東是常用地理名稱，雖非行政區劃，但有大致範圍，故亦可加專名綫。他如江左、江右、河南、河北等，皆同此例。注意：過於籠統的稱呼，如「關内」、「關外」之類，不宜標專名綫。至於「江」、「河」，特指長江、黃河時可標專名綫，泛指一般江河時則不標。

九、書名號（＿＿＿）　書名號標明書名、篇名、樂舞名等。

例１　伊尹作咸一之德，咎單作明居。（史記殷本紀）（嵇）康顧視日影，索琴彈之曰：「昔袁孝尼嘗從吾學廣陵散，吾每靳固之。廣陵散于今絕矣。」（晉書嵇康傳）

此二例篇名、樂舞名一律標書名號。

例２　三國志蜀書諸葛亮傳（三國志蜀書）

此例書名、篇名之間祇須斷開即可。

例３　吾讀管氏牧民、山高、乘馬、輕重、九府及晏子春秋，詳哉其言也。（史記管晏列傳）

此例中作者名與書名連用，不同篇名並列，專名號與書名號則須相應使用，篇名之間須用頓號隔開。

例４　劉更生石渠典校之書，卷軸無幾，逮歆之七略，在漢藝文志者，裁三萬三千九百卷。（隋書經籍志下）

此例「漢藝文志」是班固漢書藝文志的簡稱，須連標。他如漢志、隋志、唐志等，皆同此例。

乙、分　段

分段是爲了幫助讀者理解和掌握史實，須根據各篇的内容決定如何劃分。段落的劃分既要照顧到段與段之間的關係，又要照顧到每一段與全篇的關係。段落的形式分大段、小段兩種，小段另行低二格開始，轉行頂格。一個大段可以包括幾個小段，大段與大段之間在版式上空一行。分段的基本原則是：（1）叙述一人或一事完畢，下面另外叙述他人他事的，就可分開段落；（2）雖然祇叙述一件事，但文字過長的，也可按事理和文氣分出段落；（3）本紀以年爲大段，以月爲小段，一月之中如有重要史實，可以再分段，如止是官吏的任免、巡幸、災異等，則不再提行；（4）史文中比較完整的長篇詔令、奏疏、文章（表、賦、書札之類），可以另行低二格排齊（首行低四格，轉行一律低二格）。舉例如下：

例 1

堯崩，帝舜問四嶽曰：「有能成美堯之事者使居官？」皆曰：「伯禹爲司空，可成美堯之功。」舜曰：「嗟，然！」命禹：「女平水土，維是勉之。」禹拜稽首，讓於契、后稷、皋陶。舜曰：「女其往視爾事矣。」

禹爲人敏給克勤，其惪不違，其仁可親，其言可信；聲爲律，身爲度，稱以出；亹亹穆穆，爲綱爲紀。（史記夏本紀）

此兩段文字本是連貫而下，但以前面説的是舜命禹爲司空的事，後面説的是禹的德性，故將之分開，提行另起，使讀者易於領會文義。

例 2

（昭襄王）十九年，王爲西帝，齊爲東帝，皆復去之。呂禮來自歸。齊破宋，宋王在魏，死溫。任鄙卒。（史記秦本紀）

此段文字雖是幾件事並列，但叙述極簡短，每句加一句号，不分段亦不致出現混淆，故毋須分段提行。

例 3

上以式爲奇，拜爲緱氏令試之，緱氏便之。遷爲成皋令，將漕最。上以爲式樸忠，拜爲齊王太傅。

而孔僅之使天下鑄作器，三年中拜爲大農，列於九卿。而桑弘

羊爲大農丞,筦諸會計事,稍稍置均輸以通貨物矣。(史記平準書)

此兩段文字本來用「而」字相聯接,但孔僅的鑄作器、桑弘羊的筦諸會計事和卜式的爲令、爲太傅並無關係,今按事實予以分開。

例4

史記項羽本紀所記「鴻門宴」,可分爲四段:

(1)函谷關有守兵,項羽不得入;曹無傷使人言於項羽,項羽大怒沛公;

(2)項伯見張良告以事,沛公以兄事之;

(3)沛公至鴻門就宴,經歷諸險難;

(4)沛公脫歸,張良代謝項羽;沛公殺曹無傷。

例5

元光五年,復徵賢良文學,菑川國復推上弘。弘謝曰:「前已嘗西,用不能罷,願更選。」國人固推弘,弘至太常。上策詔諸儒:

制曰:蓋聞上古至治,畫衣冠,異章服,而民不犯;(中略)

其悉意正議,詳具其對,著之於篇,朕將親覽焉,靡有所隱。

弘對曰:

臣聞上古堯舜之時(下略)

此處史文中有詔令有奏議,分段提行可作如此處理。

例6

相如既病免,家居茂陵。(中略)其遺札書言封禪事,奏所忠。忠奏其書,天子異之。其書曰:

伊上古之初肇,自昊穹兮生民,歷撰列辟,以迄於秦。(中略)舜在假典,顧省厥遺:此之謂也。

司馬相如既卒五歲,天子始祭后土。八年而遂先禮中嶽,封于太山,至梁父禪肅然。(史記司馬相如列傳)

此處所引的書札較長,中間還須分段,故宜低二格排齊。但並非所有詔令、奏疏、詩賦等都一定如此,凡內容較短小者,則不必另行提行。

（原載《點校本"二十四史"及〈清史稿〉修訂工程簡報》

第 8 期,2007 年 7 月 16 日）

標點分段辦法補充舉例

張文强

　　點校本「二十四史」及清史稿修訂工程開始之初,已撰有標點分段辦法舉例,作爲修訂工程的通用體例。此後在實施過程中,發現標點方面有些事關全局的問題,在標點分段辦法舉例中尚未提及或未及細述,兹根據各史修訂樣稿的實際例證,擇要補充如下。

一　句號與逗號

　　句號與逗號在此次修訂所擬的標點分段辦法舉例中已有説明。由於誦讀習慣的不同,原點校本各史在使用上並不一致,有一氣呵成的點法,也有停頓較多的點法,即所謂長短句之別。此次修訂對原點校本的標點會有所改動,但一定要有全局觀念,凡是動一處牽動全書的改動,應持慎重的態度。原點校本在標點上有自己習慣和體例,在不影響理解文意的情況下,此次修訂不宜對這種長短句作過多的改動,因爲一則我們無法用現代的語法去規範古人的語言,二則改動過多也可能造成新的不統一。

　　1.某些史標點的總體風格是句子較长,不過多使用逗號,可依其原有風格不作改動。

　　例(1)　史記五帝本紀「大小之神」正義：「大謂五嶽四瀆，小謂丘陵墳衍。」此种點法很簡潔，又是全書的風格，不必改作：「大，謂五嶽四瀆；小，謂丘陵墳衍。」

　　例(2)　史記五帝本紀「依鬼神以制義」正義：「鬼之靈者曰神也。鬼神謂山川之神也。」不必改作：「鬼之靈者，曰神也。鬼神，謂山川之神也。」

　　例(3)　北史崔宏傳：「苻融之牧冀州，虛心禮敬。拜陽平公侍郎、領冀州從事。出總庶事，入爲賓友，衆務修理，處斷無滯。」此例是在「領冀州從事」句后用句號作結，另起講崔宏之作爲。如「領冀州從事」句後改用逗號，一氣叙述下來亦可。但兩种點法皆通，可依原標點不動。

　　例(4)　遼史耶律朔古傳：「月餘，帝由他渡濟。朔古與趙延壽據中渡橋，重威兵却，遂降。」此例「帝由他渡濟」後用句號，下另起述朔古事。如改在「帝由他渡濟」後用逗号，將二事一併叙述亦可。兩种點法皆通，可依原標點不動。

　　2.某些史標點的總體風格是句子較短，逗號用得較多，可依其原有風格不作改動。

　　例(1)　舊唐書刑法志：「其後河内人李好德，風疾瞀亂，有妖妄之言，詔按其事。大理丞張蘊古奏，好德癲病有徵，法不當坐。治書仕御史權萬紀，劾蘊古貫相州，好德之兄厚德，爲其刺史，情在阿縱，奏事不實。」原點校本的點法雖不甚合現代語法習慣，但自成體例，又是全書的風格，不必改作：「其後河内人李好德風疾瞀亂，有妖妄之言，詔按其事。大理丞張蘊古奏好德癲病有徵，法不當坐。治書仕御史權萬紀劾蘊古貫相州，好德之兄厚德爲其刺史，情在阿縱，奏事不實。」

　　例(2)　宋史職官志四：「熙寧五年，以知雜御史鄧綰爲中丞，初除諫議大夫，王安石言礙近制，止以縉爲龍圖閣待制權，御史中丞不遷諫議大夫自縉始。」此例句子間未用句號，一氣叙述下來。如改爲在「初除諫議大夫」、「止以縉爲龍圖閣待制權」二句後用句號結句，其下另起亦可。兩种點法皆通，可依原標點不動。

二　頓　號

1.並列的人名、地名間應使用頓號，因爲人名有「名」和「字」的區別，地名有隸属與平行的區別，不用頓號易生歧義。

例（1）　史記五帝本紀：「至長老皆各往往稱黄帝、堯、舜之處。」

例（2）　舊唐書郭子儀傳：「（天寶十五載）六月，子儀、光弼率仆固懷恩、渾釋之、陳回光等陣於嘉山，賊將史思明、蔡希德、尹子奇等亦結陣而至，一戰敗之。」

例（3）　舊唐書郭子儀傳：「子儀擊敗之，進收雲中、馬邑。」

例（4）　舊五代史職官志：「遂奏以所管德、棣、景三州，各還刺史職分，州兵並隸收管。」

2.雖属並列關係，但習慣上連稱而不致引起誤會的詞語，可以不用頓號。地名如江淮、關隴、河洛、巴蜀、崤函等，朝代名如周秦、秦漢、漢魏、魏晉、隋唐等，人名如唐虞、堯舜、文武、湯武、桀紂、黄老等，可不加頓號隔開。

例（1）　史記五帝本紀：「南浮江淮矣。」

例（2）　史記五帝本紀「北逐葷粥」索隱：「匈奴別名也。唐虞已上曰山戎，亦曰葷粥。」

例（3）　後漢書郅惲傳：「鳥獸不可與同群，子從我爲伊呂乎？將爲巢許而父老堯舜乎？」

例（4）　舊五代史職官志：「時議者曰：自隋唐以來，三公無職事。」

3.如層次過多,在止用頓號不足以表示相互關係的情況下,可以專名綫和頓号交互使用。

例(1)　舊唐書刑法志:「尋又敕尚書左仆射裴寂、尚書右仆射蕭瑀及大理卿崔善爲、中書舍人劉林甫顔師古王孝遠、涇州別駕靖延、太常丞丁孝烏、隋大理丞房軸、上將府參軍李桐客、太常博士徐上機等,撰定律令,大略以開皇爲准。」

例(2)　舊唐書刑法志:「俊臣又與侍御史侯思止王弘義郭霸李敬仁、評事康暐衛遂忠等,招集告事數百人,共爲羅織,以陷良善。」

例(3)　晉書安帝紀:「以揚州刺史元顯爲後將軍、開府儀同三司、都督揚豫徐兗青幽冀并荆江司雍梁益交廣十六州諸軍事。」

例(4)　北齊書文宣紀:「又進封齊王,食冀州之渤海長樂安德武邑、瀛州之河間五郡。」

以上前二例職官間已用頓號,人名則可用專名綫表示。第三例職官間已用頓號,州名則不宜再用頓號,改用專名綫表示。第四例二州間已用頓號,郡名則不宜再用頓號,改用專名綫表示。几種標點的使用順序大致是:專名綫、頓號、逗號。但多数情況下,仍以頓號爲主。

三　冒号与引號

1.引文前用冒號者,末尾的標點置於引號內。不用冒號者,末尾的標點置於引號外。

例(1)　史記五帝本紀「黃帝者」集解:「皇甫謐云:『居軒轅之丘,因以爲名,又以爲號。』」

例(2)　舊唐書刑法志:「古不云乎,『萬邦之君,有典有則』。」

例(3)　史記五帝本紀「少典之子」索隱：「黃帝即少典氏後代之子孫，賈逵亦謂然，故左傳『高陽氏有才子八人』，亦謂其後代子孫而稱爲子是也。」

例(4)　續漢書郡國志「或曰古衡雍」注：「史记无忌谓魏王曰『王有郑地，得垣雍』者也。」

以上第一例前用冒號，末尾句號置於引號内。第二例前爲逗號，不用冒號，後面的句號置於引號外。第三例叙述夾雜引文，後面加逗號置於引號外。第四例「王有鄭地，得垣雍」與上下文連讀。

2.引号的使用应注意原點校本的體例，如果其體例是认定为引文即加引號，原則上以不動爲好。

例(1)　史記五帝本紀「少典之子」索隱：「國語云『少典娶有蟜氏女，生黃帝、炎帝』。」

例(2)　史記五帝本紀「淳化鳥獸蟲蛾」正義：「爾雅曰：『有足曰蟲，無足曰豸。』」爾雅原文爲「有足謂之蟲，無足謂之豸」，文字上略有不同。原點校本視作引文加了引文，是可以的。

此類情况比較複雜，凡可认定的完整引文，皆可視作引文加引號。各史在參考原點校本體例的基礎上，可根據具體情况酌情處理。

3.必須用冒号、引號的地方，不能有遺漏，否則會影響理解文意。

例(1)　續漢書郡國志「有圃田澤」注：「爾雅十藪，鄭有圃田。」其中「十藪」爲爾雅卷七釋地下之一條，「鄭有圃田」爲「十藪」條下之原文。「鄭有圃田」應加引號，「十藪」後應加冒號。此處應點作：「爾雅『十藪』：『鄭有圃田。』」

例(2)　續漢書郡國志「有清口水」注：「左傳閔二年遇於清，

杜預曰縣有清陽亭。」其中「遇於清」爲左傳原文，應加引號作：「左
傳閔二年『遇於清』，杜預曰縣有清陽亭。」

以上第一例如無冒號及引號則語義不明，第二例如無引號亦
語義不明，二處皆用冒號和引號。

四　專名綫

1.凡屬校字提示一律不加專名綫，前後可加引號。

例（1）　史記五帝本紀「與蚩尤戰於涿鹿之野」索隱：「或作
『濁鹿』，古今字異耳。」

例（2）　史記五帝本紀「請流共工於幽陵」正義：「尚書及大戴
禮皆作『幽州』。」

例（3）　後漢書光武帝紀校勘記：「大彤渠帥樊重　按耿弇傳
『故大彤渠帥重異』，李注『重姓，異名』，此作『樊重』似訛。」

例（4）　史記五帝本紀校勘記：「地志唯有凡山　地志，黃本
作『括地志』。」

以上四例中，前二例屬史文，後二例屬新寫校記。前二例「濁
鹿」、「幽州」皆可視作校字，故雖爲專稱，也不加綫。第三例「此作
『樊重』」之「樊重」爲校字，不應加綫。第四例「地志唯有凡山」之
「地志」爲校字，不應加綫。

2.校記中的引文，凡不屬於校字者，照常使用專名綫。

後漢書申屠剛傳「常慕史鰍、汲黯之爲人」注：「汲黯字長孺。
武帝時爲主爵都尉，好直諫，時人謂之『汲直』。」「汲直」二字非校
字，其中「汲」字爲姓氏，可加專名綫。

舊五代史晉書潘環傳：「尼則以三數致之，當時號爲『潘鏊
腳』。」「潘鏊腳」三字非校字，其中「潘」字爲姓氏，可加專名綫。

五　書名綫

1.史書紀、傳、志及所引文獻有章節者，凡分「上、中、下」、「一、二、三、四」者，引用時要隨其名稱標明，但「上、中、下」、「一、二、三、四」等序詞不加書名綫。

例(1)　漢書高帝紀一卷分爲上下，引用時的書寫格式：漢書卷一上高帝紀上、漢書卷一下高帝紀下。

例(2)　舊五代史梁書太祖紀共七卷分爲一二三四五六七，引用時的書寫格式：舊五代史卷一梁書一太祖紀一、舊五代史卷二梁書二太祖紀二(下略)。

例(3)　後漢書文苑傳一卷分爲上下，引用時的書寫格式：後漢書卷八十上文苑傳上、後漢書卷八十下文苑傳下。

例(4)　晉書律曆志共三卷分爲上中下，引用時的書寫格式：晉書卷十一律曆志上、晉書卷十二律曆志中、晉書卷十三律曆志下。

例(5)　隋書經籍志共四卷分爲一二三四，引用時的書寫格式：隋書卷三十二經籍志一、隋書卷三十三經籍志二、隋書卷三十四經籍志三、隋書卷三十五經籍志四。

2.凡文獻篇名用作典故時，可加引號，不加書名綫。

例(1)　後漢書馬援傳附馬防傳：「舅氏一門，俱就國封，四時陵廟無助祭先后者，朕甚傷之。其令許侯思田廬，有司勿復請，以慰朕『渭陽』之情。」

例(2)　晉書成帝紀：「成帝因削弱之資，守江淮之地，政出『渭陽』，聲乖威服。」

例(3)　晉書后妃上文明王皇后傳：「每惟聖善，敦睦遺旨，『渭陽』之感，永懷靡及。」

例（4）　宋書袁湛傳：「初，陳郡謝重，王胡之外孫，于諸舅禮敬多闕。重子絢，湛之甥也，嘗於公座淩湛，湛正色謂曰：「汝便是兩世無『渭陽』之情。」絢有愧色。」

例（5）　舊唐書李靖傳：「衛公將家子，綽有『渭陽』之風。」

「渭陽」，乃詩經秦風之篇名，當作爲典故引用時，所表達的是舅父義或舅甥之情，不再是詩篇的名稱。

例（6）　後漢書襄楷傳：「今宮女數千，未聞慶育，宜修德省刑，以廣螽斯之祚。」

例（7）　南史王誕傳：「夫螽斯之德，實致克昌，專妬之行，有妨繁衍。」

「螽斯」，乃詩經周南之篇名，當作爲典故引用時，表達的是多子多福或女子不妬之美德，不再是詩篇的名稱。

原點校本各史點法不一，共有四種處理方法：（1）書名號（渭陽）；（2）二字專名綫（渭陽）；（3）一字專名綫（渭陽）；（4）不加標點（渭陽）。作書名交待了典源，但表達的仍是詩作的意思。作二字專名綫不很合適，因爲無「渭陽」這一地名。作一字專名綫重在地名，屬常規點法，但無法傳達典故原意。不加標點，是真正將此詞當作典故看了。今即以第四種不加標點的做法爲準。

（原載《點校本"二十四史"及〈清史稿〉修訂工程簡報》
第 32 期，2009 年 6 月 25 日）

校勘記撰寫細則舉例

1958 年,中華書局在點校「二十四史」的工作計劃中,曾就校勘問題提出過四項原則:(1)以一種較好的本子作底本,用幾種重要的本子互校,改底本的地方加方圓括號。方括號表示增字,排大字;圓括號表示刪字,排小字。(2)強調盡可能吸收前人研究成果中的正確意見。(3)本校。(4)他校。1963 年,根據上述原則,又草擬了如下具體規定:(1)凡改字的地方,都要寫出校勘記,說明根據和理由。(2)採用成說,要注明出處,錯誤的意見不必在校勘記中討論駁斥。(3)別本、別書的錯誤,兩通的異文,無關重要的虛字的出入,一律不入校勘記。(4)用本校、他校發現的問題,除極有把握的外,一般祇寫校勘記,不改本文。(5)校勘記盡可能作出判斷。(6)屬於史實出入的,不寫校勘記。1991 年,鑒於 1963 年以來點校工作經驗日漸豐富,中華書局又組織專人撰寫古籍校點釋例,其中校勘部分凡十八條,刊登於書品 1991 年第 4 期。1963 年的規定,迄未見有具體的舉例條文。1991 年的釋例,亦非專爲點校史書而寫,例證亦多嫌不足。

關於此次修訂工作所應遵行的校勘總原則,在修訂工作總則中已明確歸納爲六點。其中第三點是:「在版本對校的基礎上,全面地做好『本校』(本書內部互校)、『他校』(參校其他史籍)和「理校」,是體現修訂本學術水平的重要環節。但總體而言,修訂本的校勘重點在文字校訂,不在史實考證,要嚴格區分『校正文字』和『考訂史實』的界限」。此條原則是在總結點校本經驗教訓的基礎上提出的,既表明此次修訂工作依然要堅持原點校本的基本原則(袛是不再延續使用方圓括號),又強調指出此次修訂工作的校勘重點,在於校正底本文字的訛、脫、衍、倒和錯簡,對於史實的異同則不作專門的校正。兹根據上述規定,試以點校本南齊書(中華書局 1997 年縮印本,王仲犖點校,以「百衲本」即商務印書館影印的百衲本二十四史本爲底本,參校明南京國子監本簡稱「南監本」、北京國子監本簡稱「北監本」、毛氏汲古閣本簡稱「汲本」、清武英殿本簡稱「殿本」、金陵書局本簡稱「局本」,其參考文獻主要有太平御覽簡稱「御覽」、册府元龜簡稱「册府」、資治通鑑簡稱「通鑑」等)、魏書(中華書局 1997 年縮印本,唐長孺點校,原「不主一本」,今改以「百衲本」即商務印書館影印的百衲本二十四史本爲底本,校本略同南齊書)的校勘記資料爲依據,對照此次擬定的校勘記撰寫細則要求略作修正,逐條舉例説明如下,以作爲點校本「二十四史」及清史稿修訂工程的通用體例。

在重新撰寫校勘記之前,有一個問題需要特別加以説明,就是如何對待點校本的原有校勘記。我們認爲有兩條原則必須堅持:(1)對所發現的問題,如果原有校勘記已經作出準確而符合規範的表述,則修訂本不妨照錄原文;(2)如果原有校勘記的引證與按斷無誤,而表述不夠規範,則修訂本亦有必要重新撰寫校勘記,但原校中所徵引的重要資料(如書證、按語等)應予以採納。

一、訛

「訛」即是誤,是指底本文字明顯存在錯字,須審慎加以改正,並將改正的情況寫入校勘記。其校勘記的寫法，大抵有以下表述方式。

(一)有版本依據的明顯錯字，須改正後出校，其校勘記的簡要書寫格式是：「某，原作某，今據某本改。」

例(1)　一朝事至，雖悔何追〔一〕。(南齊書高帝紀上，第9頁)

校勘記

〔一〕「何」，原作「可」，今據汲本、殿本、局本改。

例(2)　父惩，著作郎，爲太初所殺〔一〕。(南齊書江斆傳，第757頁)

校勘記

〔一〕「太初」，原作「太祖」，今據局本改。南監本、殿本作「爲太子劭所殺」。按太子劭即元凶劭，劭即位，改元太初，史叙劭事，多稱「太初」。清錢大昕廿二史考異云：「予謂『太祖』乃『太初』之訛。元凶僭號，改元太初，史叙元凶朝事，多稱太初。王僧虔傳云兄僧綽爲太初所害，與此文同。刊本訛爲『太祖』，後人以意改爲『太子劭』耳。」

例(3)　(釋情賦曰)若夤龍之不隕，似窮桑之世濟〔一〕。(魏書李順傳，第837頁)

校勘記

〔一〕「桑」，原作「葉」，今據局本改。按左傳昭公二十九年蔡墨稱少暭氏有四叔，「世不失職，遂濟窮桑」，賦用此典故，知「葉」字顯誤。

例(4)　中山王熙，本興義兵，不圖神器，戮其大逆，合門滅盡，遂令元略南奔，爲國巨患〔一〕。(魏書韓麒麟傳，第1335頁)

校勘記

〔一〕「巨」，諸本作「臣」，獨局本作「巨」。按册府卷七一五引作「巨」，作「臣」不可通，今據局本改。

(二)無版本依據的明顯錯字，須據他書改正後出校，其校勘記的簡要書寫格式是：「某，原作某，某書引作某，今據改。」

例(1) 孝建初，除江夏王大司馬參軍，隨府轉太宰，遷員外郎、直閣中書舍人、西陽王撫軍參軍[一]、建康令。(南齊書高帝紀上，第4頁)

校勘記

[一]「西陽王撫軍參軍」，原作「西陵王撫軍參軍」，張森楷南齊書校勘記云：「終宋世無西陵王，『陵』當爲『陽』，各本並訛。」按宋書豫章王子尚傳，孝建三年，年六歲，封西陽王。大明二年，加撫軍將軍。作「西陽王」是，今據改。

例(2) 魏武遣女，皂帳，婢十人，東阿婦以繡衣賜死，王景興以折米見誚[一]。(南齊書崔祖思傳，第518頁)

校勘記

[一]「折米」，原作「淅米」，南史作「析米」，册府卷五二九作「折米」。按景興，王朗字，三國志魏書王朗傳裴松之注引魏略，太祖啁朗曰「不能效君昔在會稽折秔米飯也」云云，字亦作「折」，今據改。

例(3) 先是，偉與儀曹郎袁昇、屯田郎李延考[一]、外兵郎李奐、三公郎王延業方駕而行，偉少居後。(魏書山偉傳，第1793頁)

校勘記

[一]「李延考」，原作「李延孝」，北史卷五○山偉傳作李延考，卷一○○序傳作李延孝。按墓誌集釋元纂妃李媛華墓誌圖版一八六言妃有弟名延考，妃即李沖之女，則作「考」是，今據改。

例(4) 愉奔信都，詮與李平、高植等四面攻燒[一]，愉突門而

出。（魏書文成五王安樂王長樂傳，第526頁）

校勘記

〔一〕「植」，原作「殖」，張森楷北史校勘記云：「高肇傳（魏書卷八三下，即以北史卷八〇補）『殖』作『植』。」按傳稱高植以濟州刺史「率州軍討破元愉，別將有功」，顯與此「高殖」爲一人。當時習慣人名地名常通用同音字，此處「殖」爲「植」之訛，今據北史高肇傳改。

二、脱

「脱」又稱「奪」，是指底本文字有闕字漏句，須審慎加以補足，並將補正的情況寫入校勘記。其校勘記的寫法，大抵有以下表述方式。

（一）有版本依據的脱文，須補正後出校，其校勘記的簡要書寫格式是：「某下某字原闕，今據某本補。」

例（1）　徵授左將軍〔一〕，加給事中。（南齊書李安民傳，第506頁）

校勘記

〔一〕「授」字原闕，今據南監本、汲本、殿本、局本補。

例（2）　日者沈攸之擁長蛇於外，粲、秉復爲異議所推〔一〕；唯有京鎮，創爲聖基。（南齊書劉善明傳，第526頁）

校勘記

〔一〕「秉」字下原闕「復爲異」三字，「推」訛「祖」，今據諸本補正。

例（3）　五月己亥，議改律令，上於東明觀折疑獄〔一〕。（魏書高祖紀下，第168頁）

校勘記

〔一〕「上」字原闕，御覽卷一〇三引「於」上有「上」字，今據補。按通鑑卷一三七作「親決疑獄」，指元宏親自斷決，若無「上」字，則不知誰在東明觀折疑獄。

例(4)　謙率群官復立德宗，振自爲都督八州、鎮軍將軍〔一〕、荊州刺史，謙復本職，又加江豫二州刺史。（魏書島夷桓玄傳，第2125頁）

校勘記

〔一〕「鎮軍」二字原作空格，南監本以下諸本作「鎮軍」，晉書卷七四桓彝附桓振傳作「鎮西」。按荊州刺史的軍號，資歷地位較高者例多加「安西」，又進「征西將軍」，荊州亦稱西州，疑當作「鎮西」。或舊本「鎮」字不闕，後人以意補「軍」字，但無他據，今姑從南監本。

(二)無版本依據的脫文，須據他書補正後出校，其校勘記的簡要書寫格式是：「某下某字原闕，按某書作某，今據補。」

例(1)　陛下常日捨財脩福，臣私心顓顓，尚恨其少，豈可今日有見此事〔一〕？（南齊書武十七王竟陵文宣王子良傳，第699頁）

校勘記

〔一〕「有」字原闕，今據冊府卷二八八補。

例(2)　以祐爲諮議參軍，領南平昌太守〔一〕。（南齊書江祐傳，第750頁）

校勘記

〔一〕「平」字原闕，洪頤烜諸史考異云：「案南史作『領南平昌太守』。州郡志南昌，縣名，屬豫章郡，此當從南史作『南平昌』爲正。」今據補。

例(3)　太武皇帝十一男。賀皇后生景穆皇帝。越椒房生晉王伏羅。舒椒房生東平王翰。弗椒房生臨淮王譚。伏椒房生楚王建。閭左昭儀生南安王餘。其小兒、貓兒、真〔一〕、虎頭、龍頭並闕母氏，皆早薨，無傳。（魏書太武五王列傳，第 417 頁）

校勘記

〔一〕「真」字諸本闕，北史卷一六有此字。按卷四下世祖紀下太平真君十一年二月記「皇子真薨」。此傳脫去「真」字，十一男則少一人，今據北史補。

例（4）　懌表諫曰：「（上略）五利僥，終嬰於顯戮〔一〕。」（魏書孝文五王清河王懌傳，第 592 頁）

校勘記

〔一〕「終嬰於顯戮」下有闕文，殿本考證云：「載懌表諫，終於此句，文尚未了，定係殘缺。」通志卷八四下此句下有：「此事可爲至鑒，靈太后深納之。」按有此二句，仍未提出處理辦法，所謂「深納之」者何指？知通志衹是以意補上兩句，並非原文。册府卷二八八「五利僥」作「五利之詐」，又將此句和上「新垣之姦不登與名堂」移在表首，文義稍順，當亦以表文不完，意爲改易，亦非原文。此傳本出北史，北史此下脫文如何，已不可知。檢通典卷一六有如下文字：「孝明帝時，清河王懌以官人失序，上表曰（略）。靈太后詔依表施行而終不能用。」通典所載北魏詔令章奏一般即出魏書，如此文上面所引高祐、韓顯宗兩疏皆見本傳，則上引元懌表也必出魏書本傳原文。北史於詔令章奏多刪去不録，或予節略。此表可能未録，但亦應記其事。今此傳一無所見，疑「五利僥」云云下所脫不止諫優重惠憐表後段，並脫元懌上表論選舉事。

三、衍

「衍」即衍文，是指底本的文字存在不應有的多餘字句。衍文的出現，或因不明文義，或因不明訓詁，或因涉上下文，或因旁注羼入，無論何種情況，均須出校予以説明。其校勘記的寫法，大抵有以下表述方式。

（一）有版本依據的衍文，須刪正後出校，其校勘記的簡要書寫格式是：「某字下原衍某字，今據某本刪。」

例（1）　天子聞之，必走向河北桑乾〔一〕，仍斷河橋，爲河南天子。（南齊書魏虜傳，第 999 頁）

校勘記

〔一〕「北」字下原衍「走」字，今據南監本、局本刪。

例（2）　太初逆〔一〕，使安民領支軍。（南齊書李安民傳，第504 頁）

校勘記

〔一〕「太」字下原衍「祖」字，今據局本刪。按宋劉劭即位，改元太初，史叙劉劭時事，多稱「太初」。如周山圖傳「宋孝武伐太初」，王奐傳殷叡祖元素「坐染太初事誅」，顧歡傳「後太初弑逆」，皆是也。南監本、殿本作「太子劭逆」，乃後人以意改耳。參見江斅傳所引錢大昕廿二史考異説。

例（3）　史臣曰：三五哲王，深防遠慮。舅甥之國，罕執鈞衡；母后之家，無聞傾敗。爰及後世，顛覆繼軌。蓋由進不以禮，故其斃亦速。其間或不泯舊基〔一〕，弗虧先構者，蓋處之以道，遠權之所致也。（魏書外戚傳下，第 1837 頁）

校勘記

〔一〕「其間或不泯舊基」，諸本「泯」上有「斃」字。此傳本出北史，北史傳論又本隋書卷七九外戚傳論，今檢隋書、北史都作「今或不隕舊基」，這裏「今」作「其間」，「隕」作「泯」，均兩通，「斃」字則涉上「其斃亦速」而衍，今刪。

例（4）　穆帝時，幽州刺史王浚以段氏數爲己用〔一〕，深德之，乃表封務目塵爲遼西公，假大單于印綬。（魏書宇文莫槐傳，第2305頁）

校勘記

〔一〕「穆帝」上原衍「晉」字，下原脱「時」字，今據北監本、殿本及北史卷九八刪補。按此穆帝指拓跋猗盧，補此傳者妄加「晉」字，又刪「時」字，遂使死於西晉之王浚忽爲三十餘年後東晉穆帝的幽州刺史。北監本、殿本據北史改是，今從之。

(二)無版本依據的衍文，須據他書刪正後出校，其校勘記的簡要書寫格式是：「某字下原有某字，按某書作某，今據某書刪正。」

例（1）　與同郡顧歡同契，始寧東山開舍授學〔一〕。（南齊書高逸杜京産傳，第942頁）

校勘記

〔一〕「寧」字下原衍「中」字，今據南史刪。

例（2）　觀其飲啄飛沈，使人憐悼〔一〕，況可心心撲褫，加復恣忍吞嚼。（南齊書周顒傳，第733頁）

校勘記

〔一〕「人」字下原衍「物」字，今據册府卷八二一、廣弘明集卷三〇刪。

例（3）　長子顯襲爵，弁伯父世顯無子〔一〕，養弁爲後。（魏書宋弁傳，第1414頁）

校勘記

〔一〕「長子顯襲爵弁伯父世顯無子」，張森楷北史校勘記云：「弁伯父即愔長子，而上云『顯』，下云『世顯』。據下云：『顯卒，弁襲爵。』北史卷二六亦無『顯』字，疑『世』字不當有。」按「弁伯父」三字也是贅文,疑是後人旁注闌入。

例(4)　子潛[一],武定中,齊文襄王中外府中兵參軍。(魏書盧玄傳附盧潛傳,第1062頁)

校勘記

[一]「子潛」,原作「子子潛」,北史卷三〇盧玄傳附盧元明傳但云「子潛」,按盧潛,北齊書卷四二有傳。此處當衍一「子」字,今刪。

四、倒

「倒」即倒文,又稱乙文、倒乙,是指底本的文字存在字詞顛倒的錯誤,須加乙正。乙正後必須出校,其校勘記的寫法,大抵有以下表述方式。

(一)有版本依據的倒文,須乙正後出校,其校勘記的簡要書寫格式是:「某某,原作某某,今據某本乙正。」

例(1)　又永興、諸暨離唐宇之寇擾,公私殘盡,彌復特甚[一]。(南齊書陸慧曉傳附顧憲之傳,第809頁)

校勘記

[一]「彌復特甚」,原作「復特彌甚」,今據南監本、局本及南史、册府卷六八八乙正。

例(2)　王藍田、劉安西並貴重,初自不讓[一],今豈可慕此不讓邪?(南齊書謝朓傳,第826頁)

校勘記

[一]「初自不讓」原作「初不自讓」,今據御覽卷二一六、四一二引及通典職官典、册府卷四六四乙正。

例(3)　時葛榮遣其清河太守李虎據高唐城以招叛民[一],思令乃命麾下並率鄉曲潛軍夜往,出其不意,遂大破之。(魏書路恃

慶傳附路思令傳，第1620頁）

校勘記

〔一〕「季虎據」，原作「據季虎」，今據局本乙正。按册府卷六九四作「李虎據」，知「季」當是「李」之訛，但無他證，今不改。

例（4）　延和二年，衛大將軍、樂安王範爲雍州刺史，詔式與中書侍郎高允俱爲從事中郎〔一〕，辭而獲免。（魏書袁式傳，第880頁）

校勘記

〔一〕諸本「二年」作「三年」，「中郎」作「郎中」。按範爲雍州刺史，見卷四上世祖紀上延和二年正月。「三」字訛，今據改。從事中郎是三公和將軍開府的屬官，卷四八高允傳也説「以本官領衛大將軍樂安王範從事中郎」。「郎中」是倒誤，今乙正。

（二）無版本依據的倒文，須依據他書乙正，其校勘記的簡要書寫格式是：「某某，原作某某，按某書作某某，今據某書乙正。」

例（1）　辛丑，以征虜將軍崔祖思爲青、冀二州刺史〔一〕。（南齊書高帝紀下，第36頁）

校勘記

〔一〕「崔祖思」，原作「崔思祖」，張森楷南齊書校勘記云：「本傳作『崔祖思』，此誤倒。」今據張校乙正。

例（2）　遷太子中庶子，領驍騎，轉長兼侍中〔一〕。（南齊書王奐傳附王績傳，第852頁）

校勘記

〔一〕「長」字下原有「史」字，張森楷南齊書校勘記云「史」字衍文，今據刪。按錢大昕廿二史考異南史王儉傳云：「長兼者，未正授之稱。晉書劉隗傳『太興初，長兼侍中』，孔愉傳『長兼中書令』，是長兼之名，自晉已有之矣。南史添一『史』字，試問儉所授者，何府之長史乎？此傳前後多有『長史』字，當由後人轉寫相涉而誤，非延壽本文也。南齊書本無此字，或轉據南史增益之，不獨昧於官制，亦大非闕疑之旨。」

例（3）　初，杜洛周、鮮于修禮爲寇，瀛冀諸州人多避亂南向。幽州前平北府主簿河間邢杲[一]，擁率部曲，屯據鄭城，以拒洛周、葛榮，垂將三載。（魏書神元平文諸帝子孫傳，第 355 頁）

校勘記

〔一〕「平北」，原作「北平」，通鑑卷一五二作「平北」。按北平郡魏屬平州，不屬幽州，也不得稱府。「平北」乃其時幽州刺史某人所帶的軍號，魏制，五品以上將軍開府置屬，有主簿。今據通鑑乙正。

例（4）　重華，字太林，私署使持節、大都督、太尉公、護羌校尉、涼州牧、西平公[一]、假涼王。（魏書私署涼州牧張寔傳附張重華傳，第 2195 頁）

校勘記

〔一〕「西平」，原作「平西」，晉書卷八六張軌傳作「西平」。按自張軌封西平公後，子孫繼位之初，自稱或受晉封都是「西平公」。這裏「平西」乃誤倒，今乙正。

五、錯簡

「錯簡」又稱舛亂，是指底本文字有顛倒，或單錯，或互錯，或衍漏錯。陳垣校勘學釋例謂「單錯者，本處有闕文，錯簡在他處是也」；「互錯者，本處有缺文，錯簡在他處，他處亦有缺文，錯簡在本處，所謂彼此互錯也」；「衍漏錯者，本處有缺文，而重出他處之文於此，又衍又漏是也」。凡此，皆須改正後出校，其校勘記的寫法，可參照以下諸種格式。

　　(一)有版本或他書依據或明顯違背事理的錯簡，須改正後出校，其校勘記的簡要書寫格式是：「某某，原作某某。某書作某某或依據常理當作某某，今據改。」

　　例(1)　詔答曰：「皇帝敬問使持節、散騎常侍、都督<u>西秦河沙</u>三州諸軍事、車騎大將軍、開府儀同三司、領護<u>羌</u>校尉、<u>西秦河</u>二州刺史、新除驃騎大將軍、<u>河南王</u>：寶命革授，爰集朕躬，猥當大業，祇惕兼懷。聞之增感。<u>王世武</u>至，得元徽五年五月二十一日表，夏中濕熱^{〔一〕}，想比平安。」(<u>南齊書河南傳</u>，第 1026 頁)

　　校勘記

　　〔一〕「聞之增感」原作「夏中增感」，「夏中濕熱」原作「聞之濕熱」，「聞之」與「夏中」四字錯簡，致文義不可解，今改正。

　　例(2)　<u>虜</u>並兵攻<u>司州</u>，詔<u>青徐</u>出軍分其兵勢^{〔一〕}。(<u>南齊書張沖傳</u>，第 853 頁)

　　校勘記

　　〔一〕「<u>虜</u>並兵攻<u>司州</u>，詔<u>青徐</u>出軍分其兵勢」，原作「<u>虜</u>並兵攻<u>司州</u>，除<u>青</u>右出軍分兵勢」，<u>南監本</u>、<u>汲本</u>、<u>殿本</u>、<u>局本</u>作「<u>虜</u>並兵攻<u>司州徐青</u>，詔出軍分其勢」。按「<u>青徐</u>」二字當在「詔」字下。<u>通鑑齊明帝建武</u>二年：「先是，上以<u>義陽</u>危急，詔都督<u>青</u>、<u>冀</u>二州軍事<u>張沖</u>出軍攻<u>魏</u>，以分其勢。」蓋是時<u>魏</u>并兵攻<u>司州</u>，故詔<u>張沖</u>出軍<u>青</u>、<u>徐</u>，以分<u>魏</u>之兵勢也。今據諸本改正。

　　例(3)　時<u>北地</u>諸<u>羌</u>數萬家，恃險作亂，前後牧守不能制，姦暴之徒，並無名實，朝廷患之，以<u>藻</u>爲<u>北地</u>太守。<u>藻</u>推誠佈信，諸<u>羌</u>咸來歸附。<u>藻</u>書其名籍，收其賦稅，朝廷嘉之。<u>雍州</u>人<u>王叔保</u>等三百人表乞<u>藻</u>爲<u>駿</u>奴戍主。詔曰：「選曹已用人，<u>藻</u>有惠政，自宜他叙。」在任八年，遷龍驤將軍、<u>雍城</u>鎮將。先是<u>氐</u>豪<u>徐成</u>、<u>楊黑</u>等驅逐鎮將，故以<u>藻</u>代之。至鎮，擒獲<u>成</u>、<u>黑</u>等，斬之以徇，群<u>氐</u>震慴。<u>太和</u>

中，改鎮爲岐州，以藻爲岐州刺史[一]。（魏書劉藻傳，第1549頁）

校勘記

[一]此段文字原作「時北地諸羌數萬家，恃險作亂，前後牧守不能制，姦暴之徒，並無名實，朝廷患之，以藻爲北地太守。藻推誠佈信，諸羌咸來歸附。藻書其名籍，收其賦稅，朝廷嘉之。遷龍驤將軍、雍城鎮將。先是氐豪徐成、楊黑等驅逐鎮將，故以藻代之。至鎮，擒獲成、黑等，斬之以徇，群氐震懾。雍州人王叔保等三百人表乞藻爲駮奴戍主。詔曰：『選曹已用人，藻有惠政，自宜他叙。』在任八年，遷離城鎮將」。按下文云「太和中，改鎮爲岐州」。查卷一〇六下地形志下岐州條注云：「治雍城鎮。」自漢以來，即置雍縣，地由雍水得名，則無所謂「離城」。這裏「離」字顯爲「雍」字之訛。但上文已稱他「遷龍驤將軍、雍城鎮將」，所謂「在任八年」，即指在雍城鎮將之任，怎麼能以雍城鎮將遷雍城鎮將呢？而且疑問尚不止鎮名之異。上文於劉藻遷雍城鎮將後，説「雍州人王叔保等三百人表乞藻爲駮奴戍主。詔曰：『選曹已用人，藻有惠政，自宜他叙。』」戍主品級比鎮將低，王叔保等是表示對他好感纔乞求任他爲戍主的，怎麼會要他降級調任呢？細觀此段，實是文字錯簡，又有衍文。上文「遷龍驤將軍、雍城鎮將」至「群氐震懾」四十二字，當在「在任八年」下。這裏「遷離城鎮將」五字則是衍文。今乙正叙事順序，並刪去衍文。

例(4)　江悦之等推道遷爲持節、冠軍將軍、梁秦二州刺史。道遷表曰：「臣聞知機其神，趨利如響，臣雖不武，敢忘機利。（中略）集朗兄弟並議留臣權相綏奬[一]，須得撲滅珣等，便即首路。伏願聖慈特垂鑒照。謹遣兼長史臣張天亮奉表略聞。」（魏書夏侯道遷傳，第1581頁）

校勘記

〔一〕「並議」下錯簡，羼入下文「曰臣往日歸誠」至「初，道遷以拔漢中歸誠」共三百二十三字，乃接「留臣權相攝獎」以下文字，顛倒錯亂不可通。北監本也在「並議」下錯入「曰臣往日歸誠」至「灰隕匪報但」十九字，始接「留臣權相綏獎」，似乎勉強可通，故殿、局二本都從北監本。今按冊府卷四一七，北監本錯入的十九字實非表中語，乃在下文「免冠徒跣謝」下，「比在壽春」句上。由於錯簡，「謝曰」的「曰」字錯到上文去了，故北監本又於「謝」下增一「曰」字。今據冊府乙正北監本、殿本、局本十九字的錯簡，並刪所增「曰」字。

（二）無版本或他書直接依據或在事在疑似之間的錯簡，一般不改底本文字，衹在校勘記中說明正確意見或所疑之處。

例（1）　三月乙卯，以南中郎司馬劉楷爲司州刺史。辛丑，以太子左衛率劉纘爲廣州刺史〔一〕。（南齊書武帝紀，第59頁）

校勘記

〔一〕「三月乙卯以南中郎司馬劉楷爲司州刺史辛丑以太子左衛率劉纘爲廣州刺史」，按長曆，是年三月癸卯朔，九日辛丑，二十三日乙卯，此叙辛丑事反在乙卯後，定有誤。

例（2）　明帝曰：「學士不堪治國，唯大讀書耳。一劉係宗足持如此輩五百人〔一〕。」（南齊書倖臣劉係宗傳，第976頁）

校勘記

〔一〕「一劉係宗足持如此輩五百人」，此句文有訛脫。南監本作「一劉係宗足恃，如此輩數人，於事何用」，南史作「一劉係宗足矣，沈約、王融數百人，於事何用」。「持」當依南監本改「恃」，「五百人」當依南史作「數百人」，「五百人」下當依南監本、南史補「於事何用」四字，文義乃順。

例（3）　從征新野，除騎都尉。又從駕壽春，敕纂緣淮慰勞。豫州刺史田益宗率戶歸國〔一〕，使纂詣廣陵安慰初附，賑給田廩。

（魏書良吏杜纂傳，第 1905 頁）

校勘記

〔一〕「從征新野」至「率戶歸國」，按益宗歸魏事在太和十七年四月，上文元宏攻新野，在二十一年，所云「從駕壽春」，又在十九年二月。均見卷七下高祖紀下。此傳叙次先後顛倒，下文又重出「從征新野」。疑有錯簡及衍脱。

例（4）　依禮，春廢犆礿，於嘗於蒸則祫，不於三時皆行禘祫之禮〔一〕。（魏書禮志一，第 2742 頁）

校勘記

〔一〕此段文字册府卷五八〇作「依禮：春廢礿，犆礿，於禘則禘祫，嘗則禘嘗，於烝則祫烝，不廢三時，三時皆行禘祫之禮」。通典卷五〇袷禘下載此議作「依禮，春廢特礿，於嘗於烝則祫嘗祫烝，不於三時經行禘祫之禮」。按禮記王制：「天子犆礿、祫禘、祫嘗、祫烝。」鄭注：「犆猶一也，祫合也。（中略）凡祫之歲，春一礿而已，不祫，以物無成者，不殷祭。」則四時之祭，唯春不祫，其餘三時之祭，禘、嘗、烝都祫。這裏文有訛脱，「廢」下當從册府有「礿」字，即鄭注「春一礿而已，不祫」之意。下文祇説嘗、烝，不及夏祭之禘，則四時缺一，也當從册府有「於禘則祫禘（册府倒作禘祫）」一句。最後一句「不於三時皆行禘祫之禮」，和王制本文不合，「不於」二字乃「不廢三時」之訛脱。前云「廢」，後云「不廢」，前後相應。疑原文當作「依禮，春廢礿，犆礿，於禘則祫禘，於嘗於蒸則祫嘗祫烝，不廢三時，三時皆行禘祫之禮」。

六、兩通

別本或他書的異文，凡與底本義可兩通者，底本文字一律不改，但須將異文寫入校勘記；凡屬底本不誤而他本有誤者，則其異文一概不出校勘記。異文出校亦有種種不同情況，其校勘記寫法，大抵有以下表述方式。

（一）義可兩通，且有版本依據者，可逐列異文，亦可略加辨析，其校勘記的簡要書寫格式是：「某，某本作某。」

例（1）　及蒼梧王立，更有窺窬之望，密與左右閹人於後堂習馳馬，招聚亡命〔一〕。（南齊書高祖紀上，第 7 頁）

校勘記

〔一〕「亡命」，南監本、汲本、殿本、局本作「士衆」。

例（2）　冬十月戊子，以河南王世子吐谷渾度易侯爲西秦河二州刺史〔一〕、河南王。（南齊書高帝紀下，第 37 頁）

校勘記

〔一〕「度易侯」，殿本作「易度侯」。按南監本、汲本、局本及南史齊紀、通鑑作「度易侯」，河南傳作「易度侯」。

例（3）　尚書述奏〔一〕，仍詔委芳別更考制，於是學者彌歸宗焉。（魏書劉芳傳，第 1225 頁）

校勘記

〔一〕北史卷四二、册府卷五八〇「述奏」上有「依事」二字。按册府採魏書而與北史同，疑此脱二字，但無二字亦通，今不補。

例（4）　時有急速，命數友執筆〔一〕。（魏書恩倖徐紇傳，第 2008 頁）

校勘記

〔一〕「友」，南監本、北監本、殿本、局本及北史卷九二徐紇傳作「吏」。按作「吏」似是，但下舉黃門侍郎王遵業、王誦亦爲紇秉筆，不得稱「吏」，今不改。

（二）義可兩通，而無直接版本依據，須以他書爲參證者，其校勘記的簡要書寫格式是：「某，他書作某，亦通，今不改。」

例(1)　出西弄[一]，殺之，年二十二。（南齊書鬱林王紀，第 74 頁）

校勘記

[一]「弄」，局本作「衖」。按「弄」「衖」音義並同。通鑑胡注云：「此延德殿之西弄也。」

例(2)　世祖與諶相遇於宋明之世，欲委任，爲輔國將軍[一]、晉安王南中郎長史、淮南太守。（南齊書王諶傳，第 617 頁）

校勘記

[一]「欲」，册府卷二一一作「故」，義較長。

例(3)　鄒山小戍，雖有微險，河畔之民，多是新附，始慕政化，姦盜未息，示使崔邪利撫之而已[一]。（魏書李孝伯傳，第 1171 頁）

校勘記

[一]「示使崔邪利撫之而已」，册府卷六六〇、宋書卷五九張暢傳「示」作「亦」，較長。作「示」亦通，今不改。

例(4)　景明三年閏四月，詔曰：蕭寶夤深識機運，歸誠有道，冒險履屯，投命絳闕，微子、陳韓亦曷以過也[一]。（魏書蕭寶夤傳，第 1314 頁）

校勘記

[一]「陳韓」，李慈銘云：「『陳韓』本作『陳完』，以南宋避欽宗嫌名，於『陳』下注一『諱』字，遂誤爲『韓』。」按陳公子完奔齊，見左傳莊二十三年，李說疑是。但卷七九成淹傳亦有「欲追縱陳韓」語，似指陳平、韓信背楚歸漢，今不改。

七、存疑

「存疑」主要是指通過本校或理校而發現的問題，在不能簡單判定爲訛、脱、衍、倒和錯簡，又無法直接作爲兩通異文臚列時,則有必要略作提示性考證,説明問題所在,以俟繼續研究。此種帶有提示性考證内容的校勘記的書寫,大抵可依循以下表述方式。

(一)提示性考證在諸種意見中有明顯的傾向性,其校勘記的簡要書寫格式是:「某,某傳引作某,按某書亦作某,疑是。」

例(1)　庾昕學右軍[一],亦欲亂真矣。(南齊書王僧虔傳,第598頁)

校勘記

〔一〕「庾昕」,法書要録作「康昕」。又要録引羊欣所撰古來能書人名,亦云「胡人康昕,工隸草」。按自漢以來,康居人之留居中國者,皆以康爲氏。既云「胡人康昕」,疑作「康」是。

例(2)　丙子[一],皇太子長懋薨。(南齊書武帝紀,第60頁)

校勘記

〔一〕「丙子」,南史齊紀作「乙亥」,通鑑從齊書。按長曆,是年正月壬子朔,二十四日乙亥,二十五日丙子。鬱林王追尊長懋爲文帝,廟號世宗。禮志下有「有司以世宗文皇帝今二年正月二十四日再忌日」語,則以作「乙亥」爲是。

例(3)　又詔允與侍郎公孫質、李虛[一]、胡方回共定律令。(魏書高允傳,第1069頁)

校勘記

〔一〕「虛」,北史卷三一作「靈」。按北史卷四九李靈傳不載此事;卷五二胡方回傳、卷五四遊雅傳、卷一一一刑罰志都不載李靈或李虛參加這次律令的修訂。但李靈這時是中書侍郎,同時未見有侍郎「李虛」其人,疑「虛」是「靈」之訛。

例(4)　時賊帥薛脩禮[一]、杜洛周殘掠州境。(魏書楊播傳附楊津傳,第1298頁)

校勘記

〔一〕「薛」,北史卷四一楊播傳附楊津傳作「鮮于」。按「薛脩禮」祇此一見,此傳前文和魏書他處記載都祇作「鮮于脩禮」,當時攻圍定州的也祇有鮮于脩禮和杜洛周兩支義軍。雖可能「薛」是「鮮于」所改的漢姓,但別無佐證,且亦不應前後歧異,疑「薛」字誤。

(二)校記中雖有考證,並無明確傾向性,其校勘記的簡要書寫格式是:「某,某本作某,未知誰是。」或:「某,某書作某,按某某雖異,並皆有據。」

例(1)　闓生吳郡太守永〔一〕,永生中山相苞。(南齊書高祖紀,第1頁)

校勘記

〔一〕「永」,梁書武帝紀作「冰」,新唐書宰相世系表同,未知孰是。

例(2)　丁亥,以驃騎中兵參軍董仲舒爲寧州刺史〔一〕。(南齊書武帝紀,第50頁)

校勘記

〔一〕州郡志:「寧州益寧郡,永明五年刺史董仲舒啟置。」南史齊魚復侯子響傳:「直閤將軍董蠻,粗有氣力,上曰:『人名蠻,復何容得蘊藉。』乃改名爲仲舒。謂曰:『今日仲舒,何如昔日仲舒?』答曰:『昔日仲舒,出自私庭,今日仲舒,降自天帝,以此言之,勝昔遠矣。』」又魏書田益宗傳後有董巒附傳,云:「巒字仲舒,營陽人。」董巒即董蠻也。則作「仲舒」不誤。然崔慧景傳又有前寧州刺史董仲民,豈仲舒後又改名邪? 而樂志永明六年,上遣主書董仲民案視云云,則又似爲二人。

例(3)　以憂去任,服闋,還爲朝請〔一〕。(魏書溫子昇傳,第1875頁)

校勘記

〔一〕「朝請」，通志卷一七六溫子昇傳「朝請」上有「奉」字。疑當有此字，但也可能是簡稱，今不補。

例(4)　駿至南洲，頓漂洲〔一〕，令柳元景等擊劭，劭衆崩潰，奔走還宮。（魏書劉裕傳，第 2142 頁）

校勘記

〔一〕「漂」，宋書卷六孝武帝紀作「溧」。按晉書卷八四劉牢之傳「率北府文武屯洌洲」。通鑑卷一一二「洌」作「溧」，胡注：「『洌』『溧』聲相近，故又爲溧洲。張舜民曰『過三山十餘里至溧洲』。」則這裏「漂」字當是「溧」之訛。但胡注又以「桓沖發建康，謝安送至溧洲」爲證，今檢晉書卷七四桓彝傳附桓沖傳却作「漂洲」。知此字晉書亦有異文，今不改。

八、避諱

陳垣史諱舉例説：「避諱爲中國特有之風俗，其俗起於周，成於秦，盛於唐宋，其歷史垂二千年。其流弊足以淆亂古文書，然反而利用之，則可以解釋古文書之疑滯，辨別古文書之真僞及時代，讀者便焉。」對於避諱在校勘中的應用，亦當如陳書所言，集中於「避諱改史實」、「因避諱而生之訛異」兩方面。凡陳書所舉二十一例（「避諱改前人姓」；「避諱改前人名」；「避諱改前人諡」；「避諱改前代官名」；「避諱改前代地名」；「避諱改前代書名」；「避諱改前朝年號」；「因避諱改字而致誤」；「因避諱缺筆而致誤」；「因避諱改字而原義不明」；「因避諱空字注家誤作他人」；「因避諱空字後人連寫遂脱一字」；「諱字旁注本字因而連入正文」；「因避諱一人二史異名」；「因避諱一人一史前後異名」；「因避諱一人數名」；「因避諱二人誤爲一人或一人誤爲二人」；「因避諱一地誤爲二地或二地誤爲一地」;「因避諱一書誤爲二書」;「避諱改前代官名而遺却本名」;「避諱改前代地名而遺却本名」),原則上皆應逐一出校,至於改正與否,則大抵按下述兩種情況分別處理。

(一)史書撰著過程中出現的當世或前朝諱字,除缺筆者外,一律不作回改。缺筆者補爲正字,其他避諱情況則在校勘記中予以説明。

例(1)　從帝〔一〕,桂陽王休範子也。(南齊書劉休傳,第612頁)

校勘記

〔一〕「從帝」,即順帝,子顯避梁諱改。南監本、殿本已改爲順帝。

例(2)　輔國將軍驍騎將軍蕭順之〔一〕、新除寧朔將軍遊擊將軍下邳縣開國子垣崇祖等,舳艫二萬,駱驛繼邁。(南齊書柳世隆傳,第449頁)

校勘記

〔一〕「順之」二字原作「諱」,汲本注「鸞」字,殿本依北監本改爲「鸞」。錢大昕廿二史考異云:「今以宋書沈攸之傳考之,乃蕭順之,非齊明帝也。」今據改。

例(3)　乙亥,衍將蕭容陷梁城〔一〕。(魏書世宗紀,第202頁)

校勘記

〔一〕「容」,卷六五邢巒傳、卷九八蕭衍傳作「密」。按梁書卷二武帝紀稱,天監五年五月乙亥,「臨川王宏前軍克梁城」,「容」或「密」當是避元宏諱改。

例(4)　天光等敗於韓陵,彦伯欲領兵屯河橋以爲聲勢,世隆不從。及張勸等掩襲世隆〔一〕,彦伯時在禁直從。(魏書尒朱彦伯傳,第1665頁)

校勘記

〔一〕「張勸」，北史卷六齊紀神武紀、卷四九斛斯椿傳，北齊書卷一神武紀，通鑑卷一五五並作「張歡」。按「張歡」又見北史卷一四后妃傳下周文皇后元氏傳，其人即北齊書卷二〇、北史卷五三張瓊傳所記「瓊子忻」。錢氏考異卷四〇云：「齊史避諱，改『歡』爲『忻』。」此傳和下世隆傳的「張勸」，當亦魏收避齊諱改，本名實是「歡」。

(二)凡屬後人傳刻過程中因避諱而變更原文者，無論缺筆或改字，一律予以回改。其改正情況亦須在校勘記中加以説明。

例(1)　上笑曰：「吾有愧文叔，知公爲朱祜久矣〔一〕。」(南齊書褚淵傳，第 429 頁)

校勘記

〔一〕「祜」原作「祐」，今據局本改。按今本後漢書朱祐傳章懷注：「東觀記『祐』作『福』，避安帝諱。」劉攽刊誤云：「案注引東觀記安帝諱，則此人當名祜。」

例(2)　內外禁衛勞舊主帥左右，悉付蕭諶優量驅使之〔一〕，勿負吾遺意也。(南齊書武帝紀，第 62 頁)

校勘記

〔一〕「蕭諶」之「諶」字原作「諱」，蓋謂明帝蕭鸞諱也。然南監本、殿本及南史齊紀並作「蕭諶」，時蕭諶領殿內事，故遺詔及之。今據改。

例(3)　仲宣弟叔虎〔一〕，武定初，司徒諮議參軍。(魏書盧玄傳附盧叔虎傳，第 1063 頁)

校勘記

〔一〕「虎」，原作「虔」，北史卷三〇作「彪」，按北齊書卷四二有盧叔武傳，即此人。本當作「虎」字，「彪」、「武」皆唐人避諱改。若本作「虔」，作「彪」作「武」便沒有理由。知「虔」爲「虎」之形訛，今改正。

例（4）　真君五年，與東雍州刺史沮渠秉謀逆〔一〕，事發，奔於劉義隆。（魏書薛安都傳，第 1353 頁）

校勘記

〔一〕「秉」，原作「康」。按卷四下世祖紀下太平真君五年七月和卷九九沮渠蒙孫傳都作「沮渠秉」。北史卷三九薛安都傳作「康」，卷九三北涼沮渠氏傳作「季義」。其人本名「秉」，字「季義」，北史避唐諱，改「秉」爲「康」，或稱其字。魏書本皆作「秉」，這裏當是後人據北史改，今回改。

九、不校

此所謂「不校」，並非不作校勘，而是説校勘所得的異文，有些不必寫入校勘記。這類不必寫入校勘記的異文，大抵有以下四種情況。

（一）底本不誤，他本有誤者，原則上不出校。但他本誤字影響深遠者，亦可在校勘記中作簡略辨析。

例（1）　玩之上表陳府庫錢帛，器械役力，所懸轉多〔一〕，興用漸廣，慮不支歲月。（南齊書虞玩之傳，第 607 頁）

校勘記

〔一〕「所懸」，南監本、殿本及南史並作「州郡」，訛。按所懸轉多謂所懸欠轉多也，册府卷四六七亦作「所懸」。

例（2）　穎胄弟穎孚在京師，廬陵人脩靈祐竊將南上〔一〕，於西昌縣山中聚兵二千人，襲郡。（南齊書蕭赤斧傳，第 672 頁）

校勘記

〔一〕「靈祐」，殿本考證云：「『靈祐』，南史作『景智』。」按張森楷南齊書校勘記云：「按梁書蕭穎達傳作循景智及宗人靈祐，則靈祐、景智是二人，館臣合以爲一，誤矣。『循』『脩』古寫形極相似。」

（二）顯著的版刻錯字，如「巳」、「已」、「己」三字，往往統寫作「巳」，衹須隨文改正即可，他如「焰」作「熖」、「袛」作「袛」、「癉寐」作「癉寐」之類，皆可逕改不出校。

（三）古今字如「柒」—「乘」、「華」—「花」、「内」—「納」之類，異體字如「歡」—「懽」（驩、讙）、「愆」—「僭」、「搗」—「擣」之類，俗體字如「面」—「靣」、「覓」—「覔」、「總」—「總」之類，可不校不改。至於因爲新舊筆形不同而形成的異體字，如「冤」—「冤」、「嘗」—「嘗」、「鼺」—「鼺」之類，可逕改不出校。

例（1）　輿車，形如輻車，柒畫〔一〕，金校飾，錦衣。（南齊書輿服志，第338頁）

原有校勘記作：〔一〕「柒」，殿本、局本作「漆」。按「柒」乃「漆」之或字。

例（2）　尋母又亡，家貧無以營凶，兄弟共種苽半畝〔一〕，朝採苽子，暮已復生，以此遂辦喪事。（南齊書孝義韓靈敏傳，第958頁）

原有校勘記作：〔一〕「苽」，南監本、殿本、局本及南史並作「瓜」。按「瓜」之作「苽」，猶「園」之作「薗」，唐代官文書尚如此。

以上二例，均可不校不改。

（四）無關緊要的虛字出入，如之、乎、者、也、兮之類，如非詩賦修辭用語，一般不必出校。

十、校勘記的位置

古籍中的校勘記，往往與注釋合一，於當字之下隨文書寫。而按照現今通行的古籍整理通例，則不但校勘記及注釋與正文分開，而且校記與注釋亦各爲起訖，依次另行書寫。在正文當校當注處，分別使用六角括號與圓括號標注順序編碼，如注碼用（一）

（二）（三），校碼用〔一〕〔二〕〔三〕。

　　點校本「二十四史」及清史稿，晉書以下皆有校無注，校勘記悉置於各卷之末，體例大略相同。惟「前四史」以出版在先，體例不一，有的有校，有的無校，有的校記在一卷之末（如漢書），有的校勘記在全書之末（如三國志）。「前四史」的注釋雖已與正文分開另起，但正文中所標注碼殊欠規範，要麼標在句中未斷句處，要麼標在當句標點符號之下。有鑒於此，對修訂本校勘記與注釋的標注，特作如下規定：（1）校勘記每條另行，按卷自爲起訖，一律置於各卷之末；（2）校碼與注釋的編碼一律標在當句標點符號之上（標點符號不論頓號、逗號、句號或其他符號），先注碼後校碼，亦即先（一）後〔一〕。

　　　　（原載《點校本"二十四史"及〈清史稿〉修訂工程簡報》

　　　　　　第 9 期,2007 年 8 月 1 日）

校勘記撰寫細則補充舉例

點校本「二十四史」及清史稿修訂工程開始之初，已擬有校勘記撰寫細則舉例，作爲修訂工程的通用體例。在此後的實施過程中，發現有些事關全局的問題，在細則中尚未提及，茲根據各史修訂樣稿的實際例證，擇要補充舉例如下：

一、採用原校記的注意事項

這個問題在細則舉例的引言中已曾有過明確説明：「我們認爲有兩條原則必須堅持：(1)對所發現的問題，如果原有校勘記已經作出準確而符合規範的表述，則修訂本不妨照録原文；(2)如果原校勘記的引證與按斷無誤，而表述不够規範，則修訂本亦有必要重新撰寫校勘記，但原校勘記中所徵引的重要資料（如書證、按語等）應予以採納。」現在各史的修訂樣稿，對原校勘記均極爲尊重，最大限度予以保留。此做法本屬此次修訂應有之義，問題在於採用原校記尚嫌拘泥，内中瑕瑜互見，未能完全符合此次修訂總則的規定。今就其主要問題，提出以下注意事項：

（一）校勘記引據書證，若屬於通常可見資料，而非前人獨家見解，應直接採用第一手史料，毋須再作轉引。

例(1)　後漢書光武帝紀：「乃遣吴漢率耿弇、陳俊、馬武等十二將軍追戰於潞東。」原校勘記作：

> 乃遣吳漢率耿弇陳俊馬武等十二將軍追戰於潞東　按：「十二」當作「十四」。集解引惠棟説，謂耿弇傳光武遣弇與吳漢、景丹、蓋延、朱佑、邳彤、耿純、劉植、岑彭、祭遵、堅鐔、王霸、陳俊、馬武十三將軍，並弇爲十四也。

此校有必要，且結論正確，但先引集解，次引「惠棟説」，然後才是耿弇傳，相隔數層，未能直接中的。不如逕引本書耿弇傳，改正後出校，更顯直截了當。此校可改作：

> 乃遣吳漢率耿弇陳俊馬武等十四將軍追戰於潞東　「十四」，原作「十二」，按本書卷一九耿弇傳：「光武還薊，復遣弇與吳漢、景丹、蓋延、朱佑、邳彤、耿純、劉植、岑彭、祭遵、堅鐔、王霸、陳俊、馬武十三將軍追賊至潞東。」今據改。

（二）校勘記引據書證，應詳細標注出處，包括書名、卷數、篇名。

例（2）　三國志武帝紀：「鮮卑、丁零，重譯而至，（單于）箄于、白屋，請吏率職，此又君之功也。」原校勘記作：

> 箄于　據文選三五李善注改。

此校引文選既無篇名，更不知李善注在何句之下，讓人無從判斷李善注與此處史文究竟有何種關聯。凡引總集、類書，如文選、藝文類聚、太平御覽、文苑英華之類，不僅要注出卷數，而且要注出篇名。此校宜改作：

> 箄于　原作「單于」，按文選卷三五潘元茂冊魏公九錫文：「鮮卑、丁令，重譯而至，箄于、白屋，請吏帥職，此又君之功也。」李善注：「張茂先博物志曰：『北方五狄，一曰匈奴，二曰穢貊，三曰密吉，四曰箄於，五曰白屋。』然白屋今之袜羯也，箄於今之契丹也。本並以『箄於』爲『單于』，疑字誤也。」今

據改。

原點校本如魏書、周書等，引冊府元龜、資治通鑑，有附注該書頁碼者，今如無特別需要提醒之處，可概加刪芟。

(三)校勘記引據書證，凡正史以外各書，如會要、長編、通典、通鑑之類，不止應注明書名和卷數，在需要與史文作互證時，還應摘引相關佐證文字。

例(3)　後漢書光武帝紀：「光武與營部俱進。」原校勘記作：

光武與營部俱進　按：張文虎舒藝室隨筆謂「營部」不辭，通典一五八引「營部」上有「諸」字，通鑑同。「諸」字不可少。

此校記寫法明顯與此次修訂體例不合：第一，本來可以直接用通典、通鑑解決問題，却反而去依賴張文虎校云云。第二，通典、通鑑皆非正史，如不引録相關文字，並不能反映證據何在。第三，既稱「『諸』字不可少」，是非已有明斷，則校記便不宜作兩可表述，而應該補字後出校。按照此次修訂的要求，此條校記可改作：

光武與諸營部俱進　「諸營部」，「諸」字原闕，按通典卷一五八兵一一作「光武遂與諸營部俱進」，又通鑑卷三九漢紀三一作「秀與諸營俱進」，今據補。

二、引用書證的先後順序

古籍校勘的基本原則，是有疑必校，但這並不意味着所出校記多多益善。譬如版本的對校，不要求將所校諸本一一臚列，凡同一版本系統的後出版本，如無異文，則不必寫入校記。對參校版本應嚴格簡選，即便如此，校記中引用的書證依然會有很多。因爲某一問題的校勘，往往需要同時運用幾種不同的校勘方法。通常把校勘方法歸納爲對校(版本校)、本校(本書內部互校)、他校(參校其他史籍)和理校(無版本依據的推理考證)。除理校外，其他三種校勘依據皆可能在一條校記中同時出現，何者居先，何者爲後，應當有一個大致相近的編排順序。茲舉例説明如下：

(一)僅有對校依據時，應以版本成書年代先後爲序。

例(4)　晉書職官：「太尉雖不加兵者，吏屬皆絳服。」修訂樣稿校勘記：

　　　吏屬皆絳服　「絳」，原作「降」，今據汲本、殿本、局本改。

(二)既有對校依據，又有本校依據時，應以對校爲先，本校居後。

例(5)　遼史太宗本紀下：「遂詔以明王隈恩代於越信恩爲西南路招討使以討之。」修訂樣稿校勘記：

　　　明王隈恩代於越信恩爲西南路招討使　「隈恩」，原作「隈思」，今據明抄本、南監本、北監本、殿本改。按明王隈恩即安端，本書卷六四皇子表稱其字隈隱。

例(6)　遼史太宗本紀下：「戊子，晉將折從阮陷勝州。」樣稿校勘記：

　　　晉將折從阮陷勝州　「勝州」，諸本皆作「滕州」，今據本書卷四一地理志五、舊五代史卷八三少帝紀三開運二年二月戊子及通鑑卷二八後晉紀五開運二年正月戊申改。又「折從阮」，新五代史卷五〇折從阮傳：「初名從遠，避漢高祖諱，改爲阮。」

(三)既有本校，又有他校依據時，應以本校爲先，他校居後。

例(7)　明史徐階傳：「趙錦、王宗茂劾嵩，階又議薄其罰。」修訂樣稿校勘記：

　　　趙錦王宗茂劾嵩　「趙錦」，原作「趙景」，今據本書卷二一〇鄒應龍傳、萬斯同明史卷三〇二徐階傳、王鴻緒明史稿傳七一徐階傳、王世貞弇州續稿卷一三六改。

(四)同屬他校依據時,應以同類性質的依據爲先,非其同類者居後。

例(8)　明史河渠志六:「縣有長溪,源出山麓,流抵海口,周袤互潮郡。」修訂樣稿校勘記:

> 周袤互潮郡　「互」字原闕,按萬斯同明史卷九三作「周袤互潮郡」,明英宗實錄卷一三四正統十年十月丙辰條作「其長互潮州府地」,今據改。

按英宗實錄的成書雖早於萬氏明史,但萬書更接近於今所校明史,故當置於實錄前。

(五)理校所引用的各種依據,大抵以史料出現先後爲序。

例(9)　宋史職官志四:「十三年,詔復每歲曝書會。是冬,新省成,少監遊操援政和故事,乞置提舉官,遂以授禮部侍郎秦熺,令掌求遺書,仍鑄印以賜。」修訂樣稿校勘記:

> 是冬新省成　「是冬」承上謂十三年,誤。按宋會要職官一八之二七,紹興十三年「十二月十二日,詔兩浙轉運司建秘書省」,南宋館閣錄卷二「紹興十三年十二月,詔兩浙轉運司建秘書省。十四年六月二十一日,遷新省」,繫年要錄卷一五二紹興十四年七月「壬戌,(中略)時新省成,少監游操援宣、政故事,請置提舉官」,則新省當建成於十四年,而非十三年冬。

三、幾項具體問題的處理辦法

此次修訂中,還有一些普遍存在問題,諸如校改干支紀日、引文節略標示等,在具體處置時,其體例上亦須有所統一。今擇要舉例如下:

(一)校改干支紀日

史文中的干支紀日,多有與所繫年月抵牾之處。雖然原則上應予校改,但以事出多端,實據難求,此次修訂中不宜過多糾纏。如作校改,尤須慎之又慎。有以下兩種情況,可考慮出校:

例(10)　宋史太祖紀:「六月癸酉,有星赤色出心。辛巳,拔澤州,筠赴火死。」修訂樣稿校勘記:

> 辛巳　原作「辛未」,按是年六月乙巳朔,上條爲癸酉,下條爲甲申,其間當是辛巳,又長編卷一、宋會要兵七之一、東都事略卷二本紀二並繫此事於辛巳下,今據改。

例(11)　宋史太祖紀:「十二月壬申,回鶻可汗景瓊遣使來獻方物。」修訂樣稿校勘記:

> 壬申　長編卷二、山堂考索後集卷六四並作「壬辰」。按是月庚寅朔,本月無壬申日,疑當作「壬辰」。

此二例中,有改有不改。前例既有本書自證,又有他書旁證,故改後出校。而後例祇有他書旁證,紀日或有他種可能,故校而不改。總體而言,校而不改最爲穩妥,改字出校者應屬少數。

(二)引文節略標示

此前標點分段辦法舉例中已説到:「舉例中不含破折號(——)和省略號(……),這樣做既是爲與原點校本保持一致,也是因爲凡擬使用這兩種符號的地方,皆可用他種辦法代替。」省略號的替代辦法,今取括注「略」(上略、中略、下略)的形式。

例(12)　宋史太祖紀:「閏月己巳,幸玉津園,謂侍臣曰:『沉湎非令儀,朕宴偶醉,恒悔之。』」修訂樣稿校勘記:

> 閏月己巳幸玉津園謂侍臣曰　「謂侍臣曰」云云,長編繫此事於建隆二年閏三月甲子朔條下,並注云:「本紀及舊録皆於閏月甲子載其事,(中略)而新録乃於己巳始載之,恐

誤也。」

例(13)　宋史職官四:「玉牒所淳化六年,始設局置官,詔以
皇宋玉牒爲名,建玉牒殿。」修訂樣稿校勘記:

　　　淳化六年始設局置官詔以皇宋玉牒爲名建玉牒殿　「淳
　　化六年」,當是「至道元年」之誤。淳化止於五年。又「詔以皇
　　宋玉牒爲名」及「建玉牒殿」事,時間亦未確。按宋會要職官
　　二〇之五五:「至道初詔:刑部郎中張洎卒,止周翰領其事。
　　真宗咸平初,詔於宗正寺建屬籍樓,又詔督修玉牒。(中略)
　　大中祥符六年正月,(中略)詔以皇宋玉牒爲名。(中略)八
　　年,詔建玉牒殿屬籍堂於新寺。」長編卷八〇大中祥符六年正
　　月:「辛酉,詔宗正寺以皇屬籍爲皇宋玉牒。」可知至道前已設
　　官領修皇屬籍事,而以皇宋玉牒爲名在大中祥符六年,建玉
　　牒殿則在祥符八年。

(三)校勘提示語的規範

原點校本校勘記的起首提示語,或摘引一整句,或只引相關
字詞,雖不盡統一,但各得其宜,不傷大旨。此次修訂,大原則可
以不作變更,惟涉及到人名、地名、職官之類專名時,其提示語應
保持其完整性。

例(14)　宋史太祖本紀:「漢乾祐中,討王景崇於鳳翔,會蜀
兵來援,戰于陳倉。」樣稿校勘記:

　　　討王景崇於鳳翔　「王景崇」,原作「王崇」,今據本書卷
　　二四九王溥傳、新五代史卷五三王景崇傳、東都事略卷一補。

例(15)　遼史地理志一:「又有高淀山、柳林淀,亦曰白馬
淀。」修訂樣稿校勘記:

　　　柳林淀亦曰白馬淀　「白馬淀」,原作「馬淀」,今據本書
　　卷一八興宗紀重熙七年十月丙寅及卷三二營衛志中補。

　　例(16)　明史穆宗本紀：「乙丑,尚寶司丞鄭履淳以言事廷杖下獄。」修訂樣稿校勘記：

　　　　尚寶司丞鄭履淳以言事廷杖下獄　「尚寶司」,原作「尚
　　　　寶寺」,按本書卷七四職官志三有「尚寶司」,設司丞三人,又
　　　　萬斯同明史卷一八穆宗紀、王鴻緒明史稿卷本紀一五穆宗、
　　　　乾隆四十二年補纂明史本紀、明穆宗實錄卷四〇隆慶三年十
　　　　二月乙丑條皆作「尚寶司」,今據改。

以上三例,皆不宜以單字「景」、「白」、「司」出校。

　　　　(原載《點校本"二十四史"及〈清史稿〉修訂工程簡報》

　　　　　　　　　　第 32 期,2009 年 6 月 25 日)

專名綫、書名綫使用細則舉例

在古籍的全式標點中，專名綫(＿＿)、書名綫(﹏﹏)的使用最爲繁複，與此相關的詳細體例，此前尚未見有成文的規定。此次「二十四史」及清史稿修訂工程開始之初，在總則體例彙編之標點分段辦法舉例中，對專名綫和書名綫的使用曾有過概要的説明，但以其不屬於該文件的重點所在，故語焉未詳，諸多情況猶未提及，如何正確使用，仍然存在許多疑問。爲進一步完善此次修訂的體例細節，也爲今後使用全式標點整理古籍，提供有例可循、便於操作的各項基本原則，兹就人名、地名、朝代名、官名、民族名、天文名、書名七大類別，條分縷析，逐項作出簡要説明，各項之下再舉數例作爲具體書證，以備參考。

(壹)人　名(本名、字號、別稱、謚號)

一、人名之姓氏，如「項氏」、「項籍」、「羽」、「乞伏益州」、「鐵弗」、「因阤扮李帝婆羅」之類，無論全稱或簡稱，皆標專名綫。例如：

> 項籍者，下相人也，字羽。初起時，年二十四。其季父項梁，梁父即楚將項燕，爲秦將王翦所戮者也。項氏世世爲楚將，封於項，故姓項氏。(史記項羽本紀)

於是遣其涼州牧乞伏軻殫、秦州牧乞伏益州、立義將軍詰歸拒之。定敗益州於平山，軻殫、詰歸引衆而退。（晉書乞伏乾歸載記）

屈子恥姓鐵弗，遂改爲赫連氏，自云徽赫與天連。又號其支庶爲鐵伐氏，云其宗族剛銳如鐵，皆堪伐人。（魏書鐵弗劉虎傳）

乾德四年，其王悉利因陁盤遣使因陁汾李帝婆羅貢馴象、牯犀、象牙、白氎、歌縵、越諾，王妻波良僕珇、男占諜律秀瓊等各貢香藥。（宋史外國占城傳）

二、雖非真實人名，但久已視同一人之私名者，如「南郭先生」、「赤松子」、「西王母」、「河伯」、「閻羅王」、「元始天尊」等傳說人物、神仙鬼怪之類，皆標專名綫。例如：

南郭先生不知吹竽者也，以三百人合吹，可以容其不知，因請爲王吹竽，虛食數人之俸。（晉書劉寔傳）

願棄人間事，欲從赤松子遊耳。（史記留侯世家）

繆王使造父御，西巡狩，見西王母，樂之忘歸。（史記趙世家）

長老曰：「苦爲河伯娶婦，以故貧。」（史記滑稽列傳）

無何，其鄰母見擒門下儀衛甚盛，有同王者，母異而問之，其中人曰：「我來迎王。」忽然不見。又有人疾篤，忽驚走至<u>擒</u>家曰：「我欲謁王。」左右問曰：「何王也？」答曰：「<u>閻羅王</u>。」<u>擒</u>子弟欲撻之，<u>擒</u>止之曰：「生爲上柱國，死作<u>閻羅王</u>，斯亦足矣。」（隋書韓擒虎傳）

<u>道經</u>者，云有<u>元始天尊</u>，生於太玄之前，（中略）所度皆諸天仙上品，有<u>太上老君</u>、<u>太上丈人</u>、<u>天真皇人</u>、<u>五方天帝</u>及諸天官，轉共承受，世人莫之豫也。（隋書經籍志四）

三、人名與身份連稱而有名無姓者，如「赧王延」、「太公望」、「周公旦」、「越王句踐」、「王餘祭」、「魏公子無忌」、「公子無忌」之類，皆連標專名綫。例如：

四十八年，<u>顯王</u>崩，子<u>慎靚王定</u>立。<u>慎靚王</u>立六年，崩，子<u>赧王延</u>立。<u>王赧</u>時東西<u>周</u>分治。<u>王赧</u>徙都<u>西周</u>。（史記周本紀）

<u>武王</u>即位，<u>太公望</u>爲師，<u>周公旦</u>爲輔，<u>召公</u>、<u>畢公</u>之徒左右王，師修<u>文王</u>緒業。（史記周本紀）

<u>越王句踐</u>，其先<u>禹</u>之苗裔，而<u>夏后帝少康</u>之庶子也。（史記越王句踐世家）

十七年，<u>王餘祭</u>卒，弟<u>餘昧</u>立。<u>王餘昧</u>二年，<u>楚公子棄疾</u>弑其君<u>靈王</u>代立焉。（史記吳太伯世家）

<u>魏公子無忌</u>者，<u>魏昭王</u>少子而<u>魏安釐王</u>異母弟也。（史

記魏公子列傳)

　　周文王少子畢公高之後，封魏，至昭王彤，生公子無忌，封信陵君。(新唐書宰相世系表二中)

　　四、人名與官名連稱而姓名不全者，無論是姓與官名連稱，如「王將軍」、「曹相國」、「王僕射」、「沈記室」、「張壯武」之類，還是官名與人名連稱，如「大夫種」、「太宰嚭」、「韓王信」、「絳侯勃」、「趙王倫」、「史遷」之類，皆連標專名綫。例如：

　　秦將李信者，年少壯勇，嘗以兵數千逐燕太子丹於衍水中，卒破得丹，始皇以爲賢勇。於是始皇問李信：「吾欲攻取荊，於將軍度用幾何人而足？」李信曰：「不過用二十萬人。」始皇問王翦，王翦曰：「非六十萬人不可。」始皇曰：「王將軍老矣，何怯也！李將軍果勢壯勇，其言是也。」(史記白起王翦列傳)

　　十一月癸卯，祠高廟，遂有事十一陵。詔曰：「高祖功臣，曹、蕭爲首，有傳世不絕之義。曹相國後容城侯無嗣。朕望長陵東門，見二臣之壟，循其遠節，每有感焉。」(後漢書和帝紀)

　　王僕射、王領軍、崔護軍，中維簡正，逆念剖心。蕭衛尉、蔡詹事、沈左衛，各負良家，共傷時險。(南齊書陳顯達傳)

　　沈約字休文，(中略)起家奉朝請。濟陽蔡興宗聞其才而善之。興宗爲郢州刺史，引爲安西外兵參軍，兼記室。興宗

嘗謂其諸子曰：「<u>沈</u>記室人倫師表，宜善事之。」（<u>梁書沈約傳</u>）

<u>陸倕</u>聞之嘆曰：「<u>劉郎</u>可謂差人，雖吾家<u>平原</u>詣<u>張壯武</u>，<u>王粲</u>謁<u>伯喈</u>，必無此對。」（<u>梁書劉顯傳</u>）

七年，<u>匈奴</u>攻<u>韓王信馬邑</u>，<u>信</u>因與謀反<u>太原</u>。（<u>史記高祖本紀</u>）

<u>太尉絳侯勃</u>不得入軍中主兵。（<u>史記呂太后本紀</u>）

<u>越王句踐</u>乃以甲兵五千人棲於<u>會稽</u>，使大夫<u>種</u>因<u>吴</u>太宰<u>嚭</u>而行成，請委國爲臣妾。（<u>史記吴太伯世家</u>）

<u>永寧</u>元年春正月乙丑，<u>趙王倫</u>纂帝位。（<u>晉書惠帝紀</u>）

穿鑿之徒，不解機衡之意，見有七政之言，因以爲北斗七星，構造虚文，託之讖緯，<u>史遷</u>、<u>班固</u>猶尚惑之。（<u>宋書武帝紀上</u>）

五、人名與官名、封號連稱而姓名完具者，無論官名、封號夾雜其中，還是殿後，如「蕭相國何」、「李將軍廣」、「劉真安鄉公」、「太原王尒朱榮」、「安道公李徹」之類，中間皆宜斷開，分別標專名綫。例如：

<u>蕭</u>相國<u>何</u>者，<u>沛豐</u>人也。（<u>史記蕭相國世家</u>）

<u>漢</u>使<u>博望侯</u>及<u>李</u>將軍<u>廣</u>出<u>右北平</u>，擊<u>匈奴左賢王</u>。（<u>漢</u>

書匈奴傳上）

己卯，以梁王肜爲宰相，領司徒。封齊王冏功臣葛旟牟平公，路季小黃公，衛毅平陰公，劉真安鄉公，韓泰封丘公。（晉書惠帝紀）

壬寅，太原王尒朱榮上表，請追諡無上王爲皇帝。（魏書孝莊紀）

開皇元年，立爲晉王，拜柱國、并州總管，時年十三。尋授武衛大將軍，進位上柱國、河北道行臺尚書令，大將軍如故。高祖令項成公韶、安道公李徹輔導之。（隋書煬帝紀）

六、人名與封號、諡號連稱而有姓無名者，如「竇太后」、「王美人」、「班婕妤」、「楊貴妃」、「沈隱侯」（沈約）、「歐陽文忠」（歐陽修）之類，皆連標專名綫。例如：

孝景皇帝者，孝文之中子也。母竇太后。孝文在代時，前後有三男，及竇太后得幸，前後死，及三子更死，故孝景得立。（史記孝景本紀）

太子幸愛之，生三女一男。男方在身時，王美人夢日入其懷。以告太子，太子曰：「此貴徵也。」（史記外戚世家）

漢制乘輿御之，或使人輓，或駕果下馬，漢成帝欲與班婕妤同輦是也。（宋書禮志五）

玄宗<u>楊貴妃</u>,<u>高祖</u>令本,<u>金州</u>剌史。(<u>舊唐書</u>后妃上<u>楊貴妃</u>傳)

近代唯<u>沈隱侯</u>斟酌<u>二南</u>,剖陳三變,攄<u>雲</u>、<u>淵</u>之抑鬱,振<u>潘</u>、<u>陸</u>之風徽。(<u>舊唐書</u>文苑傳上)

自號<u>平園</u>老叟,著書八十一種,有<u>平園</u>集二百卷。嘗建<u>三忠堂</u>於鄉,謂<u>歐陽文忠</u>修、<u>楊忠襄</u>邦乂、<u>胡忠簡</u>詮皆<u>盧陵</u>人,<u>必大</u>生所敬慕,爲文記之,蓋絕筆也。(<u>宋史</u>周必大傳)

七、帝王廟號、謚號連稱,如「太祖高皇帝」、「世祖光武皇帝」、「齊高祖神武皇帝」、「高祖神堯大聖大光孝皇帝」、「世祖聖德神功文武皇帝」之類,廟號與謚號間皆宜斷開,分別標專名綫。例如:

惟宗室子皆<u>太祖</u><u>高皇帝</u>子孫及<u>吳頃</u>、<u>楚元</u>之後,<u>漢元</u>至今,十有餘萬人。(<u>漢書</u>平帝紀)

<u>世祖</u><u>光武皇帝</u>諱<u>秀</u>,字<u>文叔</u>,<u>南陽</u><u>蔡陽</u>人。(<u>後漢書</u>光武帝紀上)

<u>齊</u><u>高祖</u><u>神武皇帝</u>,姓<u>高</u>名<u>歡</u>,字<u>賀六渾</u>,<u>渤海</u><u>蓨</u>人也。(<u>北齊書</u>神武紀上)

<u>高祖</u><u>神堯大聖大光孝皇帝</u>姓<u>李</u>氏,諱<u>淵</u>。(<u>舊唐書</u>高祖紀)

<u>世祖</u><u>聖德神功文武皇帝</u>諱<u>忽必烈</u>,<u>睿宗皇帝</u>第四子。

（元史世祖紀一）

八、后妃姓氏、封號與帝王廟號連稱，如「高皇后呂氏」、「章太妃周氏」、「太祖獻皇后張氏」、「神宗欽聖獻肅向皇后」之類，封號、廟號與姓氏之間皆宜斷開，分別標專名綫。例如：

　　高皇后呂氏，生惠帝。（漢書高后紀）

　　章太妃周氏以選入成帝宮，有寵，生哀帝及海西公。（晉書后妃下杜皇后傳附周太妃傳）

　　太祖獻皇后張氏諱尚柔，范陽方城人也。（梁書太祖張皇后傳）

　　神宗欽聖獻肅向皇后，河內人，故宰相敏中曾孫也。治平三年，歸於潁邸，封安國夫人。神宗即位，立爲皇后。（宋史后妃下向皇后傳）

九、人名與地名（里籍、郡望等）連稱，且人名不全者，如「柳下惠」、「王太原」、「許高陽」、「柳柳州」之類，其地名與人名皆連標專名綫。例如：

　　（孔子）數稱臧文仲、柳下惠、銅鞮伯華、介山子然，孔子皆後之，不並世。（史記仲尼弟子列傳）

　　初，椿於宅構起庭事，極爲高壯。時人忽云：「此乃太原王宅，豈是王太原宅。」椿往爲本郡，世皆呼爲王太原。未幾，尒朱榮居椿之宅，榮封太原王焉。（魏書恩倖王叡傳附王椿傳）

　　史臣曰：許高陽武德之際，已爲文皇入館之賓。（舊唐書許敬宗傳）

　　世號柳柳州。十四年卒，年四十七。（新唐書柳宗元傳）

　　十、有排行的人名，如「十八郎」、「張十八」、「李二十」、「竇七」、「元八」之類，排行視同人名，皆連標專名綫。例如：

　　壽王瑁，玄宗第十八子也。（中略）官中常呼爲十八郎。（舊唐書玄宗諸子傳）

　　當此之時，足下興有餘力，且欲與僕悉索還往中詩，取其尤長者，如張十八古樂府，李二十新歌行，盧、楊二秘書律詩，竇七、元八絕句，博搜精掇，編而次之，號爲「元、白往還集」。（舊唐書白居易傳）

　　十一、凡屬尊號、諡號，不論其名用字多寡，如「光烈陰皇后」、「憲子」、「從天生大突厥天下賢聖天子伊利居魯設莫何始波羅可汗」、「婆墨光親麗華毗伽可敦」之類，皆標專名綫。例如：

　　光烈陰皇后諱麗華，南陽新野人。（後漢書皇后紀）

　　孝建三年卒，時年七十三。追贈散騎常侍、特進，金紫光祿大夫如故。諡曰憲子。（宋書顏延之傳）

　　沙鉢略遣使致書曰：「辰年九月十日，從天生大突厥天下賢聖天子伊利居魯設莫何始波羅可汗致書大隋皇帝，使人開府徐平和至，辱告言語，具聞也。」（隋書北狄傳）

代宗御宣政殿，出冊文，加冊可汗爲登里頡咄登密施含俱録英義建功毗伽可汗，可敦加冊爲婆墨光親麗華毗伽可敦。「頡咄」，華言「社稷法用」；「登密施」，華言「封竟」；「含俱録」，華言「婁羅」；「毗伽」，華言「足意智」；「婆墨」，華言「得憐」。（舊唐書迴紇傳）

壬午，詣德壽宮，加上光堯壽聖憲天體道太上皇帝尊號曰光堯壽聖憲天體道性仁誠德經武緯文太上皇帝，壽聖明慈太上皇后尊號曰壽聖齊明廣慈太上皇后。（宋史孝宗紀二）

十二、凡屬綽號或代稱，如「五柳先生」、「逍遙公」、「書癡」之類，一般不用專名綫，加引號處置即可，惟其中含有姓氏或地名者，如「關西孔子」、「宇文三郎」、「河中三絕」、「河南先生」之類，其姓氏、地名則須標專名綫。例如：

震少好學，受歐陽尚書於太常桓郁，明經博覽，無不窮究，諸儒爲之語曰「關西孔子楊伯起」。（後漢書楊震傳）

協弟晶，字婆羅門，大業之世，少養宮中。後爲千牛左右，煬帝甚親昵之。每有遊宴，晶必侍從，至於出入臥内，伺察六宮，往來不限門禁，其恩倖如此，時人號爲宇文三郎。（隋書宇文慶傳）

時司戶韋暠善判事，司士李互工於翰札，而彦伯以文辭雅美，時人謂之「河中三絕」。（舊唐書徐彦伯傳）

尹焞字彦明，一字德充，世爲洛人。曾祖仲宣七子，而二子有名：長子<u>源</u>字<u>子漸</u>，是謂<u>河內先生</u>；次子<u>洙</u>字<u>師魯</u>，是謂<u>河南先生</u>。（<u>宋史道學尹焞傳</u>）

十三、僧道、隱逸之人名，有附加稱謂者，如「釋」、「僧」、「禪師」、「天師」、「先生」、「山人」、「處士」之類，其附加稱謂与人名皆連標專名綫。例如：

乃下入<u>廬山</u>，就<u>釋慧遠</u>考尋文義。（<u>南史隱逸宗少文傳</u>）

於是<u>興</u>使沙門<u>僧叡</u>、<u>僧肇</u>等八百餘人傳受其旨，更出經論，凡三百餘卷。（<u>晉書藝術鳩摩羅什傳</u>）

吾在<u>梁</u>世，當時年十四，就<u>鍾山</u><u>明慶寺</u><u>尚禪師</u>受菩薩戒，自爾深悟苦空，頗知回向矣。（<u>梁書姚察傳</u>）

故<u>王屋山</u>道士<u>司馬子徽</u>，心依道勝，理會玄遠，遍遊名山，密契仙洞。存觀其妙，逍遙得意之場；亡復其根，宴息無何之境。固以名登真格，位在靈官。林壑未改，退霄已曠，言念高烈，有愴於懷，宜贈徽章，用光丹籙。可銀青光祿大夫，號<u>真一先生</u>。（<u>舊唐書隱逸司馬承禎傳</u>）

辛亥，初置十道採訪處置使，徵<u>恒州</u><u>張果先生</u>，授銀青光祿大夫，號曰<u>通玄先生</u>。（<u>舊唐書玄宗紀上</u>）

<u>陽城</u>字<u>亢宗</u>，<u>北平</u>人也。（中略）初未至京，人皆想望風彩，曰：「<u>陽城山人</u>能自刻苦，不樂名利，今爲諫官，必能已死奉職。」（<u>舊唐書隱逸陽城傳</u>）

太延元年，自三月不雨至六月，使有司遍請群神，數日，大雨。是日，有婦人持一玉印至澀縣侯<u>孫家</u>賣之。<u>孫家</u>得印，奇之，求訪婦人，莫知所在。其文曰：「旱疫平。」<u>寇天師</u>曰：「龍文紐書云，此神中三字印也。」（<u>魏書</u>靈徵志下）

丙申，賜<u>沖晦處士郭雍</u>號曰頤正先生，仍遣官就問<u>雍</u>所欲言，備錄來上。（<u>宋史</u>孝宗紀三）

十四、多個人名連用，原則上每個人名之間皆應使用頓號隔開。惟兩種以上不同情況的多人並列，若各個類別已使用頓號相區別，則同屬一類的人名之間便不能再用頓號，祇須將專名綫斷開即可。例如：

武安君所爲秦戰勝攻取者七十餘城，南定<u>鄢</u>、<u>郢</u>、<u>漢中</u>，北禽<u>趙括</u>之軍，雖<u>周</u>、<u>召</u>、<u>呂望</u>之功不益於此矣。（<u>史記</u>白起王翦列傳）

於是與弟<u>道規</u>、沛郡<u>劉毅</u>、平昌<u>孟昶</u>、任城<u>魏詠之</u>、高平<u>檀憑之</u>、琅邪<u>諸葛長民</u>、太原<u>王元德</u>、隴西<u>辛扈興</u>、東莞<u>童厚之</u>，並同義謀。（<u>宋書</u>武帝紀上）

補闕<u>王績魏謩崔黨韋有翼</u>、拾遺<u>令狐絢韋楚老樊宗仁</u>等，連章論<u>德裕</u>妄奏錢帛，上竟不問。（<u>舊唐書</u>李德裕傳）

日暮趨<u>養馬城</u>，與知鎮戎軍<u>曹英</u>及涇原路都監<u>李知和王保王文</u>、鎮戎軍都監<u>李岳</u>、西路都巡檢使<u>趙璘</u>等會兵。（<u>宋史</u>葛霸傳）

(貳)地　名(區域、都城、郡縣、坊里、山河、宮苑、橋驛)

一、地名如「中國」(泛指者除外)、「三秦」、「江南」、「江左」、「山東」、「關西」、「中陽里」之類，無論所指區域大小，皆標專名綫。例如：

> 晉惠帝元康中，貴遊子弟相與爲散髮裸身之飲，對弄婢妾。逆之者傷好，非之者負譏。希世之士，恥不與焉。蓋胡、翟侵中國之萌也。(晉書五行志一)

> 是時，漢還定三秦。(史記項羽本紀)

> 今項羽放殺義帝於江南，大逆無道。(史記高祖本紀)

> 明年，徙都督雍梁南北秦四州荆州之襄陽竟陵南陽順陽新野隨六郡諸軍事、寧蠻校尉、雍州刺史，持節、將軍如故。自晉氏江左以來，襄陽未有皇子重鎮，時太祖欲經略關、河，故有此授。(宋書孝武帝紀)

> 常欲訪山東而尋子雲，問關西而求伯起。(陳書周弘正傳)

> 高祖，沛豐中陽里人。(史記高祖本紀)

二、都城及其專稱，如「長安」、「洛陽」、「西京」、「東都」、「京洛」之類，皆標專名綫。若泛稱「京師」、「京中」、「都內」之類，則不標專名綫。例如：

二月，高祖自平城過趙、雒陽，至長安。長樂宮成，丞相已下徙治長安。（史記高祖本紀）

是月，赤眉焚西京宮室，發掘園陵，寇掠關中。（後漢書光武紀上）

自古喪大業絕宗禋者，其所漸有由矣。三代以變色取禍，嬴氏以奢虐致災，西京自外戚失祚，東都緣閹尹傾國。成敗之來，先史商之久矣。（後漢書宦者傳論）

太康末，京洛爲折楊柳之歌，其曲始有兵革苦辛之辭，終以擒獲斬截之事。（晉書五行志中）

毅兄邁先在京師，事未發數日，高祖遣同謀周安穆報之，使爲內應。（宋書武帝紀上）

孝敬廟在東京太廟院內，貞觀皇后、讓皇帝廟在京中，餘皆四時致祭。（舊唐書禮儀志六）

元豐元年十月，太皇太后違豫，命輔臣以下分禱天地、宗廟、社稷及都內諸神祠。（宋史禮志五）

三、山河名稱，如江、河專指「長江」、「黃河」，山專指「太行山」、湖專指「太湖」、關專指「函谷關」之類，皆標專名綫。例如：

且籍與江東子弟八千人渡江而西，今無一人還，縱江東父老憐而王我，我何面目見之？（史記項羽本紀）

是時秦地東至河。（史記秦本紀）

自鴈門以東，盡遼陽，爲燕、代。常山以南，太行左轉，度河、濟，漸於海，爲齊、趙。穀、泗以往，奄有龜、蒙，爲梁、楚。東帶江、湖，薄會稽，爲荆、吳。（漢書諸侯王表）

及秦并吞三晉、燕、代，自河、山以南者中國。（漢書天文志）

晉惠時，關西擾亂，頻歲大饑，特兄弟率流民數萬家就穀漢中，遂入巴蜀。（魏書賨李雄傳）

自關、河分隔，年將四紀。以高祖霸王之期，屬宇文草創之日，出軍薄伐，屢挫兵鋒。而大寧以還，東鄰浸弱，關西前收巴蜀，又殄江陵，叶建瓴而用武，成并吞之壯氣。（北齊書斛律金傳）

四、宮苑、溝渠、橋驛、坊巷、寺觀等名稱，如「阿房宮」、「上林苑」、「永濟渠」、「河陽橋」、「藍田驛」、「敖倉」、「烏衣巷」、「玄元觀」之類，皆標專名綫。有特指的倉廪，如「敖倉」、「黎陽倉」之類，亦標專名綫。例如：

乃營作朝宮渭南上林苑中。先作前殿阿房，東西五百步，南北五十丈。（史記秦始皇本紀）

漢軍滎陽，築甬道屬之河，以取敖倉粟。（史記項羽本紀）

混風格高峻,少所交納,唯與族子靈運、瞻、弘微並以文義賞會。嘗共宴處,居在烏衣巷,故謂之烏衣之遊。混五言詩所云「昔爲烏衣遊,戚戚皆親姪」者也。(宋書謝弘微傳)

武陽郡丞元寶藏以郡叛歸李密,與賊帥李文相攻陷黎陽倉。(隋書煬帝紀下)

四年春正月乙巳,詔發河北諸郡男女百餘萬開永濟渠,引沁水南達於河,北通涿郡。(隋書煬帝紀上)

太子妃兄駙馬都尉薛鏽長流瀼州,至藍田驛賜死。(舊唐書玄宗紀下)

九節度兵潰,子儀斷河陽橋,以餘衆保東京。(舊唐書蕭宗紀)

今欲只留北邙山上老君廟一所,其玄元觀請拆入都城,於清化坊內建置太微宮,以備車駕行事。(舊唐書哀帝紀)

五、二地名連用而指一定地區,如「河朔」、「吳會」、「川蜀」、「荊襄」、「燕雲」之類,皆連標專名綫。若二地名連用,各有所指,須作區別者,如「殽函」、「幽幷」、「巴蜀」之類,則其專名綫須作間斷。例如:

袁紹既兼河朔之地,有驕氣。(後漢書荀彧傳)

由是吳會風靡,百姓歸心焉。(晉書王導傳)

（宣和五年）五月己未，以收復燕雲，賜王輔玉帶。（宋史徽宗紀四）

及世祖即位，平川蜀，下荆襄，繼命大將帥師渡江，盡取南宋之地，天下遂定於一，豈非盛哉。（元史兵志一）

秦孝公據殽函之固，擁雍州之地。（史記秦始皇本紀）

及劉粲嗣位，昏虐日甚，其將靳準乃起兵殺粲，幷其宗族，發聰冢，斬其尸，遣使歸矩，稱「劉元海屠各小丑，因大晉事故之際，作亂幽幷，矯稱天命，至令二帝幽没虜庭。輒率衆扶持梓宮，因請上聞」。（晉書李矩傳）

紹元宗之衰緒，創隆周之景命。南清江漢，西舉巴蜀，北控沙漠，東據伊瀍。（周書文帝紀下）

六、所列多個地名，凡屬並列關係者，如「隴西、北地、上郡」、「青、徐、汝、沛」、「徐、泗、江、淮」、「揚、南徐、南兗、徐、兗」之類，無論地名大小，其間用頓號隔開。例如：

東至咸陽，引兵圍雍王廢丘，而遣諸將略定隴西、北地、上郡。（史記高祖本紀）

青、徐、汝、沛頗來歸附，淮南濱江屯候皆徹兵遠徙，徐、泗、江、淮之地，不居者各數百里。（三國志宗室孫韶傳）

夏四月甲辰，詔曰：「揚、南徐、南兗、徐、兗五州統內諸獄，幷、豫、江三州府州見囚，江州尋陽、新蔡兩郡繫獄，並部送還臺，須候克日斷枉直。緣江遠郡及諸州，委刺史詳察訊。」（南齊書武帝紀）

時李昌符據鳳翔，王重榮據蒲、陝，諸葛爽據河陽、洛陽，孟立方據邢、洺，李克用據太原、上黨，朱全忠據汴、滑，秦宗權據許、蔡，時溥據徐、泗，朱瑄據鄆、齊、曹、濮，王敬武據淄、青，高駢據淮南八州，秦彥據宣、歙，劉漢宏據浙東，皆自擅兵賦，迭相吞噬，朝廷不能制。（舊唐書僖宗紀）

七、所列多個地名，凡其間存在隸屬關係者，如「陽武戶牖鄉」、「東海郯縣」、「同州夏陽縣」、「檀州密雲郡」之類，地名間須作間斷，但不可使用頓號。無隸屬關係的地名與有隸屬關係的地名同時並舉時，尤須注意二者的區別。例如：

陳丞相平者，陽武戶牖鄉人也。（史記陳丞相世家）

徐州刺史，後漢治東海郯縣，魏、晉、宋治彭城。（晉書州郡志一）

時欲廣置屯田以供軍費，乃除司農少卿，領同州夏陽縣二十屯監。（周書薛善傳）

檀州密雲郡，本安樂郡，天寶元年更名。（舊唐書地理志三）

八、唐之藩鎮名稱，如「邠寧」、「平盧」、「淄青」、「魏博」之類，雖包含有不同地名，但所指爲一固定區域，其專名綫皆宜連標，其間不可斷開。例如：

庚子，<u>平盧</u>節度使<u>安祿山</u>進階驃騎大將軍。(<u>舊唐書玄宗紀下</u>)

戊子，以<u>朔方</u>節度使<u>郭子儀</u>兼<u>邠寧</u>、<u>鄜坊</u>兩道節度使。(<u>舊唐書肅宗紀</u>)

十二月丁亥，加<u>平盧淄青</u>節度使、檢校尚書左僕射、<u>青州</u>刺史、<u>饒陽王李正己</u>爲檢校司空、同中書門下平章事。(<u>舊唐書代宗紀</u>)

二月癸未，<u>魏博</u>七州節度使、太尉、檢校尚書左僕射、同中書門下平章事、<u>魏州大都督府</u>長史<u>田承嗣</u>卒。甲申，以<u>魏博</u>中軍兵馬使、左司馬<u>田悦</u>兼御史中丞，充<u>魏博</u>節度留後。(同上)

(叁)朝代名(朝代單稱、連稱、合稱，年號)

一、特定時代之專名，如「<u>戰國</u>」、「<u>秦</u>」、「<u>漢</u>」、「<u>晉</u>」、「<u>南北朝</u>」、「<u>唐</u>」、「<u>五代</u>」之類，無論單稱合稱，皆標專名綫。例如：

<u>劉向</u>云<u>戰國</u>時<u>劉</u>氏自<u>秦</u>獲於<u>魏</u>，<u>秦</u>滅<u>魏</u>，遷<u>大梁</u>。(<u>漢書高帝紀下</u>)

上古難識，近察<u>秦漢</u>以來，<u>河</u>決<u>曹</u>、<u>衛</u>之域。(<u>漢書溝洫志</u>)

自漢迄晉，有魏至周，天曆逐獄訟之歸，神鼎隨謳歌之去。(隋書高祖紀上)

仲郢嘗手鈔六經，司馬遷、班固、范曄史皆一鈔，魏、晉及南北朝史再，又類所鈔它書凡三十篇，號柳氏自備，旁錄仙佛書甚衆，皆楷小精真，無行字。(新唐書柳公綽傳)

南北朝所以不治，文采勝質厚也。(新唐書鄭覃傳)

于闐，國地、君世、物俗見於唐。五代亂世，中國多故，不能撫來四夷，其嘗自通於中國者僅以名見，其君世、終始，皆不可知。(新五代史四夷附錄三)

二、不同朝代的連用並稱，時代相接而不強調區分者，如「唐虞」、「商周」、「漢魏」、「魏晉」之類，其專名綫一般止作間斷，不必使用頓號。若時代跨度大，有必要作區分者，如「殷周秦」、「商周漢唐」、「宋遼金」之類，則間斷處還須使用頓號。例如：

蓋聞唐虞之朝，有克讓之臣，故麟鳳來而頌聲作也。(後漢書孔融傳)

列軍自朝歌至於河橋，鼓聲聞數百里，漢魏以來，出師之盛未嘗有也。(晉書陸機傳)

由此言之，任己而不師古，秦氏以之致亡，師古而不適用，王莽所以身滅。然則漢、魏以來，各揆古今之中，以通一代之儀。司馬彪集後漢衆注，以爲禮儀志，校其行事，已與前漢頗不同矣。況三國鼎峙，歷晉至宋，時代移改，各隨事立。
（宋書禮志一）

今或言禮誼之不如法令，教化之不如刑罰，人主胡不引
殷、周、秦事以觀之也。（漢書賈誼傳）

昔高辛氏卜其四妃之子皆有天下，而帝摯、陶唐、商、周
代興。（三國志魏書后妃傳）

桀、紂、秦、隋窮人力，舉四海與爲怨，故商、周、漢、唐因
得代之而有神器。（新唐書忠義下張興傳）

曾祖以立，在元時以宋、遼、金三史體例未當，欲重修。
（明史周叙傳）

三、數個朝代之合稱，如「三皇」、「五帝」、「三代」、「兩漢」、「三
國」、「六朝」之類，皆連標專名綫。

丞相李斯曰：「五帝不相復，三代不相襲，各以治，非其相
反，時變異也。」（史記秦始皇本紀）

三代之禮，春朝朝日，秋暮夕月，所以明有敬也。（漢書
賈誼傳）

是時溫覬覦非望，鑿齒在郡，著漢晉春秋以裁正之。起
漢光武，終於晉愍帝，於三國之時，蜀以宗室爲正，魏武雖受
漢禪晉，尚爲篡逆，至文帝平蜀，乃爲漢亡而晉始興焉。（晉

書習鑿齒傳）

匈奴爲患，自古而然，雖三代智勇，兩漢權奇，算略之要，二塗而已。（南齊書孔稚圭傳）

故三皇氏没而五帝氏興，商氏衰而周、漢氏作。（舊唐書外戚武承嗣傳）

五代十國，稱帝改元者七。（新五代史十國世家年譜）

一曰「先難星動爲有赦」，故王者以天難爲度。金難事，六朝已有之，或謂起於西京。南渡後，則自紹興十三年始也。（宋史儀衞志六）

四、朝代名前後附加有時地、國姓及誇飾詞語者，如「東周」、「魏世」、「曹魏」、「後燕」、「劉宋」、「有唐」、「大宋」、「南宋」、「皇明」之類，其附綴語連同朝代名皆連標專名綫。例如：

東周與西周戰，韓救西周。（史記周本紀）

魏世至晉江左，左右積弩爲臺職，領營兵。（宋書百官志下）

孝武太元十年，句驪攻遼東、玄菟郡，後燕慕容垂遣弟農伐句驪，復二郡。（梁書諸夷高句驪傳）

曹魏之時，三分鼎峙，淮、漢之間，鞠爲關壤。（舊唐書地

理志一）

凡百卿士，敬承朕言，克贊我天人之休期，光我有唐之勳業。（舊唐書睿宗紀）

丁卯，謝克家以「大宋受命之寶」至濟州，帝慟哭跪受。（宋史高宗紀一）

昔劉宋殺檀道濟，道濟下獄，嗔目曰：「自壞汝萬里長城！」（宋史岳飛傳）

望燎之曲：覘六龍兮御駕，神變化兮鳳翥鸞翔。束帛戔戔兮詣燎方，佑我皇明兮基緒隆長。（明史樂志二）

五、歷朝之年號，如「建元」（漢武帝）、「始建國」（新莽）、「中大通」（梁武帝）、「太平興國」（宋太宗）之類，皆標專名綫。例如：

建元元年冬十月，詔丞相、御史、列侯、中二千石、諸侯相舉賢良方正直言極諫之士。（漢書武帝紀）

王莽居攝，盜襲帝位，竊號曰新室。始建國五年，天鳳六年，地皇三年，著紀盜位十四年。（漢書律曆志一）

中大通元年正月辛酉，輿駕親祠南郊，大赦天下，孝悌力田賜爵一級。（梁書武帝紀下）

甲寅，御乾元殿受朝，樂懸而不作。大赦，改是歲爲太平

興國元年。(宋史太宗紀一)

六、數個年號並稱,如「建武、永平」、「開元、天寶」、「熙寧、元豐」、「建、永」、「開、天」、「熙、豐」之類,無論全稱或簡稱,各年號間皆須用頓號隔開。例如:

自建武、永平,民亦新免兵革之禍,人有樂生之慮,與高、惠之間同,而政在抑彊扶弱,朝無威福之臣,邑無豪桀之俠。(漢書刑法志)

渾母兄識,篤意文章,有重名於開元、天寶間,與蕭穎士、元德秀、劉迅相亞。(舊唐書柳渾傳)

六月壬寅朔,圖熙寧、元豐功臣於顯謨閣。(中略)戊午,詔重定元祐、元符黨人及上書邪等者合為一籍,通三百九人,刻石朝堂,餘並出籍,自今毋得復彈奏。(宋史徽宗紀一)

哲宗以沖幼踐阼,宣仁同政。初年召用馬、呂諸賢,罷青苗,復常平,登俊良,闢言路,天下人心,翕然同治。而元祐之政,庶幾仁宗。奈何熙、豐舊姦枋去未盡,已而媒蘗復用,卒假紹述之言,務反前政,報復善良,馴致黨籍禍興,君子盡斥,而宋政益敝矣。(宋史哲宗紀二贊)

(肆)官　名(職官、封號、官署、軍府)

一、職官一般不標專名綫,惟與地名連稱者,如「范陽令」、「信州刺史」、「長沙相」、「劍南西川節度觀察使」之類,其中之地名皆標專名綫。例如:

通説范陽令徐公曰：「臣，范陽百姓蒯通也，竊閔公之將死，故弔之。雖然，賀公得通而生也。」（漢書蒯通傳）

建元初，遷散騎常侍，轉御史中丞，出爲輔國將軍、長沙相，又領江夏相，尋轉南郡、河東二郡太守，將軍如故。（晉書宗室譙剛王遜傳）

陳主遣其信州刺史顧覺鎮安蜀城，荆州刺史陳紀鎮公安，皆懼而退走。（隋書楊素傳）

辛卯，以左金吾衛大將軍韋皋檢校戶部尚書，兼成都尹、御史大夫、劍南西川節度觀察使。（舊唐書德宗紀上）

二、將軍名號一般亦不標專名綫，惟其中若夾雜地名或特指民族名者，如「度遼將軍」、「平狄將軍」、「平越中郎將」、「寧蠻校尉」、「南蠻校尉」之類，其地名與民族名皆標專名綫。例如：

范明友，家在隴西。以家世習外國事，使獲西羌。事昭帝，拜爲度遼將軍，擊烏桓功侯，二千戶。（史記建元以來侯者年表）

虎牙大將軍蓋延率平狄將軍龐萌救賈休，不克，蘭陵爲憲所陷。（後漢書光武帝紀上）

平越中郎將，晉武帝置，治廣州，主護南越。（宋書百官志下）

戊子，以寧蠻校尉<u>蕭赤斧</u>爲<u>雍州</u>刺史，<u>南蠻</u>長史<u>崔惠景</u>爲<u>梁</u>、<u>南秦</u>二州刺史。（<u>南齊書高帝紀下</u>）

三、中央官署、軍府名號，如「弘文館」、「翰林院」、「羽林軍」、「神策軍」之類，皆不標專名綫，惟地方官署、地方軍府如「鄜州大都督府」、「揚州大都督府」、「白水軍」、「朔方軍」之類，以其與地名連稱，則皆須標專名綫。例如：

其年，<u>索虜</u>寇<u>歷下</u>，遣羽林軍討破之。（<u>宋書天文志四</u>）

五月己卯，太尉<u>長孫無忌</u>進史官所撰<u>梁</u>、<u>陳</u>、<u>周</u>、<u>齊</u>、<u>隋</u>五代史志三十卷。弘文館學士<u>許敬宗</u>進所撰東殿新書二百卷，上自製序。（<u>舊唐書高宗紀上</u>）

壬寅，翰林院宴<u>李仲言</u>，賜法曲弟子二十八人奏樂以寵之。（<u>舊唐書文宗紀下</u>）

壬寅，命尚書右僕射<u>李靖</u>、特進<u>蕭瑀</u><u>楊恭仁</u>、禮部尚書<u>王珪</u>、御史大夫<u>韋挺</u>、<u>鄜州</u>大都督府長史<u>皇甫逸</u>、<u>揚州</u>大都督府長史<u>李襲譽</u>、<u>幽州</u>大都督府長史<u>張亮</u>、<u>涼州</u>大都督<u>李大亮</u>、右領軍大將軍<u>竇誕</u>、太子左庶子<u>杜正倫</u>、<u>綿州</u>刺史<u>劉德威</u>、黃門侍郎<u>趙弘智</u>使於四方，觀省風俗。（<u>舊唐書太宗紀下</u>）

九載，擊<u>吐蕃</u>，收<u>五橋</u>，拔<u>樹敦城</u>，補<u>白水軍</u>使。（<u>舊唐書外戚傳</u>）

以<u>西涼府</u><u>六谷</u>首領<u>潘羅支</u>爲<u>朔方軍</u>節度使、<u>靈州</u>西面都

巡檢使。(<u>宋史真宗紀二</u>)

　　四、封爵多與地名相關，如「<u>安平郡公</u>」、「<u>武昌縣開國公</u>」、「<u>長城縣侯</u>」、「<u>樂浪郡王</u>」之類，無論屬於何種等級，皆連標專名綫。例如：

　　　　帝至自<u>甘城</u>，天子又使兼大鴻臚、太僕<u>庾嶷</u>持節，策命帝爲相國，封<u>安平郡公</u>。(<u>晉書宣帝紀</u>)

　　　　及<u>玄</u>將篡，以諡兼太保，奉璽冊詣<u>玄</u>。<u>玄</u>篡，封<u>武昌縣開國公</u>，加班劍二十人。(<u>晉書王導傳</u>附<u>王諡傳</u>)

　　　　承制授<u>高祖</u>通直散騎常侍、使持節、信威將軍、<u>豫州</u>刺史，領<u>豫章</u>内史，改封<u>長城縣侯</u>。(<u>陳書高祖紀上</u>)

　　　　七年春正月己酉，封<u>高麗王高武</u>爲<u>遼東郡王</u>，<u>百濟王扶餘璋</u>爲<u>帶方郡王</u>，<u>新羅王金真平</u>爲<u>樂浪郡王</u>。(<u>舊唐書高祖紀</u>)

　　五、封號多代指某人，如「<u>魏其侯</u>」(<u>漢竇嬰</u>)、「<u>武安侯</u>」(<u>漢田蚡</u>)、「<u>竟陵王</u>」(<u>齊蕭子良</u>)之類，即令不與人名同時出現，亦皆標專名綫。若諸封號並稱者，如「<u>絳</u>、<u>灌</u>、<u>東陽侯</u>」、「<u>長沙定王</u>、<u>春陵節侯</u>、<u>鬱林府君</u>」之類，不僅各封號所用專名綫之間要斷開，而且還須使用頓號。例如：

　　　　<u>魏其</u>、<u>武安</u>俱好儒術，推轂<u>趙綰</u>爲御史大夫，<u>王臧</u>爲郎中令。(<u>史記魏其武安侯列傳</u>)

　　於是天子議以賈誼任公卿之位。絳、灌、東陽侯、馮敬之屬盡害之，乃毀誼曰：「雒陽之人年少初學，專欲擅權，紛亂諸事。」於是天子後亦疏之。不用其議，以誼爲長沙王太傅。（漢書賈誼傳）

　　冬十月己未，進幸江陵，詔廬江太守祠南嶽，又詔長沙、零陵太守祠長沙定王、舂陵節侯、鬱林府君。（後漢書章帝紀）

　　時竟陵王亦招士，約與蘭陵蕭琛、琅邪王融、陳郡謝朓、南鄉范雲、樂安任昉等遊焉，當世號爲得人。（梁書沈約傳）

(伍)民族名(部族、族稱、國號)

一、民族名用作泛稱者，如「蠻」、「夷」、「戎」、「狄」、「蠻夷」、「戎狄」、「北狄」之類，皆不標專名綫。例如：

　　夏道衰，而公劉失其稷官，變於西戎，邑於豳。其後三百有餘歲，戎狄攻大王亶父，亶父亡走岐下，而豳人悉從亶父而邑焉，作周。（史記匈奴列傳）

　　然至冒頓而匈奴最彊大，盡服北狄，而南與中國爲敵國。（同上）

　　及秦惠王并巴中，以巴氏爲蠻夷酋長。（後漢書南蠻西南夷傳）

　　匈奴之類，總謂之北狄。（晉書四夷傳）

南夷、西南夷，大抵在<u>交州</u>之南及西南，居大海中洲上，相去或三五千里，遠者二三萬里，乘舶舉帆，道里不可詳知。外國諸夷雖言里數，非定實也。（<u>宋書夷蠻傳</u>）

二、民族或部族之專名，如「<u>山戎</u>」、「<u>西南夷</u>」、「<u>南越</u>」、「<u>西甌</u>」、「<u>板楯蠻</u>」、「<u>氐</u>」、「<u>羌</u>」及專指<u>匈奴</u>之「<u>胡</u>」、<u>吐蕃</u>之「<u>蕃</u>」之類，皆標專名綫。例如：

<u>唐虞</u>以上有<u>山戎</u>、<u>獫狁</u>、<u>葷粥</u>，居於北蠻，隨畜牧而轉移。（<u>史記匈奴列傳</u>）

<u>西南夷</u>君長以什數，<u>夜郎</u>最大。（<u>史記西南夷列傳</u>）

<u>佗</u>因此以兵威邊，財貨賂遺<u>閩越</u>、<u>西甌</u>、<u>駱</u>，役屬焉，東西萬餘里。（<u>史記南越列傳</u>）

<u>建元</u>六年，大行<u>王恢</u>擊<u>東越</u>，<u>東越</u>殺<u>王郢</u>以報。（同上）

<u>貳師</u>在<u>匈奴</u>歲餘，<u>衛律</u>害其寵，會母<u>閼氏</u>病，<u>律</u>飭<u>胡</u>巫言先<u>單于</u>怒，曰：「<u>胡</u>故時祠兵，常言得<u>貳師</u>以社，今何故不用？」於是收<u>貳師</u>。（<u>漢書匈奴傳</u>上）

<u>白馬羌</u>寇<u>廣漢屬國</u>，殺長史，<u>益州</u>刺史率<u>板楯蠻</u>討破之。（<u>後漢書桓帝紀</u>）

<u>氐</u>藉世業之資，<u>胡</u>因倔起之眾，結根百頃，跨有<u>河西</u>，雖戎夷猾<u>夏</u>，自擅荒服，而財力雄富，頗尚禮文。（<u>宋書氐胡傳</u>）

尋而蠻帥田杜清及沔、漢諸蠻擾動，大將軍楊忠擊破之。（周書異域傳上）

丙寅，洮河道行軍大總管中書令李敬玄、左衛大將軍劉審禮等與吐蕃戰于青海之上，王師敗績，審禮被俘。上以蕃寇爲患，問計於侍臣中書舍人郭正一等，咸以備邊不深討爲上策。（舊唐書高宗紀下）

三、地名與民族、部族名之總稱連用，如「蠻荆」、「江夏蠻」、「武興氐」、「白水蠻」、「宕昌羌」、「山後兩林蠻」之類，皆連標專名綫。例如：

宣王中興，乃命方叔南伐蠻方，詩人所謂「蠻荆來威」者也。（後漢書南蠻西南夷傳）

靈帝建寧二年，江夏蠻叛，州郡討平之。（同上）

魏恭帝末，武興氐反，圍利州。（周書異域傳上）

司州刺史陳慶之與（周）薈同郡，素相善，啟薈爲前軍軍主。慶之使薈將五百人往新蔡懸瓠，慰勞白水蠻，蠻謀執薈以入味，事覺，薈與文育拒之。（陳書周文育傳）

宕昌羌者，其先蓋三苗之胤，周時與庸、蜀、微、盧等八國從武王滅商，漢有先零、燒當等，世爲邊患。（魏書宕昌傳）

（開寶四年九月）癸卯，山後兩林蠻以名馬來獻。（宋史

太宗紀一)

四、地名與同民族之不同部族連用，如「梁州恒稜獠」、「秦州濁水羌」、「雅州西山野川路蠻」之類，其地名與民族、部族名之間斷開，分別標專名綫。例如：

　　天和三年，梁州恒稜獠反，總管長史趙文表討之。(周書異域傳上)

　　是歲，秦州濁水羌反，州軍討平之。(同上)

　　雅州西山野川路蠻者，亦西南夷之別種也，距州三百里，有部落四十六，唐以來皆爲羈縻州。(宋史蠻夷傳四)

五、西域及四裔諸國號，不論是否帶「國」字，如「粟特」、「悉萬斤」、「康居」、「吐火羅」、「倭國」、「日本」、「西突厥」之類，皆標專名綫。例如：

　　十有二月，粟特、州逸、河冀、疊伏羅、員闊、悉萬斤諸國各遣使朝貢。(魏書高祖紀上)

　　粟特國在葱嶺之西，蓋古之庵蔡，一名溫那沙。治於大澤，在康居西北。(周書異域傳下)

　　是歲，墮婆登、乙利、鼻林送、都播、羊同、石、波斯、康國、吐火羅、阿悉吉等遠夷十九國，並遣使朝貢。(舊唐書太宗紀下)

日本國者,倭國之別種也。以其國在日邊,故以日本爲名。或曰倭國自惡其名不雅,改爲日本。或云日本舊小國,併倭國之地。(舊唐書東夷傳)

西突厥者,木杆可汗之子大邏便也。與沙鉢略有隙,因分爲二,漸以强盛。(隋書北狄傳)

(陸)天文名(星名、別稱、合稱)

一、三垣(紫微垣、太微垣、天市垣)、二十八宿(東方蒼龍七宿:角、亢、氐、房、心、尾、箕;北方玄武七宿:斗、牛、女、虛、危、室、壁;西方白虎七宿:奎、婁、胃、昴、畢、觜、參;南方朱雀七宿:井、鬼、柳、星、張、翼、軫),皆標專名綫。例如:

北斗七星,所謂「璿、璣、玉衡以齊七政」。杓攜龍角,衡殷南斗,魁枕參首,用昏建者杓,杓,自華以西南。夜半建者衡,衡,殷中州河、濟之閒。平旦建者魁,魁,海岱以東北也。斗爲帝車,運於中央,臨制四鄉。分陰陽,建四時,均五行,移節度,定諸紀,皆繫於斗。(史記天官書)

中宮天極星,其一明者,泰一之常居也。旁三星三公,或曰子屬。後句四星,末大星正妃,餘三星後宮之屬也。環之匡衛十二星,藩臣,皆曰紫宮。(漢書天文志)

延光二年八月己亥,熒惑出太微端門。三年二月辛未,太白犯昴。五月癸丑,太白入畢。九月壬寅,鎮星犯左執法。四年,太白入輿鬼中。六月壬辰,太白出太微。九月甲子,太白入斗口中。十一月,客星見天市。熒惑出太微,爲亂臣。

太白犯昴、畢，爲邊兵，一曰大人當之。鎮星犯左執法，有誅臣。太白入輿鬼中，爲大喪。太白出太微，爲中宮有兵；入斗口，爲貴將相有誅者。客星見天市中，爲貴喪。（續漢書天文志中）

二、歲星、五星（金、木、水、火、土）及其別稱，如歲星又稱「紀星」、金星又稱「太白」、水星又稱「辰星」、火星又稱「熒惑」之類，皆標專名綫。例如：

歲星一曰攝提，曰重華，曰應星，曰紀星。營室爲清廟，歲星廟也。（史記天官書）

木星與土合，爲內亂，饑，主勿用戰，敗；水則變謀而更事；火爲旱，金爲白衣會若水。（史記天官書）

北宮玄武，虛、危。危爲蓋屋；虛爲哭泣之事。其南有衆星，曰羽林天軍。軍西爲壘，或曰戉。旁一大星，北落。北落若微亡，軍星動角益稀，及五星犯北落，入軍，軍起。火、金、水尤甚。火入，軍憂；水，水患；木、土，軍吉。（漢書天文志）

太白者，猶軍也；而熒惑，憂也。故熒惑從太白，軍憂；離之，軍舒。出太白之陰，有分軍；出其陽，有偏將之戰。當其行，太白還之，破軍殺將。（漢書天文志）

二年正月乙卯，金、木俱在奎，丙寅，水又在奎。奎主武庫兵，三星會又爲兵喪。辛未，水、金、木在婁，亦爲兵，又爲匿謀。（續漢書天文志中）

二十三年三月，孛星晨見東方二十餘日，夕出西方，犯歷五車、東井、五諸侯、文昌、軒轅、后妃、太微，鋒炎指帝坐。占曰：「除舊佈新之象也。」（續漢書天文志下）

三、星宿之合稱，如「北斗」、「三能」、「三衡」、「三台」之類，皆連標專名綫。

北斗七星，所謂「璇、璣、玉衡以齊七政」。（史記天官書）

索隱　案：春秋運斗樞云：「斗，第一天樞，第二璇，第三璣，第四權，第五衡，第六開陽，第七搖光。第一至第四爲魁，第五至第七爲標，合而爲斗。」文耀鉤云：「斗者，天之喉舌。玉衡屬杓，魁爲璿、璣。」徐整長曆云：「北斗七星，星間相去九千里。其二陰星不見者，相去八千里也。」

三能、三衡者，天廷也。（史記天官書）　索隱　上云「南宮朱鳥，權，衡，衡，太微，三光之廷」，則三衡者即太微也。其謂之三者，爲日、月、五星也。然斗第六第五星亦名衡，又參三星亦名衡，然並不爲天廷也。　正義　晉書天文志云：「三台，主開德宣符也，所以和陰陽而理萬物也。三衡者，北斗魁四星爲璿璣，杓三星爲玉衡，人君之象，號令主也。又太微，天子官庭也。太微爲衡，衡主平也，爲天庭理，法平辭理也。」案：言三台、三衡者，皆天帝之庭，號令舒散平理也，故言三台、三衡。言若有客星出三台、三衡之廷，必有奇異教令也。

三台六星，兩兩而居，起文昌，列抵太微。一曰天柱，三公之位也。在人曰三公，在天曰三台，主開德宣符也。西近文昌二星曰上台，爲司命，主壽。次二星曰中台，爲司中，主宗室。東二星曰下台，爲司祿，主兵，所以昭德塞違也。又曰三台爲天階，太一躡以上下。（晉書天文志上）

四、星宿之分野，如「角、亢、氐，兗州」、「翼、軫，荆州」之類，皆標專名綫。

角、亢、氐，兗州。房、心，豫州。尾、箕，幽州。斗，江、湖。牽牛、婺女，揚州。虛、危，青州。營室至東壁，并州。奎、婁、胃，徐州。昴、畢，冀州。觜觿、參，益州。東井、輿鬼，雍州。柳、七星、張，三河。翼、軫，荆州。（史記天官書）

二十八舍主十二州，斗秉兼之，所從來久矣。秦之疆也，候在太白，占於狼、弧。吳、楚之疆，候在熒惑，占於鳥衡。燕、齊之疆，候在辰星，占於虛、危。宋、鄭之疆，候在歲星，占於房、心。晉之疆，亦候在辰星，占於參、罰。（同上）

七年，月暈，圍參、畢七重。占曰：「畢、昴間，天街也。街北，胡也；街南，中國也。昴爲匈奴，參爲趙，畢爲邊兵。」是歲高祖自將兵擊匈奴，至平城，爲冒頓單于所圍，七日乃解。（漢書天文志）

五、十二辰（丑、子、亥、戌、酉、申、未、午、巳、辰、卯、寅）、十二次（星紀、玄枵、諏訾、降婁、大梁、實沈、鶉首、鶉火、鶉尾、壽星、大火、析木）、太歲年名（攝提格、單閼、執徐、大荒落、敦牂、協[叶]洽、涒灘、作噩[鄂]、閹茂、大淵獻、困敦、赤奮若）及日、月、彗星、

流星,一律不標專名綫。例如:

> 執徐歲,歲陰在辰,星居亥。以三月與<u>營室</u>、<u>東壁</u>晨出,曰青章。其失次,有應見<u>軫</u>。歲早旱,晚水。(<u>史記天官書</u>)

> 西<u>雍</u>有日、月、<u>參</u>、<u>辰</u>、<u>南北斗</u>、<u>熒惑</u>、<u>太白</u>、<u>歲星</u>、<u>填星</u>、<u>辰星</u>、<u>二十八宿</u>、<u>風伯</u>、<u>雨師</u>、<u>四海</u>、<u>九臣</u>、<u>諸布</u>、<u>諸嚴</u>、<u>諸逑</u>之屬,百有餘廟。(<u>史記封禪書</u>)

> <u>太歲</u>在寅曰攝提格。<u>歲星</u>正月晨處東方,<u>石氏</u>曰名監德,在<u>斗</u>、<u>牽牛</u>。失次,杓,早水,晚旱。<u>甘氏</u>在<u>建星</u>、<u>婺女</u>。<u>太初曆</u>在<u>營室</u>、<u>東壁</u>。(<u>漢書天文志</u>)

> 十五年正月丁未,彗星見<u>昴</u>,稍西北行入<u>營室</u>,犯<u>離宮</u>,三月乙未,至<u>東壁</u>滅,見四十九日。(<u>續漢書天文志上</u>)

> 二月,有流星大如桃,起<u>紫宮</u>東蕃,西北行五丈稍滅。(<u>續漢書天文志中</u>)

(柒)書　名(篇章、樂舞、簡稱、合稱、典故)

一、書名(含篇名、樂舞名,下同)之正式名稱,如「易」、「乾卦」、「詩」、「關雎」、「咸有一德」、「廣陵散」、「滅過惡」之類,皆標書名綫。例如:

> <u>易</u>曰:「通其變,使民不倦。」<u>詩</u>云:「九變復貫,知言之選。」(<u>漢書武帝紀</u>)

> <u>周</u>道缺,詩人本之衽席,<u>關雎</u>作。仁義陵遲,<u>鹿鳴</u>刺焉。

（史記十二諸侯年表）

伊尹作咸有一德，咎單作明居。（史記殷本紀）

於易在豐之震曰：「豐其沛，日中見昧，折其右肱，亡咎。」於詩十月之交，則著卿士、司徒，下至趣馬、師氏，咸非其材。（漢書五行志下之下）

高祖六年又作昭容樂、禮容樂。昭容者，猶古之昭夏也，主出武德舞。禮容者，主出文始、五行舞。（漢書禮樂志）

康顧視日影，索琴彈之曰：「昔袁孝尼嘗從吾學廣陵散，吾每靳固之。廣陵散于今絶矣。」（晉書嵇康傳）

太子問王儉曰：「周易乾卦本施天位，而説卦云『帝出乎震』。震本非天，義豈相主？」儉曰：「乾健震動，天以運動爲德，故言『帝出震』。」（南齊書文惠太子傳）

帝既篤敬佛法，又制善哉、大樂、大歡、天道、仙道、神王、龍王、滅過惡、除愛水、斷苦輪等十篇，名爲正樂，皆述佛法。（隋書音樂志上）

二、書名中雜有虛字者，如「天馬之歌」、「太一之歌」、「漢之季」、「三侯之章」、「毛詩并注音」、「梁武南郊之圖」之類，皆連同虛字標書名綫。

又嘗得神馬渥洼水中，復次以爲太一之歌。（史記樂書）

　　高祖過沛詩三侯之章,令小兒歌之。　　索隱按:過沛
詩即大風歌也。其辭曰「大風起兮雲飛揚,威加海內兮歸故
鄉,安得猛士兮守四方」是也。侯,語辭也。詩曰「侯其禕而」
者是也。兮亦語辭也。沛詩有三「兮」,故云三侯也。(史記
樂書)

　　六月,得寶鼎后土祠旁。秋,馬生渥窪水中,作寶鼎、天
馬之歌。(漢書武帝紀)

　　改思悲翁爲漢之季,言堅悼漢之微,痛董卓之亂,興兵奮
擊,功蓋海內也。(晉書樂志下)

　　毛詩并注音八卷秘書學士魯士達撰。(隋書經籍志一)

　　由斯而言,則梁武南郊之圖,義同於此。(舊唐書輿服
志)

　　三、書名之別稱,如「三百篇」(詩)、「呂覽」(呂氏春秋)、「太史
公書」(史記)、「班書」(漢書)、「南華真經」(莊子)之類,皆連標書
名綫。例如:

　　陵遲於梁、陳之間,率不過嘲風雪、弄花草而已。噫! 風
雪花草之物,三百篇豈捨之乎? 顧所用何如耳。(舊唐書白
居易傳)

　　不韋遷蜀,世傳呂覽。(史記太史公自序)

凡百三十篇，五十二萬六千五百字，爲太史公書。（漢書司馬遷傳）

師古曰：「近代之讀相如賦者多矣，皆改易文字，競爲音説，致失本真，徐廣、鄒誕生、諸詮之、陳武之屬是也。今以班書舊文爲正，於彼數家，並無取焉。」（漢書司馬相如傳顏師古注）

莊子號南華真人，文子號通玄真人，列子號沖虛真人，庚桑子號洞虛真人，改莊子爲南華真經，文子爲通玄真經，列子爲沖虛真經，庚桑子爲洞虛真經。（舊唐書禮儀志四）

四、書名之簡稱，如「史、漢」（史記漢書）、「漢志」（漢書藝文志、漢書律曆志、漢書地理志）、「晉志」（晉書律曆志、晉書天文志）、「隋志」（隋書經籍志、隋書天文志）之類，皆標書名綫。例如：

張裔字君嗣，蜀郡成都人也。治公羊春秋，博涉史、漢。（三國志蜀書張裔傳）

劉更生石渠典校之書，卷軸無幾，逮歆之七略，在漢藝文志者，裁三萬三千九百卷。（隋書經籍志下）

漢志言律，一曰備數，二曰和數，三曰審度，四曰嘉量，五曰衡權。自魏、晉已降，代有沿革。（隋書律曆志上）

霹靂四星、雲雨四星，晉志無之，隋志有之。（宋史天文志三）

五、書名之前綴詞(姓名、時序、語別、形制)已融爲書名、篇名者,如「毛詩」、「鄭氏尚書」、「王氏易」、「大戴記」、「楊子太玄經」、「古文尚書」、「國語孝經」、「集注毛詩」之類,皆連標專名綫。惟連標書名綫而易生歧義者,如「馬書」(史記天官書)、「班志」(漢書天文志)之類,則姓氏與書名宜分別用專名綫和書名綫。例如:

及歆親近,欲建立左氏春秋及毛詩、逸禮、古文尚書皆列於學官。(漢書楚元王傳)

武帝末,魯恭王壞孔子宅,欲以廣其宮,而得古文尚書及禮記、論語、孝經凡數十篇,皆古字也。(漢書藝文志)

又云魏氏遷洛,未達華語,孝文帝命侯伏侯可悉陵,以夷言譯孝經之旨,教於國人,謂之國語孝經。(隋書經籍志一)

陳太建七年七曜曆十三卷(隋書經籍志三)

新撰陰陽書三十卷　　王粲撰。(舊唐書經籍志下)

楊子太玄經十二卷　　楊雄撰,陸績注。(同上)

穎達八歲就學,日誦千餘言。及長,尤明左氏傳、鄭氏尚書、王氏易、毛詩、禮記,兼善算曆,解屬文。(舊唐書孔穎達傳)

言天者有三家,一曰宣夜,二曰蓋天,三曰渾天,而天之正體,經無前説,馬書、班志又闕其文。(宋書天文志一)

六、單純用姓氏爲書名者，如「左氏」（春秋左氏傳）、「穀梁」（春秋穀梁傳）、「公羊」（春秋公羊傳）、「公孫段」之類，皆標書名綫。例如：

　　及歆校秘書，見古文春秋左氏傳，歆大好之。時丞相史尹咸以能治左氏，與歆共校經傳。（漢書楚元王傳）

　　公孫段二篇，公孫段與邵陟論易。（晉書束皙傳）

　　穀梁范寧注，公羊何休注，左氏服虔、杜預注，俱立國學。然公羊、穀梁，但試讀文，而不能通其義。（隋書經籍志一）

　　是後馬融作周官傳，以授鄭玄，玄作周官注。漢初，河間獻王又得仲尼弟子及後學者所記一百三十一篇獻之，時亦無傳之者。至劉向考校經籍，檢得一百三十篇，向因第而叙之。而又得明堂陰陽記三十三篇、孔子三朝記七篇、王史氏記二十一篇、樂記二十三篇，凡五種，合二百十四篇。戴德刪其煩重，合而記之，爲八十五篇，謂之大戴記。而戴聖又刪大戴之書，爲四十六篇，謂之小戴記。（隋書經籍志一）

七、書名與地名連稱，且已習用爲固定名稱者，如「魯詩」、「齊詩」、「汲冢書」之類，皆連標書名綫。例如：

　　時秘書丞衛恒考正汲冢書，未訖而遭難。（晉書王接傳）

　　漢初，有魯人申公，受詩於浮丘伯，作詁訓，是爲魯詩。齊人轅固生亦傳詩，是爲齊詩。（隋書經籍志一）

八、共用一個書名，實則爲兩書、三書者，如「大、小夏侯章句」、「歐阳、大小夏侯氏」、「周、儀禮」、「太祖、太宗史」之類，二書之間皆用頓號隔開。例如：

大、小夏侯章句各二十九卷。（漢書藝文志）

訖孝宣世，有歐陽、大小夏侯氏，立於學官。（同上）

諸生盡通小戴禮，於周、儀禮兼通者十二三焉。（北齊書儒林傳序）

丁巳，詔王旦、楊億等修太祖、太宗史。（宋史真宗紀二）

九、雖爲數種書的合稱，但習用爲固定書名者，如「三墳」、「三禮」、「四書」、「五經」、「九經」、「春秋三傳」、「三史」之類，皆連標書名綫。例如：

通一經之士不能獨知其辭，皆集會五經家，相與共講習讀之，乃能通知其意，多爾雅之文。（史記樂書）

嘗欲訓左氏春秋，及見賈逵、鄭衆注，乃曰：「賈君精而不博，鄭君博而不精。既精既博，吾何加焉！」但著三傳異同説。注孝經、論語、詩、易、三禮、尚書、列女傳、老子、淮南子、離騷，所著賦、頌、碑、誄、書、記、表、奏、七言、琴歌、對策、遺令，凡二十一篇。（後漢書馬融傳）

考之前載，則三墳、五典、八索、九丘之類是也。（隋書經籍志一）

　　<u>文詡</u>博覽文籍，特精<u>三禮</u>，其<u>周易</u>、<u>詩</u>、<u>書</u>及<u>春秋</u>三傳，並皆通習。（<u>隋書張文詡傳</u>）

　　乙亥，<u>交州</u>來貢，賜<u>黎龍廷</u><u>九經</u>及佛氏書。（<u>宋史真宗紀二</u>）

　　晚歲專意理學，嘗言吾兵間無悖謀左畫，得於<u>四書</u>。（<u>宋史杜杲傳</u>）

十、同一書下連舉數個篇名，如「<u>解老</u>、<u>喻老</u>」、「<u>問王</u>、<u>知道</u>」、「<u>賈山</u>、<u>司馬相如傳</u>」、「<u>諸子</u>、<u>兵書</u>、<u>數術</u>、<u>方伎略</u>」之類，不同篇名間須用頓號隔開。例如：

　　<u>韓非</u>者，<u>韓</u>之諸公子也。喜刑名法術之學，而其歸本於<u>黃老</u>。　　<u>索隱</u>按：<u>劉氏</u>云：「<u>黃老</u>之法不尚繁華，清簡無爲，君臣自正。<u>韓非</u>之論詆駁浮淫，法制無私，而名實相稱。故曰『歸於<u>黃老</u>』。」斯未爲得其本質。今按：<u>韓非</u>書有<u>解老</u>、<u>喻老</u>二篇，是大抵亦崇<u>黃老</u>之學耳。（<u>史記老子韓非列傳</u>）

　　銷其兵，鑄以爲鍾虡，示不復用。<u>師古</u>曰：「虡，懸鍾者也。解在<u>賈山</u>、<u>司馬相如傳</u>。」（<u>漢書嚴安傳</u>）

　　<u>張禹</u>本授<u>魯論</u>，晚講<u>齊論</u>，後遂合而考之，刪其煩惑。除去<u>齊論</u><u>問王</u>、<u>知道</u>二篇，從<u>魯論</u>二十篇爲定，號<u>張侯論</u>，當世重之。（<u>隋書經籍志一</u>）

　　<u>漢書</u>有<u>諸子</u>、<u>兵書</u>、<u>數術</u>、<u>方伎</u>之略，今合而叙之，爲十四

種，謂之子部。（隋書經籍志三）

十一、詮釋古籍之傳、箋、注、章句等，如「詩傳」、「毛傳」（詩毛萇傳）、「鄭箋」（詩鄭玄箋）、「楚辭章句」（楚辭王逸注）、「尚書傳」（尚書孔安國傳）、「易注」（易鄭玄注）、「漢書注」（漢書顏師古注）、「注水經」（酈道元水經注）之類，皆與原書名連標書名綫。例如：

　　於是迺使百工營求之野，得說於傅巖中。　　正義 括地志云：「傅險即傅說版築之處，所隱之處窟名聖人窟，在今陝州河北縣北七里，即虞國虢國之界。又有傅說祠。注水經云沙澗水出虞山，東南逕傅巖，歷傅說隱室前，俗名聖人窟。」（史記殷本紀）

　　泰山之高百仞，而跛牂牧其上。　　集解 詩云：「牂羊墳首。」毛傳曰：「牝曰牂。」（史記李斯列傳）

　　詩云：「彼月而食，則惟其常；此日而食，于何不臧？」詩傳曰：「月食非常也，比之日食猶常也，日食則不駔矣。」謂之小變，可也；謂之正行，非也。（漢書天文志）

　　王逸字叔師，南郡宜城人也。元初中，舉上計吏，爲校書郎。順帝時，爲侍中。著楚辭章句行於世。（後漢書文苑王逸傳）

　　書曰：「若稽古帝舜曰重華，建皇授政改朔。初高陽氏以十一月爲正，薦玉以赤繒。高辛氏以十三月爲正，薦玉以白繒。」尚書傳曰：「舜定鍾石，論人聲，乃及鳥獸，咸變於前。故

更四時，改<u>堯</u>正。」（<u>宋書禮志一</u>）

　　<u>馬融</u>又爲其傳，以授<u>鄭玄</u>。<u>玄</u>作<u>易注</u>，<u>荀爽</u>又作<u>易傳</u>。（<u>隋書經籍志一</u>）

　　<u>鄭衆</u>、<u>賈逵</u>、<u>馬融</u>，並作<u>毛詩</u>箋。<u>齊詩</u>，<u>魏</u>代已亡；<u>魯詩</u>亡於<u>西晉</u>；<u>韓詩</u>雖存，無傳之者。唯<u>毛詩鄭</u>箋，至今獨立。（同上）

　　<u>景德</u>中，南郊鹵簿使<u>王欽若</u>言：「五方帝位板如<u>靈威仰</u>、<u>赤熛怒</u>、<u>含樞紐</u>、<u>白招矩</u>、<u>叶光紀</u>，恐是五帝之名，理當恭避。」禮官言：「<u>開寶通禮義纂</u>，五者皆是帝號。<u>漢書</u>注自有名，即<u>蒼帝靈符</u>，<u>赤帝文祖</u>，<u>白帝顯紀</u>，<u>黑帝玄矩</u>，<u>黃帝神斗</u>是也。既爲美稱，不煩回避。」（<u>宋史禮志三</u>）

　　十二、同一書中之類目名稱，如<u>春秋</u>之「<u>經</u>、<u>傳</u>」、<u>詩</u>之「<u>周</u>、<u>召二南</u>」、「<u>詩大雅生民篇</u>」、「<u>禮樂志文始舞</u>」之類，當視同篇名，皆標書名綫。惟類目下又分卷次，如「<u>地理上</u>」、「<u>天文一</u>」、「<u>律曆中</u>」之類，其卷次（上、中、下，一、二等）在篇名綫外，不與類目連標。例如：

　　<u>杞東樓公</u>者，<u>夏后禹</u>之後苗裔也。　　<u>索隱</u><u>杞</u>，國名也。<u>東樓公</u>號諡也。（中略）<u>杞</u>後改國曰<u>州</u>而稱<u>淳于公</u>，故<u>春秋桓</u>五年經云「<u>州公如曹</u>」，傳曰「<u>淳于公如曹</u>」是也。（<u>史記陳杞世家</u>）

　　<u>召公奭</u>与<u>周</u>同姓，姓<u>姬</u>氏。　　<u>索隱</u>或説者以爲<u>文王</u>

受命，取岐州故墟周、召地分爵二公，故詩有周召二南，言皆在岐山之陽，故言南也。（史記燕召公世家）

居期而生子，以爲不祥，棄之隘巷。 索隱 已下皆詩大雅生民篇所云「誕寘之隘巷，牛羊腓字之；誕寘之平林，會伐平林；誕寘之寒冰，鳥覆翼之」是其事也。馬牛過者皆避不踐；徙置之林中，適會山林多人，遷之；而棄渠中冰上，飛鳥以其翼覆薦之。（史記周本紀）

高廟酎，奏武德、文始、五行之舞。 索隱 應劭曰：「禮樂志文始舞本舜韶舞，高祖更名文始，示不相襲。」（史記孝文本紀）

十三、源出於經典之篇章名稱，後世已習用为典故，且表意直接而顯豁者，如「甘棠」（詩召南甘棠）、「陟岵」（詩魏風陟岵）之類，一般毋須再用書名綫表示；惟表意婉转，不作强調便不能明了其原始出處寓意者，如「渭陽」（詩秦風渭陽）之類，則可以使用引號加以提示，但亦毋须使用書名綫。例如：

乃搜逑索耦皋、伊之徒，冠倫魁能，函甘棠之惠，挾東征之意，相與齊虖陽靈之官。顏師古注：「甘棠之惠，邵公奭也。東征之意，周公旦也。」（漢書揚雄傳上）

周人之思邵公，愛其甘棠，又況其子孫哉！李賢注：「詩序曰：『甘棠，美邵伯也。邵伯聽訟於甘棠之下，周人思之，不伐其樹。』」（後漢書盧芳傳論）

及陳蕃免太尉，朝野屬意於膺，荀爽恐其名高致禍，欲令屈節以全亂世，爲書詣曰：「久廢過庭，不聞善誘，陟岵瞻望，惟日爲歲。」李賢注：「論語曰：『鯉趨而過庭。子曰：「學詩乎？」曰：「未也。」』又曰：『孔子恂恂然善誘人。』詩曰：『陟彼岵兮，瞻望父兮。』又曰：『一日不見，如三秋兮。』爽致敬於膺，改以父爲喻也。」（後漢書黨錮李膺傳）

兵豈在多，貴於用命。宜嚴制軍科，務先饒復，習兵教戰，使偏武有常，從戎之外，足營私業，父兄有陟岵之觀，子弟懷孔爾之顧，雖赴水火，何所不從！（晉書慕容暐傳）

八年，因兄子豫怨謗事，有司奏防、光兄弟奢侈踰僭，濁亂聖化，悉免就國。臨上路，詔曰：「舅氏一門，具就國封，四時陵廟無助祭先後者，朕甚傷之。其令許侯思愆田廬，有司勿復請，以慰朕『渭陽』之情。」李賢注：「渭陽，詩秦風也。秦康公送舅於渭之陽，念母之不見也。其詩曰：『我見舅氏，如母存焉。』」（後漢書馬援傳附馬防傳）

初，陳郡謝重，王胡之外孫，於諸舅禮敬多闕。重子絢，湛之甥也，嘗於公座陵湛，湛正色謂曰：「汝便是兩世無『渭陽』之情。」絢有愧色。（宋書袁湛傳）

（原載《點校本"二十四史"及〈清史稿〉修訂工程簡報》第 62 期，2011 年 5 月 31 日）

"中國古籍"、"古典文獻"和
"古籍整理"的界限説

什麽是"中國古籍"？什麽是"古典文獻"？什麽是"古籍整理"？這三個概念初看起來好像界限分明,毋庸多辯,然而要細説起來却又有許多難以界定之處。鑒於這些概念是圖書館學、古籍整理學,乃至文史研究中通常不可回避的問題,甚至是其立論的依據,故有必要從理論研究和實踐經驗諸個方面加以釐清。以下擬在時賢研究成果的基礎上,結合自己在古籍整理工作中的心得,對三個概念之間的關聯和區别略作辨析。

一、什麽是"中國古籍"

泛泛而言,把"中國古籍"説成是"中國古代的書籍",似無不可,但這祇能是一種籠而統之的口語化表述,與學術研究所説的界定無關。如果要在學術研究領域給"中國古籍"下一個科學的定義,限定一個明確的包容範圍,其實並不那麼簡單。譬如按照歷史學家的説法,中國自上古迄清道光二十年(1840)的鴉片戰爭以前爲古代,此後則爲近代,若以此作爲前提來界定"中國書籍",勢必會將1840年作爲中國古籍的截止綫,而事實上中國傳統學術的發展並未就此止步,這樣做顯然是有悖於中國學術發展史

的。再譬如中國自清王朝覆滅直至今天,整理出版歷史文化遺產
的事業從不曾間斷,其整理出版形式亦大多遵循着傳統學術規
範,甚或有專以仿古存真爲準的者,如果我們不加區分,亦必將混
古今爲一談,這顯然又是一種缺乏歷史觀念的表現。可見要爲
"中國古籍"作出界定,既不能硬性割斷中國傳統學術發展的歷
史,又不能有意無意混淆古今的畛域,我們惟有在這兩條基本原
則之下去尋求合理的答案。

　　最近二十年間,隨着古文獻學、圖書館學等相關學科研究的
深入發展,我國學術界關於如何界定"中國古籍",現在已經有了
一種比較穩妥而又比較一致的意見。先來看看圖書館學界的目
錄版本學家對"中國古籍"是如何定義的。首先,高等院校圖書館
學系專業課教材《圖書館古籍編目》這樣說:

　　　　古籍主要是指 1911 年以前歷朝的刻本、寫本、稿本、拓
　　本等。從圖書館給古籍編目工作的實際情況看,1911 年以後
　　的影印、排印的綫裝古籍,如《四部叢刊》、《四部備要》等書也
　　都屬古籍。要從時間上截然劃分是困難的。以 1911 年爲下
　　限,也祇能説大致符合圖書内容及形制的實際情況。①

其次,李致忠的《古籍版本知識 500 問》開宗明義,第一問即回答
這個問題:

　　　　凡産生在 1911 年以前,内容是研究中國古代傳統文化、
　　方法是中國古代傳統著作方式、裝幀具有中國古代圖書傳統
　　裝幀形式的典籍,就是中國古籍。這是確切概念上中國古籍
　　的含義。廣義的中國古籍,則應是在 1911 年以前産生於中

---

　　①　北京大學圖書館學系、武漢大學圖書館學系合編《圖書館古籍編
目·緒論》,中華書局 1985 年版,第 2 頁。

國大地而又具有傳統裝幀形式的著作。這就寬泛多了。它不僅涵蓋了中國人的著作,也包括了外國人在中國所寫的著作。①

再看文史學界專家們的概括,他們的說法與上述觀點也相差不多。例如,黃永年在《古籍整理概論》中說:

> 春秋末戰國時編定撰寫的經、傳、說、記、諸子書等是古籍的上限。下限則一般劃到清代末年。這和史的分期有點不同。我國歷史現在一般從有史以來到 1840 年鴉片戰爭之前算作古代史。鴉片戰爭以後,我國封建社會在外國資本主義侵略下,逐漸變成半殖民地、半封建社會,所以 1840 年以後的歷史就劃入近代史。但社會性質的變化,並不意味着學術文化馬上統統起根本性的變化。從 1840 年到辛亥革命清朝統治結束的七十年間,新撰寫的書籍中,絕大部分的內容或形式都和前此的古籍沒有多少不同。因此,把清代末年作爲古籍的下限要比 1840 年作爲下限來得合適。②

又如程毅中在《古籍整理淺談》中說:

> 對於古書的範圍歷來有不同的看法。有人認爲應當以兩漢爲界限,兩漢以前的書才算古書(見胡樸安《古書校讀法》),這是一種比較狹義的說法。此外對古書還有更廣泛或更狹的理解。我們今天則以新舊文化的交替作爲界限,把 1919 年"五四"運動以前著作的書都看作古籍,根據不同的需

---

① 《古籍版本知識 500 問·什麼是中國古籍》,北京圖書館出版社 2001 年版,第 1 頁。

② 《古籍整理概論·緒論》第一節《什麼是古籍》,陝西人民出版社 1985 年第 1 版,上海書店出版社 2001 年補訂新 1 版,第 4 頁。

要有選擇地加以整理和出版。①

除了上述這些理論性的闡述，在近年的古籍圖書編目實踐中，以上觀點亦有充分的體現。例如，《北京圖書館古籍善本書目》在談及著錄原則時，明確規定有六種館藏不予收錄，其中的第三種情況是：

> 民國（1912 年）以來刻本、抄本，不論有無批校題跋，一律不收。②

與此相呼應，《北京圖書館普通古籍總目》則對所著錄的古籍作了全面界定：

> 本書著錄的古籍，主要是 1911 年之前以古典裝幀形式出現的寫本和印本圖書，同時也包括 1911 年以後以古典裝幀形式出現的、內容與中國古代文化有關的圖書。雖是古典裝幀而內容與中國古代文化無關，或內容雖古但非古典裝幀的圖書，均不在其列。所謂"普通"則是與"善本"相對而言的。③

至於影響巨大的《中國古籍善本書目》，其《前言》和《編例》中雖未寫明著錄下限，但冀淑英 1995 年 6 月爲《中國古籍善本書目》所作的《後記》，在追述其體例制定過程時則寫道：

> 一九七七年一月文物局在北京召開書目籌備會，聽取北京地區部分同志的看法和意見，同年四月文物局在北京召集北京圖書館、上海圖書館同志座談，討論研究有關書目的著

---

① 《古籍整理淺談》同題論文第一節《什麼是古籍整理》，北京燕山出版社 2001 年版，第 1 頁。

② 《北京圖書館古籍善本書目》，書目文獻出版社 1987 年版。

③ 北京圖書館普通古籍組編《北京圖書館普通古籍書目》第 1 卷《目錄門》，書目文獻出版社 1990 年版。

錄體例、分類法和收書範圍等問題。六月文物局再次召集座談會,討論了分類法等事項。後由文物局王冶秋局長作出決定,書目分類用四庫分類法,可酌加修訂,收錄各書下限至一九一一年。①

對於文物局的上述決定,李修生、龍德壽主編的《古籍整理與傳統文化》一書亦曾加以引用,該書第一章第一節《古籍和現存古籍概況》説:

> 關於古籍的下限,有各種不同的説法,我們認爲以 1911 年辛亥革命爲界比較合適。1978 年 3 月 28 日至 4 月 8 日全國古籍善本書總目編輯工作會議的文件中也已明確把古籍的劃期定到辛亥革命前爲止。當然,時期的劃分並不是那樣截然分明的。早在 19 世紀末,中國受西方文明的影響,已經出現了鉛印的報刊,已經有人奔走呼號,强調語體文的優越,而這些與一般意義上的古籍已經扞格不入了。另一方面,辛亥革命後若干年,仍有一些著述在内容與形式上沿襲舊式而未有變化,對這些作品,也還應該歸入古籍的範疇。②

關於"辛亥革命後若干年"的提法,曾擔任國務院古籍整理出版規劃小組組長的李一氓同志在 1986 年就説過:"關於古籍的時代下限問題,原來規定的 1911 年爲止,自無不可。但經過幾年的實踐,看來這個規定已經非突破不可。"③這表明圖書館學界和古籍整理學界在對古籍的認知上於上世紀 80 年代已經達成了共

---

① 《中國古籍善本書目·叢部》,上海古籍出版社 1998 年版,第 762 頁。

② 《古籍整理與傳統文化》,遼寧大學出版社 1991 年版,第 3 頁。

③ 《續修四庫全書·經部》第 1 册,上海古籍出版社 1995 年版;李一氓《古籍整理的幾個新問題》,《人民日報》1986 年 7 月 25 日第 5 版。

識。此後，由國務院古籍整理出版規劃小組（一度改稱國家古籍整理出版規劃小組，今稱全國古籍整理出版規劃領導小組）主持編纂的《中國古籍總目提要》（分爲《中國古籍總目》和《中國古籍提要》兩部分，正在編纂中），在其編纂總綱的第四條講到著録範圍時，進一步對古籍作了更爲確當的界定：

> 《中國古籍總目提要》收録的範圍，爲公元一九一二年（即民國元年）以前寫、抄、刻、印的各類書籍；少數成書或寫刻於一九一二年以後至二十年代，内容涉及中國古代學術文化，採用傳統著述方式，並具有古典裝幀形式的書籍，也酌予收録。

在此期間，經由國家新聞出版署和國家古籍整理出版規劃小組批准的國家重點古籍整理項目《續修四庫全書》，其《凡例》第一條說：“本書主要收録清修《四庫全書》以後迄於清末的學術著作，收録下限以成書年代計，大體止於民國元年（1912），冀爲中國傳統學術最後二百年之發展理清脈絡。”①按該書《經部·易類》收録王闓運《周易説》、廖平《易經古本》、馬其昶《重訂周易費氏學》等，《史部·雜史類》收録梁啟超《戊戌政變記》、李希聖《庚子國變記》等，《子部·儒家類》收録康有爲《大同書》、章炳麟《訄書》等，《西學譯著類》收録嚴復譯《天演論》、《名學》等，《集部·別集類》收録繆荃孫《藝風堂文集》、陳衍《石遺室詩集》、王國維《靜庵文集》等，這個收録範圍正好可以代表“中國古籍”的下限。

綜合以上各方面專家的意見以及各類古籍編目的實踐經驗，我們現在可以爲“中國古籍”的定義確立如下兩項基本條款：(1)1911 年辛亥革命以前編撰（著作、編述、鈔纂、注疏）出版（寫、抄、

---

① 《續修四庫全書·經部》第 1 册，上海古籍出版社 1995 年版。

刻、印）的各類圖書，均屬於“中國古籍”範疇。（2）1911 年以後至
1919 年“五四”運動以前編撰出版的各類圖書，凡内容涉及中國古
代學術文化，採用傳統著述方式，並具有古典裝幀形式（一般稱爲
綫裝）者，亦應屬於“中國古籍”範疇。這兩項基本條款凸顯了“中
國古籍”的本質特徵，即成書和出版的時間大抵屬於中國古代社
會，而其圖書内容、著述方式及裝幀形式又大抵屬於中國舊有學
術傳統。這裏需要説明的是，爲什麼古籍的下限要從 1911 年延
至 1919 年，這是因爲 1919 年“五四”新文化運動的興起是中國文
化學術發生重大變革的標誌。晚近以來在西學影響下出現的新
思潮至“五四”時期已形成洪流，此後人們著書立説的内容和體例
與前大異其趣，文體也由文言變成了白話，出版物的裝幀形式大
多趨向西式，這一切赫然畫出了中國新舊學術的分野。因此，將
1911 年至 1919 年的一個短時期作爲新舊交替的緩衝期是完全必
要的，也是合乎中國傳統學術發展史的實際情況的。

　　説到這裏還要請大家注意，在我們的論述中一直避免簡單地
使用“古籍”這一字眼，而是全稱“中國古籍”，這是有其道理的。
我國歷來是一個多民族組成的國家，而古籍則是中華民族傳統文
化的主要載體，當我們指稱“中國古籍”時，無疑是指中華民族文
化的整個載體，而非僅限於漢民族的古籍或用漢字寫成的古籍。
因此，使用“中國古籍”這一概念，可以包括少數民族的古籍或用
少數民族文字寫成的古籍在内。這個問題至關重要，在國家有關
古籍整理出版工作的政策中已有所體現，譬如 1982 年 4 月國家
民委在向有關省、自治區、直轄市民委下發的文件中就曾明確
指示：

　　　　少數民族古籍目前亟待搶救、搜集、整理和研究。我們
　　希望有關科研、教學和藏書單位，根據自己的人力和條件，把

　　整理和研究少數民族古籍的工作列入本單位的科研規劃，並迅速付諸實施。同時希望有關教育、文化和出版部門重視培養整理少數民族古籍的人才和少數民族古籍的出版工作。

　　此事在學術研究領域，也已有學者鄭重提及，如上引黃永年的《古籍整理概論》便寫道：

　　　　我國的古籍在數量上自以用漢文撰寫的爲最多。此外，還有用滿、蒙、藏、彝等兄弟民族文字撰寫的，當然也是我國的古籍。止是因爲整理這些用兄弟民族文字撰寫的古籍需要另一套專門學問，在方法上也和整理漢文的不盡相同，因此通常所謂古籍整理只限於漢文古籍。

又上引李修生等所撰《古籍整理與傳統文化》亦指出：

　　　　我國的古籍多爲漢文，此外還有藏、蒙、滿、彝、傣、回鶻、西夏、契丹等二十餘種兄弟民族文字，自亦爲中國古籍。

　　由此而言，要爲"中國古籍"下一個定義，除了上面所說的兩大條款，還應該增加第三個條款，即以少數民族文字撰寫的古籍，亦屬於中國古籍範疇。

　　有了這三項條款，"中國古籍"的概念是否就算完整了呢？也還不能。正如李致忠《古籍版本知識500問》所說，"中國古籍"的涵蓋面甚廣，"它不僅涵蓋了中國人的著作，也包括了外國人在中國所寫的著作"。據梁啟超《中國近三百年學術史》統計，在明清"西學東漸"之際，耶穌會士在華譯著西書凡三百二十一部，"中外學者合譯或分撰的書籍，不下百數十種"①。翻檢清修《四庫全書》亦會發現，其採用書目共收入湯若望、利瑪竇、南懷仁等西人著譯二十三部，存目著錄西書三十七部。另外，《四庫》中還收有

---

① 《中國近三百年學術史》，東方出版社1996年版，第10頁。

日本、朝鮮、安南、印度人的著述。這説明清代四庫館臣對那些與
中國文化學術關係密切的外國人著述，已經兼容並蓄，視同己出
了。其實不獨明清之際有此情況，便是清代末葉，有所謂"新學
家"者，力倡"中學爲體，西學爲用"，求知識於域外，對中國思想學
術界也産生了不小的影響。如梁啟超所説："時獨有侯官嚴復，先
後譯赫胥黎《天演論》，斯密亞丹《原富》，穆勒約翰《名學》、《群己
權界論》，孟德斯鳩《法意》，斯賓塞《群學肄言》等數種，皆名著也。
雖半屬舊籍，去時勢頗遠，然西洋留學生與本國思想界發生關係
者，復其首也。"嚴復譯作的思想啟蒙作用是毋庸諱言的。有鑒於
此，圖書館學界在古籍編目中有主張設立"新學部"，以與經、史、
子、集、叢等並列者。即使不能與傳統四部並列，作爲四部的附編
亦是不可或缺的。這樣一來，"中國古籍"的定義又必須加上第四
個條款，即凡外國人在古代中國撰寫的著譯，或者説與中國古代
思想學術密不可分的外國人著譯，亦當屬於中國古籍範疇。

　　總起來説，當我們使用"中國古籍"這一概念時，其完整定義
應該包括四個方面：(1)1911年辛亥革命以前編撰出版的圖書；
(2)1911年以後至1919年"五四"運動以前編撰出版，凡内容涉及
古代學術文化，採用傳統著述方式，並具有古典裝幀形式的圖書；
(3)以少數民族文字撰寫的古籍圖書；(4)外國人在古代中國撰寫
的著譯，或與中國思想學術有密切關係的外國著譯圖書。

二、什麼是"古典文獻"

　　談到"古籍"往往要連帶説到"古典文獻"，二者之間有着不可
分割的聯繫是肯定的，但彼此有無分別呢？現代辭書對這兩個詞
的釋義是明顯有所區分的，如《漢語大詞典》對"古籍"的解釋是：
"古代典籍。泛指古書。"(漢語大詞典出版社1997年縮印本，第

1445 頁）對"文獻"的解釋是："有關典章制度的文字資料和多聞熟悉掌故的人"，"後專指有歷史價值或參考價值的圖書資料。"（第4036 頁）後者的解釋中，前一句是其上古時的本義，後一句則屬現代人通常的理解。據此，"古籍"專指古書，而"文獻"則指一切歷史性資料。"古籍"與"文獻"是兩個內涵不等的概念，"文獻"的包容量遠大於"古籍"，"古籍"祇能説是"文獻"的一個組成部分，或者説是其最主要的組成部分。

然而正以其有關聯，研究古籍的學者便經常故意忽略二者的差別，將之等量齊觀，視爲一體。譬如鄭鶴聲、鄭鶴春於 1928 年編撰的《中國文獻學概要》①，全書共七章，除導言外，分論結集、審訂、講習、翻譯、編纂、刻印，本是專一講授古籍整理學的開山之作，却無謂地使用了文獻學的名稱。又如王欣夫的《文獻學講義》，一方面講"文獻指一切歷史性材料"②，一方面又把文獻學限定爲目録、版本、校讎三個內容。他們恐怕是受了明清人的誤導，依據"文獻"的本義而用以代指圖書資料的吧。時至今日，此種影響仍然存在。我們不時會看到一些傳授目録、版本、校勘、標點、注釋、辨僞、輯佚、編纂等方面知識和技能的專家，還在以"文獻學"命名。這樣做其實是不準確的，甚或説是錯誤的。

那麼，以漢文文獻爲例，"古典文獻"與"古籍"的區別究竟在哪裏呢？首先，從載體的物質形態來説，文獻先是用甲骨、金石、簡牘、縑帛，後是用紙，而古籍的載體無甲骨，金石中亦惟有石刻經籍與佛道經卷，數量極有限，即令今天陸續有簡牘、縑帛形態的

---

① 《中國文獻學概要》，商務印書館 1930 年版，上海古籍出版社 2001 年版。

② 第5頁。《文獻學講義》，上海古籍出版社 1982 年版。又稱《王欣夫説文獻學》，上海古籍出版社 2000 年版。

古籍出土，畢竟爲數不多，古籍的絕大部分還是用紙保存下來的。其次，再從内容性質來説，甲骨卜辭、銅器銘文、石刻碑文等，都是重要的歷史文獻，但它們與册籍性質的古籍截然不同；他如多以單篇形式出現的信札、契約或成册的户籍等種種文獻，也不屬於古籍的性質。第三：如果考察二者的研究範圍，則文獻學屬於廣義的史學，可以無所不包，故梁啓超説："明清之交各大師，大率都重視史學——或廣義的史學，即文獻學。"（《中國近三百年學術史》第八節《清初史學之建設》）而古籍整理學則主要研究目録、版本、校勘，是一種比較專門的學問。

　　總之，區分"古籍"與"文獻"、區分"古籍整理學"與"文獻學"並不難，用黄永年《古籍整理概論》説法就是："文獻學即古典或歷史文獻學的含義是不是可以這樣來解説：（1）文獻者，不僅包括書籍即古籍，還包括古籍以外用文字寫出來的如甲骨文、金文、碑刻、檔案、户籍、契約、信札之類；没有文字的古器物、繪畫之類的則不算。（2）文獻學者，是講文獻的種類、形成、形式、内容、功用、整理、研究、保管等等。其中整理一項，就把整個古籍整理工作都包括了進去，可見文獻學的全部内容之龐大。"①黄説切中肯綮，古籍整理止不過是文獻學的一部分，我們不應該以偏概全，抹殺兩門學科各自術有專攻的特點。現在我們所以要力辨"古籍"與"文獻"分界，把"古籍整理學"從"文獻學"中抽取出來，其目的無它，無非是想加强中國古籍整理學的建設而已。我特别希望以研究目録、版本、校勘爲己任的古籍整理學著作，今後堂而皇之地打出中國古籍整理學的旗號，不必再小大由之地去泛稱中國文獻

――――――――

　　①　《古籍整理概論・緒論》第一節《什麽是古籍》，陝西人民出版社1985年第一版，上海書店出版社2001補訂新1版，第10頁。

學了。

三、什麼是"古籍整理"

顧名思義,用最直白的話來說,"古籍整理"就是"整理古籍"。既然"中國古籍"的定義已如上述,那麼什麼是"古籍整理"也就很容易説清楚了。黄永年的《古籍整理概論》是這樣詮釋的:

> 弄清楚什麼是古籍之後,就可以進而談古籍整理。古籍整理者,是對原有的古籍作種種加工,而這些加工的目的是使古籍更便於今人以及後人閱讀利用,這就是古籍整理的涵義,或者可以説是古籍整理的領域。超越這個領域,如撰寫講述某種古籍的論文,以及撰寫對於某種古籍的研究專著,儘管學術價值得高,也不算古籍整理而祇能算古籍研究。①

我非常贊同黄先生的這段話,這裏有三層意思,其一是説古籍整理的全部含義就是"對原有的古籍作種種加工",其二是説古籍整理的目的就是"使古籍更便於今人以及後人閱讀利用",其三是説依託於古籍的研究論文或專著已超越了古籍整理領域,雖然和古籍整理相互融通,但亦宜另闢領地,稱作古籍研究才好。前兩點意味着爲了便於今人或後人閱讀利用而進行加工後的古籍,内容與形式均有不同於古籍原本之處,因而也就不再屬於純爲古人著述的"古籍",變成爲今人謂之"新版古籍"的古籍整理成果。這裏不妨舉兩個近代出版史上最著名的"新版古籍"爲例證,一即《四部叢刊》,一即《百衲本二十四史》,它們都是張元濟主政商務印書館時期的扛鼎之作,亦堪稱以整理古籍享譽學林的商務印書

---

① 《古籍整理概論·緒論》第一節《什麼是古籍》,陝西人民出版社1985年第一版,上海書店出版社2001補訂新1版,第5頁。

館百年歷史上的標誌性出版物。

《四部叢刊》初編始印於 1919 年,殺青於 1922 年,1926 年重印時抽換了某些版本,合計共收書三百二十三種,八千五百七十三卷。續編印於 1934 年,共收書八十一種,一千四百三十八卷,三編印於 1936 年,共收書七十三種,一千九百一十一卷。《四部叢刊》正續三編總收書四百四十七種,一萬一千九百二十一卷,各編分爲經、史、子、集四部,各部再分類臚列所收各書,體例極爲精善。所選各書頗重版本,惟善本、孤本、稀見秘笈是求,並使多種海外珍帙重返故土。其書仿真影印,版框略有縮小,但裝幀仍用綫裝,古色古香。這確實是近代出版史上不可多得的一部綜合性大型叢書,但能不能因此就把它歸入我們上文所説的"古籍"之列呢? 我認爲不能,理由有三:(1)《四部叢刊》的成書時間即令是初編也已晚於 1911 年,甚至 1919 年。(2)《四部叢刊》的編者如張元濟、葉德輝等雖生於清而入民國已久,乃屬今之學者而非古人。(3)《四部叢刊》的體例之長是精於校勘,"或根據舊刻,或勾稽衆本,或參以己見,辨別異同,輯爲校記"①,亦或撰爲跋語,一一附於卷末。既附今人校勘成果,顯然已同古籍原本有别。

至於《百衲本二十四史》,其異於别本《二十四史》處尤爲鮮明。如其中的《後漢書》一百二十卷,以宋紹熙本爲底本,原缺三卷用宋紹興本補配;《宋書》一百卷,以宋蜀大字本爲底本,缺卷用元明遞修本補配;《宋史》四百九十六卷,以元至正本爲底本,缺卷用明成化本補配;《金史》一百三十五卷,以元至正本爲底本,缺卷用翻元本補配等。這樣輯成的《二十四史》,既不同於清乾隆四年(1739)武英殿刻本,亦大别於清光緒五年(1879)湖北書局彙印的五省官書局合刻

---

① 見張元濟《重印四部叢刊刊成記》。

本。更爲難得的是,張元濟是位校勘學家,對《百衲本二十四史》下了很大的校勘功夫,全部二十四史的校記累計有百餘册,他選擇個中精華寫成《跋語》,附載各史之後。《跋語》對版本源流、卷帙編次、篇葉缺損、文字奪訛等,皆有所考辨訂正。《百衲本二十四史》影印出版於民國時期,1958 年商務印書館又據百衲本縮印出版,它所取得的成就,完全可以説代表了當代古籍整理學有關校勘的新理念,故而理所當然地被今人奉爲整理古籍的圭臬。

以上的例子都和影印、綫裝有關,不妨再舉一本最具當代平裝特色的"新版古籍"爲證。譬如中華書局 1988 年出版的唐杜佑《通典》點校本(王文錦、王永興等點校),用浙江書局刻本爲底本,參校日本影印北宋本、傅增湘校南宋本等七八種版本,以及經史諸子多種史料,點斷則採取較爲細繁的全式標點,再加上隨宜分段,無疑使此書不但眉目分明,切合實用,而且還因爲廣校異文、附加按斷而具有了很高的學術價值。類似點校本《通典》這樣優秀的古籍整理新成果還有很多,如中華書局點校本"二十四史"、楊伯峻的《春秋左傳注》、季羨林等《大唐西域記校注》、錢仲聯增補集校《鮑參軍集注》、嶽麓書社校《曾國藩全集》、北京大學古文獻所編《全宋詩》、李學勤等點校《十三經注疏》等等,共同構築成爲建國五十年來無比輝煌的"新版古籍"殿堂。

把"古籍整理"與"古籍"分清以後,我們就要專門來談一談古籍整理究竟包括哪些方式。目前常用的方式大抵有如下幾種:

(1)影印。既有注重保持原書舊貌,版式、裝幀一切逼近原書的仿真影印。也有偏於實用,採取重新割裱拼版的縮印。不論哪一種影印方式,作爲新版古籍都應該撰寫符合學術規範的前言、編製索引或附録相關資料。

(2)點校。有的祇有簡單的斷句,單純的新式標點,不作校勘。有的則有繁細的全式標點，有多種版本的校勘記。還有的專以校勘、辨證爲主，成爲一種集校。

（3）注釋。有簡注，有詳注；有選注，有全注。有的專一彙集舊注，間作按斷，是爲集注或集解。有的廣徵本事、書證，以考證見長，是爲箋注。還有的以注釋爲主，後附今譯，是爲譯注。要之，注釋體例非一，各隨其宜，則無不可。

（4）今譯。有選譯，有全譯。有的有注有譯，以譯爲主。有的以韻文形式對譯詩詞歌賦，有的則一律譯成散文。還有的譯成現代漢語後，再譯爲英語或他種外語。

（5）輯佚。有的是在整理某一版本時，補其遺缺；有的是爬梳群籍，按原書體例編次佚文，試圖恢復早已散佚之書。

（6）索引。有一書之索引，有群書之索引。有逐字索引、逐句索引、字詞索引，有篇目索引、人名索引、地名索引、職官索引，還有主題索引。索引的編制方法則有音序、筆劃或四角號碼等多種樣式。

（7）編纂。主要是指新編叢書（如《北京圖書館古籍珍本叢刊》、《續修四庫全書》等）、類書（如《中華大典》），以及爲古籍編目（如《中國古籍善本書目》、《北京大學圖書館古籍善本書目》等）、編輯專科辭典（如《十三經詞典》、《二十五史辭典》等），同時也包括資料彙編（如《水滸傳資料彙編》、《清入關前史料選輯》等）

這裏所分的七大類止是一種大體上的劃分，事實上各類整理方式之間還會有交叉，各類整理方式裏邊也還會有變化，無法盡説。另外，有人講到古籍整理方式時，往往將辨僞與輯佚並列，亦分爲一類。我以爲此説欠妥。古籍整理過程中固然離不開辨僞的功夫，但專以辨僞而成的考證著述，可以脫離古籍原本單獨存在，故應該和撰寫年譜、年表、版本序録一樣，一併歸入古籍研究範疇爲宜。

　　作爲一種學術分科，"古籍整理"的内涵和形式似應作如上認定，然而若作爲一項工作分工領域，它所涉及的範圍則要比上面所説的大得多。以圖書館古籍部的工作爲例，文化部主持編輯的《圖書館崗位培訓教材》中，有一本《圖書館古籍整理工作》（王世偉）是這樣概括的：

　　　　圖書館古籍工作所指的古籍範圍是：以 1911 年前用古籍形制成書的文獻爲主，也包括 1911 年以後重新影印、排印的綫裝書和大部的精平裝叢書，還包括採用圖書館現代技術而産生的縮微和機讀文獻。①

　　從這段話可以看出，在圖書館古籍部的工作中，並没有着意去區分"古籍"與"古籍整理"的不同概念。至於説到圖書館面對的"文獻"類型，該書亦有全面的表述：

　　　　圖書館工作所涉及的文獻類型可以從三個方面來分析。一是從編寫或出版形式來分析，古籍主要是指圖書，但也包括一些古地圖和古舊文書檔案。如上海圖書館收藏的盛宣懷檔案、明清尺牘等。二是從文獻載體來分析，古籍主要是指紙質文獻，但也包括甲骨文獻、金文文獻、石刻文獻、簡牘文獻縮微文獻和機讀文獻。如中國國家圖書館就收藏有 3.5 萬片甲骨文，全國圖書館文獻縮微複製中心自 1986 年至 1995 年共拍攝了古籍善本 23000 種，1106 萬餘畫幅，伴隨着現代資訊技術而産生的古籍書目資料庫和全文光碟等也與日俱增。三是按語種可分爲漢語文獻、中國少數民族語言文獻、外文文獻。如中國國家圖書館中所收藏的高麗本（古代朝鮮翻刻的漢籍、安南本（古代越南翻刻的漢籍）、和刻本（古

① 《圖書館古籍整理工作》，北京圖書館出版社 2000 年版，第 5 頁。

代日本翻刻的漢籍)等。以上文獻類型都應屬於圖書館古籍工作的範圍。①

由此可見圖書館古籍部工作範圍之大,難怪有的圖書館要把善本特藏與普通古籍分成兩個部門,有的圖書館的古籍部稱爲文獻特藏部了。

古籍整理工作的專職部門,如全國古籍整理出版規劃領導小組和二十餘家專業古籍出版社,在他們的工作規劃中對"古籍整理"的理解也是很寬泛的。譬如全國古籍整理出版規劃領導小組2001年公佈的《國家古籍整理圖書"十一五"(2001—2005年)重點規劃》,總計二百個項目,除點校、注釋、今譯、索引、影印、編纂等項目外,還包括了不少研究項目,如《宋代史籍考》、《先秦僞書辨證》、《中國版印圖録》等。規劃中還特別設立了出土文獻一類,包括《上海博物館藏楚竹書》、《中國簡牘集成》、《新中國出土墓誌》等,説明文物考古工作中的文獻研究部分,已納入古籍整理工作的視野。

最後,我想重申一個觀點,就是分清"中國古籍"、"古典文獻"和"古籍整理"的界域,根本不會發生限制古籍整理工作的規模,甚至阻礙其開展的負面影響,恰恰相反,這樣做祇會加強古籍整理的專業性,加强有關古籍整理的理論研究,有利於儘快創建符合現代要求的中國古籍整理學。同時也會促進圖書館的古籍編目工作,使之在對"古籍"的梳理中,能够擺脱傳統四部分類法的束縛,儘快創建一套符合現代要求的新的古籍分類法。而這一切,正是我撰寫這篇小文的初衷。

(原載《古籍整理出版情況簡報》第405、406期,2004年)

---

① 《圖書館古籍整理工作》,北京圖書館出版社2000年版,第4—5頁。

"古籍整理圖書"應該如何區分類別

去年(2001年)下半年,全國古籍整理出版規劃領導小組辦公室把編纂出版《新中國古籍整理圖書總目録》(1949.10—2002.10)的事提上了議事日程。經過反復論證和將近一年的籌備,在取得社會各界的廣泛支持後,編纂工作已於今年5月全面鋪開。目前編纂工作正在繼續進行,大約到明年初可望結稿。我從一開始就有幸參與了這個項目的籌畫工作,在擬定體例和區分類目的過程中,深感兹事體大,而其中所涉及的諸多學術問題,迄今亦鮮有人作過認真研究。如果我們希望《總目録》能够達到體例完善、著録準確、收録賅備、類目精當的要求,則需要在古籍目録的編纂學方面進行一些開拓性研究,遵循與時俱進、不斷創新的精神,敢於站在時代的高度去標新立異。

當我們本着這一想法開展工作以後,又發現許多問題遠比我們預想的還要困難。諸如"古籍"與"古籍整理"的範疇問題,各種古籍整理方式的學術規範問題等等,我們目前尚未看到有統一的權威性論斷。單就書目的編製現狀來説,按説各家出版社均有自己的本版書目録,甚至每年還要編製一個年度的圖書徵訂書目。這項工作本應屬於出版社的家常便飯,做起來總該符合學術規範頭頭是道才是。可惜在讀過幾家專業古籍社的書目之後,我們却發現它們的著錄也好，分類也好，大多各自爲政，五花八門，缺乏必要的一致性，從中無法清晰地看出彼此共同遵守的學術規範。當然，内中亦有力圖按目録學準則辦事的用心之作，在圖書分類學上下過一些工夫，但可能是受到本社出書品種和數量的制約，其類目的定名和分合都做得十分隨意，因而也就顯得比較粗疏。這樣的書目，請恕我直言，它的學術含金量是讓人不敢恭維的。

正由於上面的緣故，當我們要爲《新中國古籍整理圖書總目録》的體例和類目尋求借鑒時，確實感到没有一個體例完整的成功的先例可循。當然，書目的形式可以多種多樣，即便完全按照出版時間逐年編次，也不失爲一種好的做法。然而祇要可資著録的圖書數量一多，在同一個年份中，不同性質的圖書勢必還是要適當加以分類，否則眉毛鬍子一把抓，必然會給人以雜亂無章之感。何況目録學家章學誠早就説過這樣的話："蓋部次流別，申明大道，叙列九流百氏之學，使之繩貫珠聯，無少缺逸，欲人即類求書，因書究學。"(《校讎通義·互著第三》)所謂"即類求書"和"因書究學"，是説可以通過書目的分類找到欲找的書，並可以根據其書所在的類別去研究相關的學問。因此，編製大型的書目是非分類不可的。祇有編製分類目録，才能便利讀者檢索欲求之書，且可爲當今的學術研究梳理脈絡。

有鑒於此，《新中國古籍整理圖書總目録》乃決意編成一部實用性很强的分類書目，設定它在體例上的最大特點，就是以學術類別爲綱，以出書時間爲緯，做到綱舉目張，時序井然。在此之前，國務院古籍小組也曾主持編纂過幾種古籍整理圖書目録，它們要麽所收的圖書較少，要麽體例尚欠周密，都難以和這次要爲新中國五十年的古籍整理圖書編製總書目的構想相比擬。這次因爲規模巨大，所收録的圖書品類繁多，對編纂體例也相應提出了更高的要求,而編纂如此大型的古籍整理圖書分類目録,應該説還是一個新生事物,發凡起例,一切都要從頭做起,其繁難程度是顯而易見的。内中最緊要也是最讓人感到頭痛的事,首先是怎樣制定一個既符合目録學規範,又符合古籍整理工作實際的類目框架。爲了制定這樣一個類目框架,我們一方面出入於古今書目之間,一方面深入研究歷届古籍小組所制定的古籍整理規劃,幾經斟酌取捨,最後才形成了現在這樣一種初步的構想。我們在擬定類目期間遇到了許多問題,現在有些已找到合適的解決辦法,有些仍需要做進一步思考,不論怎樣總算曾有過通盤的考慮,在一些問題上也有了一些粗淺的體會。下面我想就《總目録》如何區分類目而涉及的幾個理論問題,簡要談一談思考的過程和結果,以便向大家請教。

一、"古籍整理圖書"的涵義

要説清"古籍整理圖書"應當如何區分類别的問題,我認爲必須從觀念上先分清什麽是"古籍",什麽是"古籍整理",什麽是"古籍整理工作"。當我們説到我國的現存"古籍"時,自然是指古人的著述文本,而説到"古籍整理圖書"時,則當是指今人對"古籍"進行加工而派生出的各種成果,兩者顯然不是同一個概念。先有"古籍",然後才有"古籍整理工作"。有了"古籍整理工作",然後才有"古籍整理圖書"。"古籍整理圖書"是"古籍"的衍生物,也是"古籍整理工作"的直觀體現。這樣説似乎有些咬文嚼字,其實不然。作爲古籍整理學的專用術語,"古籍","古籍整理圖書",它們在理論上確乎是各有畛域、涇渭分明的。

我曾總結過目前學術界關於"中國古籍"的定義,認爲可以概括爲四個方面,即:(1)1911 年辛亥革命以前編撰出版的圖書;

(2)1911年以後至1919年"五四"運動以前編撰出版,凡内容涉及古代學術文化,採用傳統著述方式,並具有古典裝幀形式的圖書;(3)以少數民族文字編撰出版的古籍圖書;(4)外國人在古代中國編撰出版的與中國思想學術有密切關係的著譯圖書。貫穿於這四個方面的一條基本原則,無疑就是時間的下限。按照歷史學家對中國歷史的分期,1911年以前屬於古代,此後則爲現代(晚清鴉片戰爭以後"五四"運動以前亦稱近代,此不詳論)。而按照哲學史家對中國文化思想史的分期,1919年的"五四"運動是新舊文化的分水嶺,同時也是中國學術史的界標,此前屬於傳統學術,此後則爲現代學術。1911年至1919年是一個短暫的過渡期,1919年是真正的轉折點,這樣來認識中國歷史、中國思想史、中國文化史和中國學術史的發展進程,恐怕是無可爭議的。

據此,1919年以後成書的著述,就應當視爲今人的作品。譬如劉錦藻的《清續文獻通考》、劉復等人的《十韻彙編》等,不論其内容與形式同古人是否相同或相近,都已不再適合置身於"古籍"之列,否則"古籍"再難有一個截止日期了。而對原有古籍進行種種加工後形成的圖書,也就是我們通常所説的古籍整理工作的種種直接成果,譬如商務印書館編纂影印的《四部叢刊》、中華書局編纂排印的《四部備要》等,其編輯體例、加工手段既與古人相近,也與今人無二致,這些也已不便再闌入古人原著("古籍")的範疇。所以,乾脆説得絕對一些,1919年以後,不管著述或整理方式是彙刊、輯佚、點校、注釋、平議、考證,也不管其出版形式是影印、鉛排、綫裝、洋裝,其學術成果皆當納入"古籍整理"的大範疇,皆宜稱爲"古籍整理圖書"或"古籍研究著述"。惟其如此,我們才能判別古今,將今人所作的古籍整理與研究工作同現存的"古籍"(古人著述)遺產區別開來。

目前在古籍整理界,包括研究部門、教學部門和出版部門,特別是一些專業古籍出版社,還通行一種"新版古籍"的説法。這個"新版古籍"的説法有它的道理,可以成立,但它能否與"古籍整理圖書"完全劃等號? 我以爲不能。祇要認真探究一下"新版古籍"的指向,就會明白個中的原委。"新版古籍"所强調的是版本之"新",這個"新"就新在經過了整理加工,所以"新版古籍"常用來概括 1949 年以來整理出版的古籍圖書。從這個意義上説,"新版古籍"與"古籍整理圖書"的確是相通的。1949 年以來的古籍整理工作,統一由國家規劃和領導,國家在政策和財力上給予支持,因而投入力量大,選題有新意,整理方式多種多樣,成績亦斐然可觀。把這一時期的古籍整理圖書稱之爲"新版古籍",名正言順,也不能説不切題。但是,我們同時又必須看到,這樣使用"新版古籍"的概念將會造成兩點偏差:其一,硬性按 1949 年劃界,把 1919 年至 1948 年之間的古籍整理成就棄之不顧,這在很大程度上是出於一種政治性考慮,它在學理上並不具有科學的依據;其二,"新版古籍"主要是指點校、注釋、影印、輯佚等直接依託於原有古籍的整理成果,它不能涵蓋古籍整理工作的其他内容,譬如對出土文獻的整理與研究,以及圍繞古籍而作的綜合性撰述(古籍的目録、提要、專書辭典等)工作。一句話,無論按其成書時段説,還是按其著述範圍説,"新版古籍"都祇能是"古籍整理圖書"這個大範疇的一個組成部分,或者可以説它是主要組成部分,但切切不可將它與"古籍整理圖書"等量齊觀。

我們這次沒有採用"新版古籍"的提法,把項目名稱定爲《新中國古籍整理圖書總目録》,這裏面包含着兩層意思:一是就時段説,"新中國"三字表明止收録近五十年來的古籍整理圖書,1919 年至 1949 年 10 月以前的三十年不在本書目的視野之内;二是就範圍説，"古籍整理圖書"的定義意味着儘量涵蓋古籍整理工作的全部内容，並不局限於點校、注釋、影印、輯佚等所謂"新版古籍"的説法。

二、開拓創新的編纂原則

上面我們已經劃清了"古籍"同"古籍整理圖書"的界限，説明了"古籍整理圖書"是古籍整理工作的直觀體現，這樣一來問題也就變得簡單化了。一言以蔽之，我們現在是要爲"古籍整理圖書"編製新書目，而並非要爲現存的"古籍"重新編目。也就是説，《總目録》的編纂是要在當代學術思想的指導下，分類彙編今人的古籍整理工作新成果，而不是想用今人的眼光，去重新審視條别原有的古籍。因此，《總目録》的類别區分和歷代的古籍書目肯定是會大不相同的。但是，二者儘管有着根本性的區别，却並不表示《總目録》的類目劃分全由己出，空無依傍。僅就細小的子目，或具體到某一種古籍而言，經過整理後的圖書畢竟還是原有古籍的延伸，原有古籍的學術性質既然早已約定俗成，我們也没有必要別出心裁，打破原有的子目劃分，亂點鴛鴦譜。《總目録》所要變更的祇是總體的學術指導思想，大的學術體系劃分，至於何書應入何類，大部分還是要參考歷代古籍書目的。在這一點上，可以説《總目録》與歷代古籍書目有着割不斷的紐帶，是歷代書目的傳承與嬗變。正因爲如此，在我們分析《總目録》如何劃分類目以前，需要對歷代古籍書目的源流正變史有所了解。

我們知道，我國成熟的圖書分類法（亦即目録學）的建立，肇始於西漢劉向、劉歆父子，劉氏父子所撰《七略》將校定的圖籍分爲"六藝略"、"諸子略"、"詩賦略"、"兵書略"、"數術略"、"方技略"，外加彙集總序、大小序的"輯略"。稍後，東漢班固删《七略》

而爲《漢書·藝文志》。班固在《漢書·叙傳》中説："劉向司籍，九流以别，爰著目録，略叙洪烈。"這段話明確指出了圖書目録不僅能反映一代學術之盛，而且還具有區分學術流派、叙述學術源流的功用。從劉向、劉歆的"辨章"、"條别"説，到班固的《漢志》的"考鏡"説，開創了此後千餘年來中國目録學"辨章學術，考鏡源流"的傳統。

魏晉時期，由鄭默的《魏中經簿》到荀勖的《晉中經簿》，開始"分爲四部，總括群書"（《隋書·經籍志》），所分的四部名爲甲乙丙丁，分别對應《七略》各部分，其内容則很像後世的經、史、子、集四部。東晉的李充編成《四部書目》，"因荀勖舊簿四部之法，而换其乙丙之書"（阮孝緒《七録序》），一舉奠定了四部分類法按經、史、子、集爲序的體例。再往後雖有王儉的《七志》和阮孝緒的《七録》的異軍突起，但唐朝初年編撰《隋書·經籍志》，仍走的是四分法道路，影響所及，也使四分法成了日後圖書分類的主流。直到清乾隆敕修《四庫全書總目》，集四分法之大成，類目空前細密，分合也更趨合理，時至今日，對我們編製古籍書目依然具有很重要的參考價值。不過《四庫全書總目》之後，隨着時代的變遷，四部分類法也受到了質疑和挑戰。到了清同治年間，張之洞爲諸生好學者編《書目答問》，認爲"叢書最便學者"，"其中經史子集皆有，勢難隸於四部，故别爲類"，在四部之外另立叢書部，於是形成了一種新的五部分類法。

1929 年，劉國鈞先生爲北京圖書館中文普通綫裝書編製《分類表》，"以學科分類（即理論的分别）爲準"，"参以體裁的分别"，將綫裝書劃分爲十五大門類，即目録門、經籍門、史乘門、地志門、傳記門、古器物學門、社會科學門、哲學門、宗教門、文字學門、文學門、藝術門、自然科學門、應用科學門、總記門。劉先生泛稱"綫裝書",可見不限定爲嚴格意義上的"古籍",加以主導思想以學科分類爲主(按《四庫總目》以體裁爲主,學科爲副),所以其分類與傳統古籍目録大相徑庭。新中國建立後,圖書館學界先後提出了幾十種綜合性和專業性的圖書分類法,其中較著名的有《中國人民大學圖書館圖書分類法》(1953 年第 1 版)、《中小型圖書館圖書分類表草案》(1957 年公佈)、《中國科學院圖書館圖書分類法》(1958 年第 1 版)。《人大法》分"總結科學"、"社會科學'、"自然科學"、"綜合性圖書"四大部十七類。《科圖法》則分爲"馬克思列寧主義、毛澤東思想"、"哲學"、"社會科學"、"自然科學"、"綜合性圖書"五大部二十五類。人大和科學院的分類法有和古籍的四分法對應的部分,但其總體結構則與傳統古籍書目迥異。

　　從以上粗略描述的歷代古籍目目和綜合性書目的流變史中,我們似乎可以得到這樣的啟示:圖書分類法由六分法到四分法的創立,以至發展成爲主流,再由突破四分法而走向七分法、五分法等多樣的圖書分類法,再到現當代圖書館學界試圖按現代學科分類重新分合歸併古籍的類別,以致形成各種分類法並存的局面,這説明中國的圖書分類法始終處於發展變化之中。四分法雖然可以稱爲發展的主綫,但它掩蓋不了多元化分類法存在的本質内核。究其發展變化的主要動因,應該説主要植根於時代的要求。圖書分類法一定是和當時的學術思想體系相適應的,也就是説它必須跟上時代前進的步伐,然後才能發揮它考鏡學術源流,"即類求書,因書究學"的社會功能。基於此種認識,《總目録》在確定編纂原則時,決心立足於"變"和"新",對歷代古籍書目的分類法既要有所繼承和借鑒,更要根據當代學術體系的要求有所創新。

三、總體思路和類目框架

　　既然決心求"新"求"變",那麼我們的總體思路衹能是兩條:

其一,大體上按照當代的學術體系確立整體類目框架,努力凸顯其時代特色;其二,在參考歷代古籍書目確立子目時,要保留(或稱借用)那些在今天仍有存在合理性的概念,但必須揚棄那些迂腐過時的觀念。

關於什麼是"類目",現今的高等學校文科教材中,有一門圖書分類學的課程是這樣説的:"類目是構成圖書分類體系的基本單元,一個類目就表示具有某種共同屬性的一組圖書資料。"(周繼良主編《圖書分類學》,武漢大學出版社 2000 年版,第 15 頁)。根據這個定義,可以説"具有某種共同屬性的一組圖書資料"實際上是代表着某一種學科。我國由政府部門領導編製的《中國圖書館圖書分類法》(簡稱《中圖法》,1975 年 10 月由科學技術文獻出版社正式出版),是當代學科分類的最具權威性的版本,它共設有二十二個大類:(1)馬克思主義、列寧主義、毛澤東思想;(2)哲學;(3)社會科學總論;(4)政治、法律;(5)軍事;(6)經濟;(7)文化、科學、教育、體育;(8)語言、文字;(9)文學;(10)藝術;(11)歷史、地理;(12)自然科學總論;(13)數理科學和化學;(14)天文學、地球科學;(15)生物科學;(16)醫藥、衛生;(17)農業科學;(18)工業技術;(19)交通運輸;(20)航空、航天;(21)環境科學、勞動保護科學;(22)綜合性圖書。這二十二個大類目等於將現代的學術分成了二十二個學科,這二十二個學科就是我們按學科思路爲《總目録》確立大類目的前提。

聯繫到我國的社會政治發展史,尤其是自然科學發展的歷史狀況來看,我們要想把古籍劃分出"自然科學總論"、"化學"、"地球科學"、"生物科學"、"工業技術"、"交通運輸"、"航空、航天"、"環境科學、勞動保護科學"等類目顯然是不可能的。即使像"社會科學總論"、"政治、法律"、"經濟"、"體育"等文史方面的類目,對於古籍來説也是難以截然分立的。至於"馬克思主義、列寧主義、毛澤東思想"這樣的類目,不必説又已超出了古籍的範圍。因此,按照學科劃分類目雖然是不可動搖的原則,我們却不能一切照搬《中圖法》,祇能在我國傳統書目的基礎上,結合現存古籍的實際,參考《中圖法》有關的學科分類原則,另外確立合適的類目。

再從我國歷代古籍書目看,如果我們現在一味地因襲守舊,不思突破,也是會有問題的。前面講到古籍書目流變時,已經可以看清楚,我國古代的書目,包括晚清張之洞的《書目答問》,一概都是尊經法古的産物,四部分類法的首位都是經部,這似乎已是天經地義的事。而在現代的學科體系中,儘管還有研究經學史的專門學問,但早已不存在可以獨自成家的所謂"經學"了。原來"經部"收録的"易類"、"書類"、"詩類"、"禮類"、"樂類"、"春秋類"、"論語類"、"孝經類"、"小學類",依據當前的學科劃分,有的已歸入哲學,有的已歸入史學,有的已歸入文學,有的已歸入藝術,有的已歸入語言學。傳統書目爲儒家經典專設部類的做法,在古籍整理圖書的分類法中理應遭到淘汰。

此外,還有一點,按説所有類目的設置都應該遵循辨義立類的原則,也就是完全依據圖書内容的學科類别設置類目。然而圖書的内容和品類過於複雜,很難將這一原則貫徹到底。所以,傳統古籍書目在辨義立類的同時又採取辨體立類,也就是參照圖書的體裁設置類目。例如,《四庫全書總目》子部有"譜録類",收録器物、食譜、草木鳥獸蟲魚等内容的書。四庫館臣對設置這一類目頗爲自矜,在小序中首先歷數前人之非:"《隋志·譜系》本陳族姓,而末載《竹譜》、《錢圖》;《唐志·農家》本言種植,而雜列《錢譜》、《相鶴經》、《相馬經》、《鷙擊録》、《相貝經》;《文獻通考》亦以《香譜》入農家,是皆明知其不安,而限於無類可歸,又復窮而不變,故支離顛舛,遂至於斯。"然後道出了自己的發現和選擇:"惟尤袤《遂初堂書目》創立'譜録'一門,於是別類殊名,咸歸統攝,此亦變而通矣。今用其例,以收諸雜書之無可繫屬者。"殊不知這樣一來便徹底打亂了辨義立類的原則,僅憑書名中有"譜"字"録"字即予收録,遂使這一類變成了内容駁雜、有書無學的雜貨鋪。對於四庫館臣這種强作解事的鹵莽滅裂之舉,我們不惟不能師法,還應當給予批評。其實"譜録類"中諸書,根據現代學科分類,問題也不難解決。其中有關考古的書,完全可以歸入"金石類";有關種植、養殖的書,完全可以歸入"農家類";有關器物製作的書,完全可以歸入"工藝類"。由此可見,對傳統古籍書目所採取的那種辨體立類的做法,我們也要有所揚棄。

　　總之,在考慮古籍整理圖書的類目劃分時,我們一則要以現代學科分類作爲出發點和主要依據,一則又要對歷代古籍書目有所借鑒和揚棄,正是在這兩個前提下,我們擬爲《總目録》設置如下十大門類,即:(1)文學類;(2)語言文字類;(3)文化藝術類;(4)歷史類;(5)地理類;(6)哲學類;(7)宗教類;(8)科學技術類;(9)綜合參考類;(10)普及讀物類。這十個門類實際上就是我們通常所講的文、史、哲三大學科的擴展。我們甚至可以説前三類屬於"文";第四、五、八三類屬於"史",所以要將第八類移後而與"文"、"史"、"哲"並列,衹是爲了給以突出的地位;接下來第六、七兩類屬於"哲"。第九類是兼綜文史哲的工具性質的書,同文史哲是互相交叉的。

　　惟有第十類稱爲"普及讀物",和前面九類以學科劃界有别,而且普及讀物也完全可以分拆,各入其類,爲什麼要單獨設類呢?這是因爲此事本身關係古籍整理工作的大局,有一個政策性問題。1981年9月17日,中共中央下達文件發佈關於整理我國古籍的指示,高度評價古籍整理工作的重要社會意義,指出"整理古籍,把祖國寶貴的文化遺産繼承下來,是一項十分重要的、關係到子孫後代的工作",同時特別强調"整理古籍,爲了讓更多的人看得懂,僅作標點、注釋、校勘、訓詁還不够,要有今譯,爭取做到能讀報紙的人多數都能看懂"。按照這一指示,國務院古籍整理出版規劃小組早在 1982 年制定《古籍整理出版規劃(1982—1990)》時,就特別設置了與文史哲並列的"今譯"部分。我們現在所擬定的"普及讀物類"就相當古籍規劃中的"今譯"部分,它是古籍整理事業中所包含的普及工作的標誌。我們設想,凡屬今人的選注本、選譯本,均當歸入"普及讀物類"。這樣做既表明我們對此項工作的重視,也表示我們將此事進行到底的決心。

在十大門類之下各設有數目不等的子目,例如,文學類下有叢編、總集、別集、詩文評、詞、戲曲、小説、資料彙編共八個子目;語言文字類下有文字、音韻、訓詁、語法、資料彙編共五個子目;文化藝術類下有教育、書畫、音樂、器物、飲食、雜占命相、遊藝、資料彙編共八個子目;歷史類下有紀傳、編年、紀事本末、雜史、典章制度、軍政、詔令奏議、傳記、史評、筆記、金石考古、資料彙編共十二個子目;地理類下有總志、方志、專志、水道水利、時令、山水志遊記、中外交通、邊地民族、資料彙編共九個子目;哲學類下有易學、周秦諸子、儒學、理學、資料彙編共五個子目;宗教類下有佛教、道教、其他宗教共三個子目;科學技術類下有農學、醫學、算書、天文曆法、工藝、資料彙編共六類;綜合參考類下有類書、叢書、目録提要、版本、索引、辭書共六個子目。這些子目名稱是參考傳統書目(主要是《四庫總目》)加以改造而成的,之所以和傳統書目有些貼近,一方面是考慮到人們約定俗成的看法,另一方面也試圖借此在傳統古籍類目和當代古籍整理圖書類目之間構築互通的橋梁。

四、幾個需要説明的問題

張之洞在《書目答問》卷首的《略例》裏説：“讀書不知要領，勞而無功。知某書宜讀，而不得精校、精注本，事倍功半。今爲分别條流，慎擇約舉，視其性之所近，各就其部求之，又於其中詳分子目，以便類求。一類之中，復以義例相近者，使相比附。再叙時代，令其門徑秩然，緩急易見。”我們現在編纂的《總目録》，雖不像《書目答問》那樣屬於“慎擇約舉”之作，但幫助讀者找書，掌握讀書要領，讓讀者能够便捷地“各就其部”求得精校、精注本的出發點是相同的。基於這一宗旨，我們也就有必要對子目的設置再作幾點解釋，好讓它的定位愈加準確，收録範圍亦愈加清晰，讀者循名以求書，可以少走彎路。

第一個問題，在傳統四分法中的經部取消以後，其“詩類”併入“文學類”總集之屬，應該無可爭議。還有四部中的集部原有“楚辭類”，今一併納入總集，排在《詩經》後面，也應該是合理的。另外，《總目録》“文學類”中的戲曲，有人以爲當屬表演藝術，應入“文化藝術類”，其實不盡然。道理很簡單，現存古本戲曲皆是文學脚本，對古本戲曲的整理是一種文獻研究或文學史研究，和表演技藝的研究關係不是很大。

第二個問題，傳統古籍書目中多設有“正史”類，其源蓋出自《隋書·經籍志》，當時不過是認爲師法《史記》、《漢書》的紀傳體史書才是正當、正道之意，至《四庫總目》，則謂“正史體尊，義與經配，非懸諸令典，莫敢私增，所由與稗官野記異也”，這就給“正史”賦予了正統王朝歷史的含義，推崇到與“經”相匹配的地步。《四庫總目》還把正統王朝之外地方政權的歷史書貶稱爲“載記”，進一步深化了正偽之辨的主題。這樣落伍的正統觀念，我們當然是不能接受的。不過各種書目"正史"類下原來收録的"十七史"、"二十一史"、"二十四史",乃至民國以來所説的"二十五史"、"二十六史",已成爲固定的紀傳體史書的集合,在新編的書目中没有必要硬性拆得七零八落。所以,《總目録》擬在"紀傳類"下設置叢編、通代、斷代之屬,將《史記》、《漢書》等原屬正史的部分,分置於不同子目之下。

　　第三個問題,傳統四分法書目的史部有"政書"類,如《四庫總目》所説"以國政朝章、六官所職者,入於斯類",故其内容最爲龐雜。《四庫總目》下設"通制"、"典禮"、"邦計"、"軍政"、"法令"、"考工"六個子目,除了各朝的政治史料,還包括經濟史、法制史、軍事史,以及手工業史、建築史等。如果我們現在襲用"政書"爲類目,就會把政治、經濟、法律、軍事、科技等幾大學科集中在一個狹小的空間裏,依舊顯得駁雜不堪。爲今之計,莫如將它們加以分解,把原屬於政治制度、行政法令的"通制"、"典禮"、"邦計"、"法令"部分,命名爲"典章制度"之屬;將"軍政"獨立出來爲一個屬類,用以著録兵制、邊防和古兵法等;將"考工"移入"科學技術類",改稱"工藝"之屬。

　　第四個問題,四分法書目的子部亦是一個無所不包的部類,《四庫總目》説:"自六經以外立説者,皆子書也","可以自爲部分者,儒家以外有兵家,有法家,有農家,有醫家,有天文算法,有術數,有藝術,有譜録,有雜家,有類書,有小説家。其别教則有釋家,有道家。"現在看來,其中"農家"、"醫家"、"天文算法"及"譜録"的相關部分,可歸入今之"科學技術類"。惟"術數"是講占候、占卜、相宅相墓、相命相面、陰陽五行的,原來雖與數學有些關聯,但畢竟不能和今天所説的科學畫等號,我以爲此可視爲一種文化現象,無妨移至"文化藝術類",與"器物"、"飲食"、"遊藝"之屬爲伍。原子部"雜家",則可根據其書性質分拆入各相關學科。"類書"今已入"綜合參考類"。子部其餘各類皆源自先秦,號稱諸子學。張之洞的《書目答問》將它們先集中後分散,首次創設"周秦諸子"類。我覺得這是一個好辦法,也就在"哲學類"先設"周秦諸子",作爲先秦哲學史的史料庫。至於後世儒家,則用"儒學"和"理學"統領之;後世兵家,則入"歷史類"之"軍政"之屬;後世法家,則入"法令"之屬。

第五個問題,叢書是兼賅四部的綜合性圖書。現存最早的叢書出現在宋代,不過編刻叢書的興盛期是清中葉以後才出現的。在清乾隆間纂修《四庫全書》時,尚没有叢書的獨立位置,叢書止得委身於子部"雜家類"的"雜編"之屬。如前所説,從《書目答問》開始才將叢書單設一部,這樣做不止方便了讀者多讀書,更爲重要的是,它在客觀上反映了有清一代叢書出版的盛況。這是目錄學發展史上開拓創新的典範事例,值得我們學習。據不完全統計,在最近五十年的古籍整理圖書中,新編的叢書大大小小約有六百種之多,我們應該重視這一現象。因此,《總目録》依從《書目答問》例,在"綜合參考類"專門設置叢書之屬。爲便於使用,在每一叢書之下,均詳列其收書子目。同時還將各個子目在相關類目中再重複出現一次,重複出現時則括注叢書名稱。

以上是對《總目録》的編纂體例及類目設置要點作了幾點解釋,更具體細微的一些考慮,無法在這裏一一詳説,謹將《新中國古籍整理圖書總目録類目表》附録於後,以供大家批評指正。

(原載《古籍編輯工作漫談》,齊魯書社 2003 年版)

"古籍整理圖書"類目表

此類目表的基本編製原則,是以現代學科界域的劃分作爲設置部類的主要依據("辨義立類"),當學科劃分無法通貫到底時,間亦按照圖書的體例特點設置類目("辨體立類")。就總體而言,首先將哲學、社會科學領域與自然科學領域作一區分,然後在哲學、社會科學領域,按照文、史、哲三大學科界域,相應設置文學類、歷史類、哲學類;在自然科學領域,其科學技術史部分,則設置爲科學技術類。此外,兼賅文、史、哲各部類的綜合性圖書(如類書、叢書、書目、提要等),則徑稱綜合參考類。各部類中由今人所編撰的通俗性選本(包括選注、選譯、選講、選評等),與古籍原本有別,擬獨自構成一類,即普及讀物類。又鑒於文、史、哲三大領域涵蓋過寬,需要適當細化,乃於文、史、哲之外,再分別設置語言文字類、文化藝術類、地理類和宗教類。合而計之,此類目表實則包括五大部分,總分爲十個門類。

一、文學類

歷代詩文、戲曲、小說著述及其資料彙編入此。下設叢編、總集、別集、詩文評、詞、戲曲、小說、資料彙編八個子目。

1. 叢編

歷代纂輯兩種以上詩集、文集或詩文合集的合刊本入此。按內容之時代先後爲序。

2. 總集

歷代各種詩文總集入此。下設詩經、楚辭、通代、斷代、地方、宗族六個子目。

（1）詩經

歷代《詩經》學著述入此。按作者時代先後爲序。

（2）楚辭

歷代《楚辭》學著述入此。按作者時代先後爲序。

（3）通代

歷代《文選》學著述及通代詩文總集入此。《文選》學著述在前，按成書時代先後爲序；他種總集在後，按內容時代先後爲序。

（4）斷代

單獨一代之詩文總集入此。按內容時代先後爲序。

（5）地方

歷代各地區之詩文總集入此。按不同地域及內容時代先後編次。

（6）宗族

歷代各家族之詩文總集入此。按內容時代先後爲序。

3. 別集

歷代各家詩集、文集、詩文合集入此。下設漢魏六朝、隋唐五代、宋、遼金元、明、清、近代七個子目。

（1）漢魏六朝

漢魏六朝各家詩文集入此。按作者時代先後爲序。

（2）隋唐五代

隋唐五代各家詩文集入此。按作者時代先後爲序。

（3）宋

有宋一代各家詩文集入此。按作者時代先後爲序。

（4）遼金元

遼金元各家詩文集入此。按作者時代先後爲序。

（5）明

有明一代各家詩文集入此。按作者時代先後爲序。

（6）清

清初至鴉片戰爭以前各家詩文集入此。按作者時代先後爲序。

（7）近代

鴉片戰爭以後至"五四"運動以前各家詩文集入此。按作者時代先後爲序。

4. **詩文評**

歷代文學批評著述入此。下設詩話、文論兩個子目。

（1）詩話

詩評、詩論類著述入此。按作者時代先後爲序。

（2）文論

辭賦、四六、文體論類著述入此。辭賦、四六類著述在前，其他文論類著述在後，一律按作者時代先後爲序。

5. **詞**

歷代詞學著述入此。下設叢編、總集、詞集、詞話、詞譜詞韻五個子目。

（1）叢編

歷代纂輯兩種以上詞集的合刊本入此。按內容時代先後爲序。

（2）總集

歷代詞總集入此。按内容時代先後爲序。

（3）詞集

歷代各家詞集入此。按作者時代先後爲序。

（4）詞話

詞學評論類著述入此。按作者時代先後爲序。

（5）詞譜、詞韻

填詞格律、聲韻類著述入此。按作者時代先後爲序。

6. 戲曲

歷代戲曲學著述入此。下設叢編、諸宮調、雜劇、傳奇、散曲、曲藝、曲話、曲譜曲韻八個子目。

（1）叢編

歷代纂輯兩種以上劇作的合刊本入此。按内容時代先後爲序。

（2）諸宮調

金、元諸宮調入此。按作者時代先後爲序。

（3）雜劇

歷代雜劇入此。按作者時代先後爲序。

（4）傳奇

歷代傳奇入此。按作者時代先後爲序。

（5）散曲

歷代散曲入此。按作者時代先後爲序。

（6）曲藝

變文、彈詞、寶卷入此。按作者時代先後爲序。

（7）曲話

戲曲評論類著述入此。按作者時代先後爲序。

(8)曲譜、曲韻

戲曲格律、聲韻類著述入此。按作者時代先後爲序。

7. 小説

歷代文言、白話小説入此。下設文言小説、白話小説兩個子目。

(1)文言小説

歷代文言小説入此。下設叢編、雜事、軼聞、瑣語、諧謔五個子目。

①叢編

歷代纂輯兩種以上文言小説的合刊本入此。先文言小説,後白話小説,均按編者時代先後爲序。

②雜事

歷代文言小説中雜事類作品入此。按作者時代先後爲序。

③軼聞

歷代文言小説中軼聞類作品入此。按作者時代先後爲序。

④瑣語

歷代文言小説中瑣語類作品入此。按作者時代先後爲序。

⑤諧謔

歷代文言小説中諧謔類作品入此。按作者時代先後爲序。

(2)白話小説

歷代白話小説入此。下設短篇、長篇兩個子目。

①短篇

歷代傳奇、話本類小説入此。按作者時代先後爲序。

②長篇

歷代白話長篇小説入此。下設講史、世情、神怪、公案四個子目。

　　[1]講史

　　歷代白話小說中講史類作品入此。按作者時代先後爲序。

　　[2]世情

　　歷代白話小說中世情類作品入此。按作者時代先後爲序。

　　[3]神怪

　　歷代白話小說中神怪類作品入此。按作者時代先後爲序。

　　[4]公案

　　歷代白話小說中公案類作品入此。按作者時代先後爲序。

8.資料彙編

　　今人纂輯的文學類資料彙編入此。下設詩文、戲曲、小說三個子目。

　　(1)詩文

　　各種詩文資料彙編入此。按内容時代先後爲序。

　　(2)戲曲

　　各種戲曲資料彙編入此。按内容時代先後爲序。

　　(3)小說

　　各種小說資料彙編入此。先文言,後白話,均按内容時代先後爲序。

二、語言文字類

　　歷代文字、音韻、訓詁學著述及其資料彙編入此。下設文字、音韻、訓詁、語法、資料彙編五個子目。

1.文字

　　歷代文字學著述入此。下設古文字、説文、字書三個子目。

　　(1)古文字

　　歷代古文字學著述入此。按甲骨文、金文、陶文、籀文、篆文等文字類别爲序。

（2）説文

歷代説文學著述入此。按作者時代先後爲序。

（3）字書

歷代字書入此。按成書先後爲序。

2. 音韻

歷代音韻學著述入此。按内容時代先後爲序。

3. 訓詁

歷代訓詁學著述入此。下設群雅、字詁、方言三個子目。

（1）群雅

歷代《爾雅》系列古辭書入此。按成書時代先後爲序。

（2）字詁

歷代雜字解詁類辭書入此。按成書時代先後爲序。

（3）方言

歷代方言系列辭書入此。按成書時代先後爲序。

4. 語法

《馬氏文通》及相關著述入此。按成書時代先後爲序。

5. 資料彙編

今人纂輯的語言文字類資料彙編入此。按以上類目分編排序。

三、文化藝術類

歷代教育、文化、藝術、飲饌、娱樂著述及其資料彙編入此。下設教育、書畫、音樂、服飾器物、飲食烹飪、雜占命相、博弈游藝、資料彙編八個子目。

1. 教育

歷代《孝經》類著述、家訓、書院志、蒙學讀物入此。先《孝經》,次蒙學,次書院志,均按成書時代先後爲序。

2.書畫

歷代書畫類著述入此。下設總論、法帖書譜、畫集畫譜、篆刻印譜、書目題跋五個子目。

(1)總論

歷代書學、畫論著述入此。按作者時代先後爲序。

(2)法帖、書譜

歷代法帖集、書譜入此。按成書時代先後爲序。

(3)畫集、畫譜

歷代畫集、畫譜入此。按作者時代先後爲序。

(4)篆刻、印譜

歷代篆刻、印譜入此。按成書時代先後爲序。

(5)書目、題跋

歷代書畫書目、題跋入此。先書後畫,分別按作者時代先後爲序。

3.音樂

歷代音樂類著述入此。下設總論、琴譜兩個子目。

(1)總論

歷代樂政、樂理、律呂及琴學著述入此。按成書時代先後爲序。

(2)琴譜

歷代樂譜入此。按作者時代先後爲序。

4.服飾、器物

歷代服飾、文房四寶、日用器具類著述入此。按成書時代先後爲序。

5.飲食、烹飪

歷代食俗、食品、烹飪、饌肴類著述入此。先飲食,後烹飪,均按成書時代先後爲序。

6.雜占、命相

歷代易占、堪輿、命相、遁甲、解夢類著述入此。先按類別,後按成書時代先後爲序。

7.博弈、游藝

歷代圍棋象棋譜、楹聯叢編、詩鐘謎語、觴政酒令類著述入此。先按類別,後按成書時代先後爲序。

8.資料彙編

今人纂輯的文化藝術類各種資料彙編入此。按以上類目分編排序。

四、歷史類

歷代史學著述及其資料彙編入此。下設紀傳、編年、紀事本末、雜史、史表、典章制度、軍政、詔令奏議、傳記、史評、筆記、金石考古、資料彙編十三個子目。

1.紀傳

歷代紀傳體史書入此。下設叢編、通代、斷代三個子目。

(1)叢編

紀傳體史書的合刊本入此。按成書時代先後爲序。

(2)通代

兼記數個朝代的紀傳體史書入此。按成書時代先後爲序。

(3)斷代

專記某一朝代的紀傳體史書入此。按所記時代先後爲序。

2.編年

歷代編年體史書入此。下設通代、斷代兩個子目。

(1)通代

兼記數個朝代的紀事本末體史書入此。按所記時代先後爲序。

（2）斷代

專記某一朝代的紀事本末體史書入此。按所記時代先後爲序。

3. 紀事本末

歷代紀事本末體史書入此。下設通代、斷代兩個子目。

（1）通代

兼記數個朝代的編年體史書入此。按所記時代先後爲序。

（2）斷代

專記某一朝代的編年體史書入此。按所記時代先後爲序。

4. 雜史

凡上述三體史書以外的歷代史書均入此。下設先秦、秦漢、魏晉南北朝、隋唐五代、宋、遼金元、明、清七個子目。

（1）先秦

上古史著述入此。按所記時代先後爲序。

（2）秦漢

秦漢史著述入此。按所記時代先後爲序。

（3）魏晉南北朝

魏晉南北朝史著述入此。按所記時代先後爲序。

（4）隋唐五代

隋唐五代史著述入此。按所記時代先後爲序。

（5）宋

宋史著述入此。按所記時代先後爲序。

（6）遼金元

遼、金、元史著述入此。按所記時代先後爲序。

（7）明

明史著述入此。按所記時代先後爲序。

(8)清

清史著述入此。按所記時代先後爲序。

5. 史表

歷代史表類著述入此。按所記時代先後爲序。

6. 典章制度

歷代政治、經濟、法律著述入此。下設通制、典禮、法律、邦計、職官五個子目。

(1)通制

歷代政治制度、政體著述入此。按成書時代先後爲序。

(2)典禮

歷代禮儀制度著述入此。按成書時代先後爲序。

(3)法律

歷代法令、刑律著述入此，按成書時代先後爲序。

(4)邦計

歷代財政、經濟著述入此。按成書時代先後爲序。

(5)職官

歷代職官、選舉著述入此。按所記時代先後爲序。

7. 軍政

歷代軍事制度、邊地防禦及兵法著述入此。下設兵制邊防、兵法兩個子目。

(1)兵制、邊防

歷代軍事制度、邊地防禦著述入此。按成書時代先後爲序。

(2)兵法

歷代軍事裝備、戰略戰術著述入此。按成書時代先後爲序。

8. 詔令奏議

歷代詔令奏議入此，下設詔令、奏議兩個子目。

(1)詔令

歷代詔令入此。按時代先後爲序。

(2)奏議

歷代奏議入此。按時代先後爲序。

9. 傳記

歷代有關人物生平事迹類著述入此,下設總傳、專傳、年譜、日記、家譜五個子目。

(1)總傳

歷代合衆人傳記爲一書的著述入此。按成書時代先後爲序。

(2)專傳

歷代獨家傳記入此。按傳主時代先後爲序。

(3)年譜

歷代年譜著述入此,按譜主時代先後爲序。

(4)日記

歷代日記體著述入此。按成書時代先後爲序。

(5)家譜

歷代家譜入此。按時代先後爲序。

10. 史評

歷代評論史法、史事類著述入此。按成書時代先後爲序。

11. 筆記

歷代雜考、雜說、雜記類著述入此。按成書時代先後爲序。

12. 金石、考古

歷代金石、考古著述入此,下設金石、文獻兩個子目。

(1)金石

歷代金石學著述入此。按成書時代先後爲序。

（2）文獻

近代以來出土文獻入此。按文獻内容時代先後爲序。

13. 資料彙編

今人纂輯的各類史學資料彙編入此。按以上類目分編排序。

五、地理類

歷代地理學著述及其資料彙編入此，下設叢編、總志、方志、專志、水道水利、時令風土、山水志游記、中外交通、邊地民族、資料彙編十個子目。

1. 叢編

歷代方志、地理學著述的合刊本入此。按成書時代先後爲序。

2. 總志

歷代總論地理沿革及行政區劃的著述入此。按成書時代先後爲序。

3. 方志

歷代記述某一地域的著述入此。先通志，次郡縣志，按現代行政區劃及成書先後爲序。

4. 專志

歷代古迹、宫觀、寺廟、陵墓、園林著述入此。按類别及成書時代先後爲序。

5. 水道、水利

歷代河渠、水利著述入此。按成書時代先後爲序。

6. 時令、風土

歷代節令、風土、民俗著述入此。按成書時代先後爲序。

7. 山水志、游記

歷代山志、水志及游記著述入此。先山志，次水志，次游記，按成書時代先後爲序。

8. 中外交通

歷代有關海外地理的著述入此。按成書時代先後爲序。

9. 邊地、民族

歷代邊疆史地、民族著述入此。按成書時代先後爲序。

10. 資料彙編

今人纂輯的各類資料彙編入此。按以上類目分編排序。

六、哲學類

歷代易學、諸子學、理學著述及其資料彙編入此，下設易學、諸子、儒學、理學、學術史、資料彙編六個子目。

1. 易學

歷代易學著述入此。按成書時代先後爲序。

2. 諸子

歷代諸子學著述入此。下設叢編、周秦諸子、漢後諸家三個子目。

(1)叢編

歷代子書的合刊本入此。按成書時代先後爲序。

(2)周秦諸子

先秦(含秦)諸子入此。按流派爲序。

(3)漢後諸家

漢以來子書入此。按時代先後爲序。

3. 儒學

漢以後儒家及經學總論類著述入此，按成書時代先後爲序。

4. 理學

宋以後理學家著述入此。按成書時代先後爲序。

5. 學術史

歷代學案、經學史類著述入此。按成書時代先後爲序。

6. 資料彙編

今人纂輯哲學各類資料彙編入此。按以上類目分編排序。

七、宗教類

歷代宗教學著述及其工具書、資料彙編入此，下設佛教、道教、其他宗教、資料彙編四個子目。

1. 佛教

歷代佛教經典、注疏及其工具書入此，下設大藏、譯經、撰述三個子目。

（1）大藏

歷代所刻大藏經入此。按成書時代先後爲序。

（2）經疏

歷代單經譯本入此。按成書時代先後爲序。

（3）撰述

歷代佛學著述入此。下設纂集、史傳、目録辭典三個子目。

①纂集

歷代論纂入此。按譯注者時代先後爲序。

②傳記

歷代釋家傳記入此。按成書時代先後爲序。

③目録、辭典

歷代佛教書目、提要、辭典類工具書入此。按成書時代先後爲序。

2. 道教

歷代道教經典、撰述及其工具書入此，下設藏經、撰述兩個子目。

（1）道藏

歷代道經合刊本及單經注疏入此。按成書時代先後爲序。

（2）撰述

歷代道教著述入此。下設史傳、書目辭典兩個子目。

①史傳

歷代道家傳記入此。按成書時代先後爲序。

②書目、辭典

歷代道教書目、提要辭典類工具書入此。按成書時代先後爲序。

3. 其他宗教

歷代伊斯蘭教、摩尼教、景教等史料入此。先分類，後按成書時代先後爲序。

4. 資料彙編

今人纂輯的宗教資料彙編入此。按以上類目分編排序。

八、科學技術類

歷代科學技術史著述及其資料彙編入此，下設農學、醫學、算學、天文曆法、工藝、資料彙編六個子目。

1. 農學

歷代農家著述入此，下設總論、農藝、園藝、畜牧四個子目。

（1）總論

歷代農政、農學著述入此。按成書時代先後爲序。

（2）農藝

歷代農家農藝學（包括蠶桑）著述入此。按成書時代先後爲序。

（3）園藝

歷代蔬果花卉著述入此。按成書時代先後爲序。

（4）畜牧

歷代牛馬經、獸醫、鳥獸蟲魚著述入此。按成書時代先後爲序。

2. **醫學**

歷代中醫學及中西合參著述入此，下設叢編、醫經、本草、診法、方論、針灸、養生七個子目。

（1）叢編

歷代醫籍合刊本入此。按成書時代先後爲序。

（2）醫經

歷代內經、難經、傷寒、金匱、總論著述入此。先分類，後按成書時代先後爲序。

（3）本草

歷代本草學著述入此。按成書時代先後爲序。

（4）診法

歷代內外科診治、按摩、導引著述入此。按成書時代先後爲序。

（5）方論

歷代方劑、醫案著述入此。按成書時代先後爲序。

（6）針灸

歷代針灸學著述入此。按成書時代先後爲序。

（7）養生

歷代養生學著述入此。按成書時代先後爲序。

3. **算學**

歷代算術書入此。按成書時代先後爲序。

4. 天文曆法

歷代天文學、曆法著述入此。按成書時代先後爲序。

5. 工藝

歷代考工、營造、製作著述入此。按成書時代先後爲序。

6. 資料彙編

今人纂輯的科學技術史類資料彙編入此。按以上類目分編排序。

九、綜合參考類

歷代兼賅四部的綜合性圖書入此，下設類書、叢書、目録提要、版本、校勘、索引、辭典七個子目。

1. 類書

歷代類書入此。按成書時代先後爲序。

2. 叢書

歷代跨部類的叢書入此。按叢書首字筆劃爲序。

3. 目録、提要

歷代書目、提要著述（含今人著述）入此。先書目，後提要，按成書時代先後爲序。

4. 版本

歷代版本學著述（含今人纂輯的版刻圖録、藏書家印記等）入此。按成書時代先後爲序。

5. 校勘

歷代校讎學著述入此。按成書時代先後爲序。

6. 索引

歷代古籍通檢、引得（含今人編纂）入此。參照文、史、哲各類分編排序。

7. **辭典**

歷代古籍的專科辭典（含今人編纂）入此。參照文、史、哲各類分編排序。

十、普及讀物類

凡今人編撰的各種古籍選本，包括選注、選譯、選講、選評等，無論部頭大小與學術水準如何，均視爲普及讀物入此，下設文學、文化藝術、歷史、地理、哲學、宗教、科學技術七個子目。

1. **文學**

各種詩文、戲曲、小説選本入此。參照文學類分編排序。

2. **文化藝術**

各種蒙學、書畫、音樂、飲食、游藝類選本入此。參照文化藝術類分編排。

3. **歷史**

各體史書、傳記、筆記類選本入此。參照歷史類分編排序。

4. **地理**

各種方志、山水志、游記類選本入此。參照地理類分編排序。

5. **哲學**

各種周易、諸子百家、經學、理學及晚近西學等選本入此。參照哲學類分編排序。

6. **宗教**

各種釋、道經典選本入此。參照宗教類分編排序。

7. **科學技術**

各種農、醫、曆、算、工藝類選本入此。參照科學技術類分編排序。

古籍影印出版的規範問題

我國現階段整理出版古籍,通常採用點校、注釋、今譯、選編、彙録、輯佚、影印、索引等方式,其中的影印是指按原本照相製版複印的辦法整理出版古籍。與其他整理出版方式相比較,影印無疑是一種最能够保存古籍本真面貌,運用起來又最便捷的整理出版方式。我國自近代攝影技術傳入以來,歷經石印、珂羅版印、膠印乃至今日的激光照排等不同的歷史發展時期,以影印方式整理出版古籍已日漸成爲一大潮流。在今天的諸種整理出版方式中,影印出版的數量之大、速度之快和選題之多,亦足以對我國目前古籍整理出版的主色調構成重大的影響。

何況我們現在已經邁進了一個信息時代,伴隨着人們對古籍信息需求的不斷增多,以及對龐大信息量處理能力的不斷提高,我相信今後一段時期内古籍的影印出版將會更加流行,甚至通過高新光電技術,將古籍製作成多媒體光盤或上網瀏覽古籍,也定將成爲一種必然的發展趨勢。

這樣一來就出現了一個問題,一方面影印在現階段是如此重要,被如此廣泛採用,又具有如此廣闊的發展前景;而另一方面,我們現在大量推出的古籍影印本,在體例上却駁雜混亂、各行其是,缺乏一種統一的合乎學術要求的影印規範。這種體例駁雜的影印本,既不可能爲保存古籍版本提供更多的助益,也不可能成爲學術研究的羽翼,其混亂與低劣衹會消解新版古籍影印本的學術品位,延緩古籍整理出版走向標準化、網絡化的前進步伐。

有鑒於此,我認爲我們現在有必要在前人所取得的成功經驗的基礎上,探討古籍影印出版中帶有規律性的東西,進而提出一些規範化的要求,以便使更多的新版古籍影印本都能符合學術範式,具備良好的學術品位和實用價值。下面我想從出版社編輯的角度,對古籍的影印出版規範問題談幾點心得。

一、有關古籍影印史的簡略回顧

古籍有影印是清朝同光以後的事,在此之前如果説有近乎影印的做法,那就是"覆刻"和"影抄"。例如,元虞集的《道園學古録》在本朝有建陽刻本,到明朝景泰七年(1456)有重刊本,重刊本即採用了覆刻法,也就是把建陽刻本的原本拆開,直接貼到書版上開雕,故明本的字體、行款與元建陽刻本一般無二。與其説這時的覆刻本是爲了保存珍本,不如説是爲了貪圖雕版方便,這裏並没有多少複製善本的意思。這和後來黎庶昌等人在日本編刻《古逸叢書》,廣搜善本、孤本,請高手影寫覆刻是大不相同的。《古逸叢書》及其續作乃至近年出版的《古逸叢書三編》,其編刻目的純粹是爲了搶救古籍、複製善本,所以一點一畫都更加注重保存原本舊貌。

就保存原本舊貌這一點來説,清朝初年的影抄本倒可以説是得風氣之先的。明末清初毛氏汲古閣的影宋抄本,即所謂"毛本",號稱亞宋一等,頗受後世收藏家的青睞,其版本價值自然是不容輕忽的。止是影抄的複製能力有限,遠不能滿足廣泛流通的需要,而且影寫中亦易産生手誤,故影抄和我們現在説的影印還是不可同日而語的。

　　自20世紀20、30年代以後，照相製版複印技術大行其道，古籍整理出版大受其益。譬如清末的點石齋、同文書局和稍後的會文堂、掃葉山房等，都是多產的影印機構。它們"用機器將原書攝影上石，字跡清晰，與原書無毫髮爽，縮小放大，悉如人意"（《徐愚齋自序年譜》），所印《資治通鑑》、《佩文韻府》、《康熙字典》、"二十四史"等，數量不小，亦可推爲精品。至於當年商務印書館編印的《四部叢刊》正續三編，底本採擇精益求精，影印時的配補一絲不苟，尤堪稱古籍影印史上的上乘之作。《四部叢刊》不僅所用底本多而珍貴（包括了許多散在私家的藏書），而且還能從讀者着想，採取縮印綫裝的形式，古色古香，頗便購置翻檢，故直到今天仍然被學術界普遍採用，也受到出版界的高度重視。《四部叢刊》可以說是一個既保存了古籍本真面貌，又方便流通使用的典範作品，它標誌着影印這種古籍整理出版方式由最初的隨意粗濫達到了中規中矩的成熟。

二、根據影印目的來確定相應的體例

　　上述有關古籍影印史的簡略回顧，可以使我們看到影印的目的無非有兩個：一個主要是着眼於保存原本舊貌，一個則更爲偏重於流通和實用。相比之下，後者一直佔據着影印史的主流。但就其學術價值而言，二者無可厚非，完全可以並行不悖。

　　建國以來的五十年，兩種影印傾向都得到了充分的體現，都各自向我們展示了其精美的成果。例如，書目文獻出版社1983年影印的《永樂大典》（卷3518—3519）、1990年影印的宋蘇轍《詩集傳》，以及中華書局1982年新編影印的《古逸叢書三編》，這些都是主要着眼於保持原本舊貌的，不但版框大小悉同於原本，就是原有的裝幀樣式也儘量不加改變。如《古逸叢書三編》的第一種《忘憂清樂集》是南宋刻本，原爲蝴蝶裝，此次影印時版心仍爲蝴蝶裝原式。可見這種以力求保持原本舊貌爲目的的影印方式，其體例上的要求僅止一條，就是一切向原本靠攏，愈逼真愈好。

我們這裏講影印的學術規範，所要關注的問題其實主要不是指上述這種仿真影印方式的，因爲仿真式影印基本上屬於拍照印製的技術性範疇，不需要整理者和出版者做更多工作。而如果偏重於流通和實用的影印本，則當前的常規做法是將原本縮印，平裝或精裝，部頭大一些的古籍原本，不僅版框要縮小，而且還會將原本的兩葉拼爲一面（如中華書局 1958 年版《全上古三代秦漢三國六朝文》），甚至將原有版面重新割裱拼版（如書目文獻出版 1986 年版《詩淵》）。需要注意的是，如果原本心過寬而不得不重新割裱，則一定要慎重從事，切不可對原本有絲毫改竄錯簡。這樣做一是可以節省篇幅，降低製作成本，同時也爲了有利於查檢。我們所要講的影印學術規範，主要是針對後一種情況說的。

總之，根據不同的影印目的來確定與之相應的體例，這是古籍影印出版的一條總原則。而影印目的是否明確，確定的體例是否得當，則直接決定着影印本的學術質量和實用價值。

三、影印本應該具備的學術範式

現在一提到影印，往往就看得比較簡單，以爲衹要選擇一個值得翻印的好本子照印就是了，不需要做什麼整理研究和編輯加工的工作，這自然是一種誤解。早在 1958 年 6 月，國務院古籍整理出版規劃小組制訂《整理和出版古籍草案》時，在前言中就明確指出：“整理時將以最完備的最好的一種版本作爲底本，並參考其他各種本子，比勘對校，作出校勘記。用馬克思列寧主義的觀點，寫出新的序文，對作品的思想性、藝術性加以新的批評與研究。標點是必要的，索引也要每書必備。"這個明晰的整理思路既具有鮮明的時代特色，又符合學術研究工作的規範，體現着當代廣大讀者對古籍讀物的基本要求。雖然它主要是就新版古籍點校排印本說的，但對新版古籍影印本（特別是着眼於流通和實用的影印本）也同樣是適用的。

如果把上述的整理思路落實到古籍的影印出版上來，那麼一種包括了全部整理事項、符合古籍影印出版規範的新版古籍影印本，一般應具備以下幾個條件：(1)所採用的底本具有一定學術價值或文物價值；(2)撰寫有足以反映當代學術研究水平（包括觀點與史料兩個方面）的序文（或稱前言、出版說明、影印緣起）；(3)編製有新的目錄或索引；(4)正文有斷句或新式標點；(5)參校他本，寫有校勘記；(6)附錄有必要的相關研究資料。

這裏講到的六個條件，並不是每一種影印本都要求同時兼備，缺一不可。但無論何種影印本，即使是着眼於珍本收藏者，至少前面兩條是不可忽略的。假如影印是爲了更好地爲學術研究服務，則後面四條也就分外顯得重要，有的條件甚至要成爲不可或缺的了。下面就想對後四條的重要性作一些簡要的提示。

我們知道，古人著書往往疏於編撰目錄，當時人或後來人爲之結集刻印時。亦多以各卷爲目或各冊爲目，缺少一個統攬全書的總目。今天我們影印時若一仍其舊，則讀者檢索必將十分費力。故在影印底樣定稿之後，必須要爲全書重編一個包括卷目、類目、篇目和頁碼的總目錄，置於卷首。假如是屬於總集、類書、叢書、資料彙編之類卷帙浩繁的影印本，在重編總目之外，還應考慮編製相應的各種專項索引。索引可以附在影印本後，也可以單獨出版，配套發行。例如，中華書局 1966 年影印的《文苑英華》

（全六冊），除總目外，還在第六冊附有《作者姓名索引》（作者姓名下臚列篇目）。又如中華書局 1983 年影印《全唐文》（全十一冊）已刪去原書的分卷目録，另編《全唐文篇名目録及作者索引》一冊，於 1985 年單獨出版。

影印本要不要加標點是一個有爭議的問題，不過我認爲從有助於閲讀來考慮，特別是從當代廣大讀者的現實狀況出發，即便不適合使用全部新式標點，也還是應該採用舊式句讀法加以圈點斷句爲宜。圈點的形式大概有三種：一爲墨丁（•），類似於今之中圓點；一爲逗頓（、），類似於今之頓號；一爲圈句（。），類似於今之句號。三種均可使用，常見的是頓號和句號並用。例如中華書局 1965 年影印《四庫全書總目》，由王伯祥先生用頓號和句號爲全書斷句。又如中華書局 1977 年縮印胡刻本《文選》，正文大字用句號點斷，注文小字則用墨丁點斷。採用何種符號其實無傷大局，關鍵是要斷句準確，做起來方便，又不會有礙觀瞻。

影印本最看重保存古籍舊貌，對原書中存在的問題，不可能像排印本那樣通過整理一一加以解決。雖説在影印前言中可以特意作些交代，但限於篇幅也衹能點到爲止，無法詳細列舉。這和通過整理以提高新版古籍學術價值的願望是會有些衝突的，但這種可能發生的衝突，不應該成爲我們降低影印本學術質量的理由。我們完全可以想辦法避免衝突，彌補缺失。我想彌補缺失的方法或許有兩條：一條是參校他本寫出校勘記附排卷末，這樣不僅可以使讀者得見衆本之利，而且還可以藉助整理者的按斷增進對原書的理解；另一條是適當選取與影印本直接相關的前人研究成果附綴書後，以備讀者稽考。

堅持前一條要求而做得極爲成功的範例，當首推商務印書館 1930 年至 1936 年影印出版的《百衲本二十四史》。當時張元濟先生主其事,專門成立校史處,有可疑處即作校記,每畢一史輒摘要寫入跋文(校勘記原擬附印於書後,因故未能如願,前不久始由參預其事的王紹曾先生等分史整理出版)。他如中華書局影印《四庫全書總目》時,以錯誤較少的浙江杭州本作底本,同時參校了殿本和粵本,也寫有《四庫全書總目校記》附在書末。堅持附綴資料的做法而使影印本內容更加充實、學術質量大幅提高的影印出版範例,這裏也可以舉出兩個,一是中華書局影印《文苑英華》,附印了宋彭叔夏的《文苑英華辯證》和清勞格的《文苑英華拾遺》;另一則是上海古籍出版社 1995 年影印《全唐文》,附錄了清勞格和今人岑仲勉的兩種《讀全唐文札記》,讀者可以從中瞭解《全唐文》原書中所存在的種種問題。

四、影印底本的選擇與配補描潤

古籍的影印出版是一個系統工程,如前所説,從確定影印體例、選擇底本、製作書底、重編目録或索引,到標點、斷句、校勘、附綴資料,再到最後撰寫序言,可以分爲若干環節,而其中排在第一位的重要環節,也是最根本的一個環節,就是影印底本的選擇。歸根結底,影印本的學術價值首先取決於底本的版本學價值,其次才是影印過程中所作的各項整理加工工作。關於底本問題,我們不妨從下面四個方面加以考慮。

第一,從版本學的角度來説,底本的學術價值來自它是屬於何種善本。清張之洞在《輶軒語》中説:"善本之義有三:一,足本,無闕卷,未删削;二,精本,一精校,一精注;三,舊本,一舊刻,一舊抄。"按照這個"善本"定義,則唐宋抄本,宋元刻本,明嘉靖以前刻本,明活字本、抄本,以及清前期舊抄本、稿本、批校本,皆屬善本;清中葉以來的精校、精注、輯佚本,也屬善本。而據編成於 1995

年前後的《中國古籍善本書目》前言所説，"善本"的定義則另有一種新的概括，其《前言》中説："版本目録學上關於'善本'的含義，向來指精加校讎、誤字較少的版本或稀見舊刻，名家抄校及前賢手稿之類。《中國古籍善本書目》所著録的書，就上述範圍，概括爲凡具有歷史文物性、學術資料性、藝術代表性而又流傳較少的古籍，均予收録。"這個"三性"説與張之洞説應該是一脈相通的，實際上的不同恐怕止在於認定刻本下限的不同，張之洞生在晚清，故以明嘉靖以前刻本爲稀貴，而《中國古籍善本書目》的成書晚於張氏近百年，故實際著録的刻本多順延至清乾隆時代。由此看來，在《中國古籍善本書目》的收録範圍内選擇影印底本，應該説都具有一定的"善本"價值。

　　第二：選擇善本作爲影印底本是一個基本原則，但是確定一個善本作底本還不能視爲底本選擇工作的完成。因爲有的善本（尤其是唐宋抄本、宋元刻本之類）在長期流傳中很可能已有殘缺，這時候就要考慮用同一版本的其他本子，或同書的其他版本來進行必要的配補，以保證影印本既能保留原本的版本價值，又能在卷帙上補其未足，大大增強影印本的學術實用性。例如，商務印書館 1935 年影印的宋本《太平御覽》，全書一千卷，其中九百四十五卷依據南宋蜀刻殘本，蜀本欠缺的則取日本靜嘉堂文庫所藏別種宋刻殘本和日本活字本予以配補。商務版影印本實際上已是一個新的版本，而且是《太平御覽》現存諸版本中最好的一個版本。後來中華書局於 1963 年重印《太平御覽》，即是以商務版爲底本縮印的。

　　第三，即令經過配補的本子，除了對校頁碼、糾正錯簡而外，在製成影印底樣時，也還有一項描潤去汙工作要做。關於描潤去汙的方法，張元濟先生有詳細説明，可參見其《記百衲本二十四史影印描潤始末》、《修潤古書程序》、《修潤要則》、《填粉程序》等文，這裏不作過多復述。現在需要提醒大家注意的是這樣一條限制：描潤主要是説底本間有墨汙，又無他本可以替代，故需做些清除汙漬的工作，若是底本清晰完好者，大可不作描潤，而且隨着電腦掃描技術的使用，描潤工作也許要比張元濟時代簡單得多。因此，我們現在所提倡的描潤祇要剔除溢墨、搭痕、雙影、黑眼就可以了，毋須描涂文字筆畫，以免不必要的誤認成錯。中華書局影印《文苑英華》時曾談到：“底本的墨汙作適當刪削；書中文字不加描潤；藏書圖章全部修去；卷次和頁次的錯誤，調整次序而不改誤字。”（見卷首《出版説明》）這種嚴肅、負責而無害原本的做法，可以作爲古籍影印描潤工作的通則。

　　最後還有一點，就是在影印本扉頁的背面要做一個牌記。牌記又稱書牌、木記、墨圍、碑牌等。是古人刻書的版權頁，自宋以後沿襲不絕。古人的牌記有詳有略，一般記錄刻印者姓名、堂號、刻印年代和地點等。人們喜讀影印本，不止是想看到與原本相一致的行款、文字，而且還想知道原本的刊刻年代、版框大小和現今的收藏所在，如有必要可以藉此作進一步深入研究。近代以來的古籍影印業對牌記的書寫逐步規範，至今已形成了一個較爲固定的表達原書版式及其藏所的格式。例如，商務印書館編印《四部叢刊初編》經部《周易》卷首牌記作：“上海涵芬樓景印宋刊本，原書匡高營造尺六寸七分，寬四寸八分。”（原文無標點）又如，上海古籍書店影印《天一閣藏明代地方志選刊》，第一輯《嘉靖河間府志》牌記作：“一九六四年十一月，上海古籍書店據寧波天一閣藏明嘉靖本景印，原書版框高二一‧〇公分，寬五‧四公分。”（原文無標點）

五、影印説明的撰寫

　　撰寫影印説明或由整理者承擔，或由責任編輯承擔，或由出版社請社外專家承擔,這是發稿前的最後一道工序。影印説明無非是要對此次影印的相關問題作一個總結,向讀者作必要的交代。譬如對於現存版本的覈察,對於本書作者的考證,對於本書内容的評價,對於影印本所作編輯加工的説明,以及此次因條件所限尚未解決的疑難問題,等等。根據所涉及的問題多少,影印説明的文字可長可短,但總以把整理者和出版者要説的話説充分、説清楚爲第一要義。

　　如果由整理者或出版社請社外專家撰寫影印説明,則其内容不免會側重於學術研究方面,而較少談及影印本中的編輯加工事項。例如中華書局 1960 年版《册府元龜》,書前載有陳垣先生撰寫的《影印明本册府元龜》,其中大半篇幅談《册府元龜》的編纂體例和史料價值,小半篇幅談明刻本與現存宋刻本殘本的異同,結尾處作出判斷,説"今宋刻既無完本,以明刻初印本影印,亦其宜也"。這是對此次影印之所選擇明刻本的充分肯定,也是對《册府元龜》一書影印價值的中肯評論,但却不曾説到影印中所作的具體工作。又如,中華書局 1963 年版《太平御覽》,聶崇岐先生的《重印太平御覽前言》,前面主要是論述《太平御覽》的編纂背景及其引書的得失,尤其是原本引書中存在的問題,到後面才以不多的文字談及當初商務印書館製作影宋本時所依據的底本南宋蜀刻殘本的情況,當時配補他種刻本的情況,以及此次中華書局據商務版縮小影印的情況。這裏雖然説到了商務和中華前後影印時的一些工作,但大部分編輯加工事項畢竟是商務做的,事隔多年,後人看來也衹能語焉不詳了。

　　如果出版社自己整理,自己撰寫影印説明,我認爲其影印説明的内容大抵應包括四個方面:(1)本書作者簡介,包括生卒、字號、仕履、學術成就等;(2)本書内容評述,包括著述背景、編纂體例、在當時的流傳、對後世的影響等；（3）所據底本的鑒別，包括底本與現存各本的比較，配補與割裱情況等；（4）影印中的整理加工，包括描潤原則、編製目錄（或索引）、撰寫校記、附綴資料等。這四個方面並不要求一概等量齊觀，不同的書自然會有所偏重。但無論文字多少，四個方面都能談到，肯定會給讀者提供更多的學術信息。

　　當然，有些特殊情況也決定了影印說明的寫法不必千篇一律。例如，1974 年中華書局影印北京圖書館所藏宋淳熙八年尤袤刻《文選》，版框按原本大小，綫裝，一切盡可能接近原本，故其《影印說明》幾乎全部文字都用來談版本。首先論定此次影印的宋本雖自身有重刻補版現象，但基本上仍屬於尤刻初版。接着比較清胡克家覆宋淳熙本的同異，從而斷言胡刻所據底本乃是一個屢經修補過的後印本。最後專門說明此次影印所做的編輯加工情況："書中有一部分頁子不够清晰，尤其是附錄《李善與五臣同異》，模糊特甚，而且曾經人用筆墨描改，好像已非原貌。但較之《同異》其他版本，錯誤還少一些，因此仍照原書附印於後。影印時除修去版面墨汙外，對模糊的字一概不加描修。"這篇《影印說明》對《文選》一書及李善注文等無一字評價，看起來似乎不合通例，其實這是有緣故的。因爲在影印尤刻的過程中，中華書局已決定另外縮小影印胡刻本，而且影印的書底也已做好，所以與《文選》的學術評價相關的內容，將移至影印胡刻的《出版說明》中去論述。後來於 1977 年影印出版的胡刻《文選》，上下兩欄縮印，全書又經斷句，平裝三冊，流通甚廣。其《出版說明》從《文選》的編者說到唐以前詩文發展史，再說到《文選》的選文標準、《文選》對後世的影響，同時說到"文選學"的興起、李善注本與五臣注本的分合，又說到胡刻本的版本源流及其學術價值，最後再說明此次編輯加工情況，真可謂深入淺出，面面俱到。

六、小　結

綜上所述，影印是古籍整理出版的一種方式，以其仿真性與便捷性而被廣泛採用。影印本的學術質量除了底本自身的版本價值外，還在很大程度上取決於影印過程中所做的編輯加工是否合乎學術規範，所以我們在前人經驗的基礎上，試圖提出一些條規性的意見，希望這些約定俗成的條例，能够成爲提高各類影印本學術質量的助力。

（原載《古籍整理出版十講》，嶽麓書社 2002 年版）

繁體字輸入是創建漢文史資料庫的
基本學術要求

　　爲了能够形象地説明問題，在切入主題之前，不妨讓我先説一件事作爲例證。多年前，我耗費不少精力點校了清人錢謙益的《列朝詩集》，1996 年稿子被《傳世藏書》採用，作爲其中的第十八、十九分冊出版。從外觀上看，這是一個裝幀很豪華的本子。不久前還承尹小林先生見告，他們依據此本把《列朝詩集》輸入了《國學寶典》。聽説直接用《傳世藏書》本製作數據，我真有些感到意外。因爲當初拿到《傳世藏書》的樣書，我便大失所望，根本無法認同它的排版體例。問題主要出在兩個方面：一是它徹底破壞了所據底本的行款，版面十六開，分爲左右兩欄，詩篇按兩句一行，分行排列，形同當代詩歌，致使同一詩題的多首詩之間幾乎無以區別；二是全書改用簡體字橫排，濫用簡化字同音替代、部首簡化的原則，完全抹殺了古漢語一字一義、音同字不同的語言特點。這兩個問題所造成的嚴重後果，就是原有的版本價值（行款、文字）丟失殆盡。我們從《傳世藏書》本《列朝詩集》，別説已難找回清順治九年（1652）毛氏汲古閣刻本的原貌，甚至連宣統二年（1910）神州國光社重排鉛印本的面目也模糊不清了。

　　我當然不反對今天的古籍整理圖書改爲簡體橫排，尤其是選注、譯評之類的普及讀物，簡體橫排可能更適合廣大讀者的閱讀習慣。但我認爲，古籍整理圖書的出版要分清讀者對象，分出檔次，繁體、簡體各取其宜。凡屬重在傳承的基本古籍，如"二十四史"、《十三經》、先秦諸子及類書、總集、別集、考訂筆記之類，最好還是用繁體直排。這樣做一則比較接近古籍的慣有風貌，二則可以避免文字上繁簡轉換而産生的混亂。總之一句話，繁體直排可以較好地保持所採用底本的版本價值。毋庸諱言，如果簡化字在古籍整理領域的運用不加節制，勢必會給我們的文史研究帶來許多不必要的麻煩。謂予不信，請看《傳世藏書》本《列朝詩集》中的下列幾組詩句：

（1）"容易歲云除"（頁 74。爲省篇幅，不注作者、篇名，止注頁碼）；"新知固云集"（頁 85）。據《新華字典》，簡體"云"字有三義，此處二字同義，抑各有其義？查底本，知前者爲"云"，乃文言助詞；後者爲"雲"，喻多人聚集。在繁體中，這兩個字本來不會混爲一談。

（2）"余生若小草"（頁 461）；"余歡與日移"（頁 815）。兩個"余"字，一概解作自我指代的"余"固無不可，一概解作"剩餘"的"餘"亦可通。在底本中實則前者爲"餘"，後者爲"余"，兩個字的意義相去不可謂不遠。

（3）"花发對誰言"（頁 1265）；"安得发不變"（頁 86）。"花发"二字，照現在的字面講就是花白的頭髮，於義可通，若恢復爲繁體，也極易變成"華髮"，但實際上底本作"花發"。後一句"发不變"的"发"，底本作"髮"。

（4）"引惹長條系愁緒"（頁 388）；"由來治忽系出處"（頁 417）。今之簡體"系"字，除"系統"、"系列"、"中文系"的用法外，還具有"干系"、"聯結"二義。"干系"的"系"，繁體作"係"；"聯結"

的"系"，繁體作"繫"。三個字的意義其實各不相同。查底本，前一句作"係"，後一句作"繫"，均非"系統"、"系列"之"系"字。

（5）"襄陽冠蓋里"（頁729）；"鳴珂坊里將軍第"（頁273）。後一句"坊里"，若誤解爲居住地，則與前一句的"里"字無差別。而底本前者爲"里"，指居住地；後者爲"裏"，指裏面。在繁體中，二字實難通用。

（6）"鴛鴦只宿雙生樹"（頁1541）；"畏只映花行"（同前）。簡體"只"字既作副詞，又作量詞。事實上"只"字古已有之，繁體又寫作"祇"、"衹"，僅作副詞使用，量詞必寫作"隻"。底本此處前者當作"衹"，後者當作"隻"。簡體以"只"、"祇"互換尚可，以"只"爲"隻"則嫌扦格。

此外，如"玉樹青籠回上苑"（頁953）之"回"當作"廻"，"复徑迷難出"（頁1291）之"复"當作"複"，"却向窮涂哭"（頁409）之"涂"當作"塗"（此處即令簡化亦當作"途"），"今日宮人斗來洗"（頁359）之"斗"當作"鬪"，"長須攜尺素"之"须"當作"鬚"，"門前夢絕征書憂"之"征"當作"徵"，"風搖竹影書签亂"之"签"當作"籤"，等等，俯拾即是，不煩枚舉。

由此可證，古籍經過整理一旦改爲簡體橫排，不惟其行款大別於原刻，而且其文字亦將歧義迭出，令人往往莫衷一是。若憑借這樣的本子來奢談古籍的版本價值，恐怕祇能貽笑於方家了。從這個事例回到本文要講的主題，那麽問題便一目了然。就是說，我們要創建的古籍數據庫，亦即漢文史資料庫，如果用來輸入的底本都像《傳世藏書》本的《列朝詩集》那樣，則在文史研究者看來，資料庫的可信據的程度、可利用的效率未免要大打折扣。其他姑不論，簡單説從這樣的資料庫裏取錄資料，要想把它恢復成繁體，做到與原文沒有出入，顯然不是件容易的事，恐怕核對原書的程序是不可免去的。僅此一點，對於那些想用繁體字本發表論文的作者而言，用簡體字創建的古籍數據庫，其功用充其量止是一個提供出處的索引庫而已。

如何最大限度地發揮古籍數據庫的功用，我以爲首要一點是保證其資料形態與原來的底本高度一致，以奠定其可以信據的基礎，然後才是儘量施展其無限包容、快速檢索的特殊功能。基於此點考慮，我一直强調創建古籍數據庫必須堅持用繁體字輸入，而且一般不改字，文字盡可能與底本一致。按照這一原則創建的數據庫，如果像《國學寶典》那樣，是以經史子集各種書的原本做數據，那麼這樣的數據庫不僅具有極大的實用性，而且也有着極高的版本價值。這個意見我曾在去年發表的一篇小文中提出過（見《古籍整理出版情況簡報》2003 年第 11 期），現在想再補充幾句。

衆所周知，鑒別古籍的版本，要從形式和内容兩方面進行考察，形式方面包括序跋、牌記、行款、字體、諱字、刻工、藏書印記、後人題識等，内容方面包括卷數、卷端、編例、篇目、文字、學術源流等，内容和形式共同構成了通常所説的版本價值。而古籍文本一旦輸入資料庫，它在形式上原有的許多鮮明特點不可避免地會丟失，如牌記、行款、字體、諱字、刻工、藏書印記之類，假若再將原本繁體字一併轉爲簡體字，那就真不知此本與彼本將何以聯繫，簡體字尚能保存幾何原本的版本價值了。可以説古籍原本轉爲數字産品後，就其形式而言，能够識别其爲某個具體版本的標誌，除了著述體例，主要在於文字，一字不易地留住原本的繁體字，無疑是維護其固有版本價值的最有力的措施。

説到保留古籍文本繁體字的重要性，還應讀一讀周培源先生的下面這段話：

　　（竺可楨）把自然科學引入版本校勘學的領域。例如，他考證説，王之渙《涼州詞》：“黄沙直上白雲間，一片孤城萬仞山。羌笛何須怨楊柳，春風不度玉門關。”這是很合乎涼州以西玉門關一帶春天情況的。玉門關是古代通往西域絲綢之路的必經之地，唐代開元年間，寫邊塞詩的詩人，對於安西玉門關一帶春天幾乎每天日中都要刮起黄沙、直衝雲霄的情況是熟悉的。但後來不知在何時，王之渙《涼州詞》第一句被改成“黄河遠上白雲間”。到如今書店流行的唐詩選本，統沿用改過的本子。實際上黄河和涼州及玉門關談不上有什麼關係。竺可楨先生這番考證，比起一般的考證更進一步，更帶有科學性，所以更有説服力。（《自學成才要有文史知識》，《文史知識》1982 年第 5 期）

　　這段話講的是唐詩通行文本文字有誤，科學家竺可楨在研究唐代的氣候變遷時，以史證詩，糾正了《涼州詞》的傳寫之訛。應該説，通行本並非没有版本依據，世代相傳，似乎也已約定俗成。但竺可楨的科學研究成果可以證明，始作俑者確曾有意或無意改動過王之渙的文字。這種文字錯誤給學術研究帶來的煩惱顯而易見。這雖説不是因爲繁簡字體轉換而生，但它却可以作爲一個反證，説明文字的改動可能會增加研究的成本。試想若《涼州詞》不存在文字錯誤，我們的科學家引用起來不是更直接、更理直氣壯嗎？何必枉費此等校勘功夫呢！由此也引起了我的杞人之憂，當我們把繁體徑直改爲簡體以後，難免不會在文字上給當代人增添無謂的考辨煩惱，難免不會給後人埋下魯魚亥豕的無盡隱患。

　　以上是説把古籍文本輸入資料庫時，須一字不易地使用繁體字，從而最大限度的保留原本的版本價值，這是我想表達的第一層意思。第二層意思，我還想要指出，古籍文本的選擇亦即底本選擇至關重要。現在所見資料庫軟件，在底本選擇上既嫌粗率，輸入時又往往止錄正文，掐頭去尾竟將序跋、題識、批點等自行刪棄。編纂者的這種態度，完全忽視了版本學的常識，所錄入的資料又如何能夠取信於人？至於資料庫對輸入底本的選擇，我主張凡經整理過的古籍應儘量用整理本，甚至應該連同其校注内容一並輸入。祇有這樣做才有利於研究者在前人已有成果的基礎上繼續提高，避免重走彎路。當然，這樣做也面臨着一道難題，因爲開發資金不足，無法買斷整理本的版權，祇好捨近求遠，回過頭去找未經整理的白文本輸入。這種權宜之計，大大貶損了資料庫的學術價值，無異於自我毀滅行爲。還有一種變相使用整理本的方式，將整理本改頭換面，止取其正文，不錄其校注，孰不知校注本的正文如有改動，你盲目照搬，又不加説明，那你輸入的文本是何種版本就祇有天曉得了。所以，我再三呼籲，資料庫的製作方要和古籍文本的整理方密切合作。爲維護軟件的版權，打擊盜版行爲，資料庫的製作方、古籍文本的整理方還要和出版方結成統一戰綫。我衷心預祝，在三方通力協作下，漢文史資料庫的建設能夠不斷推出具有版本價值、符合學術規範、容量巨大、類型多樣、使用便捷的新成果。

（原載《古籍整理出版簡報》第 403 期，2004 年）

《中國古籍善本書目》體例芻議

近幾年來,有幸陸續拜讀《中國古籍善本書目》(以下簡稱《善本書目》)各個分卷,一邊翻檢,一邊思索,擊節贊嘆之餘,亦不免有幾分惋惜。現在全書五個分卷已全部出齊,爲不使明珠暗投,願寫幾點讀後感,以作爲一個外行讀者的率爾回應。如言有未當,尚希編纂諸公諒解。

據《古籍整理出版情況簡報》第 293 期(1995 年第 4 期)報道,《善本書目》的編纂工作自 1977 年春正式啟動,嗣經普查、彙編、審校、定稿幾個階段,至 1995 年 3 月始大體告竣,前後費時十八年之久。其出版工作亦非一蹴而就,上海古籍出版社 1989 年先期出版《叢部》、《經部》後,至 1998 年夏才最後推出《集部》,全書分五個分卷(經、史、子、集、叢)這才一起亮相。而此時距 1977 年的發凡起例,已二十一載有餘。但直到目前爲止,理應與書目相輔並行的索引部分,依然未能付梓,因而可以説整個事情尚在了猶未了之中。編纂出版的時間如此久長,原因無他,祇説明茲事體大,任務艱巨。能够十數年如一日,孜孜矻矻,終底於成,這需要何等堅定的信念和堅强的毅力啊!僅止這一點,已令我們對編纂者與出版者懷有十分的敬意。

又據同上報道:"《中國古籍善本書目》收録了我國大陸現存

的明朝和明朝以前的絕大部分及清朝有價值的大部分古籍善本書,共約六萬種,涉及近 800 個藏書單位,開創了編纂中國古籍全國性書目的先河。"這段話言簡意賅,説明了三個問題,一個是編纂過程中普查範圍之廣,一個是成書後收録規模之大,再有一個就是爲編纂全國性古籍書目首開先河。現在的《善本書目》著録的館藏單位已達八百個,可以想見當初進行全國普查時,所涉及的單位當不止此數。儘管其間容有疏漏,但説它已對大陸藏書篦梳一遍應不爲過。至於説收録規模之大,祇要用清修《四庫全書》作一比較便可明了。以中華書局 1964 年影印的《四庫全書總目》爲據,《四庫全書》著録三千六百四十一部,另有存目六千七百九十三部,二者相加也不過一萬零二百八十四部。而《善本書目》著録約六萬部(原報道稱"種",似不確。因爲《善本書目》的著録是按版本立款目,而不是按品種立款目,同一種書有多種版本則會立多個款目),不啻是《四庫全書》的五倍。即便從中扣除《四庫全書》已著録者,所增多的書目也在四萬以上。這般巨大的規模,確實是前人不可比擬的。

總之,無論是就普查古籍善本的範圍而言,還是就審校後的收録規模而言,《善本書目》都取得了空前巨大的成績,無愧乎千秋偉業之盛譽。在如此煌煌巨帙面前,在盡享他人勞作之後所帶來的便利之際,真不忍心對之指手畫腳,稍加微詞。但是,西方的哲人有言:"我愛我師,但我更愛真理。"爲着學術的進步,似又不能不對一些問題有所切磋,以求百尺竿頭,更進一步。如果按照目録學家章學誠的論斷,編纂圖書目録的目的,無非是"部次流別,申明大道,叙列九流百家之學,使之繩貫珠聯,無少缺逸,欲人即類求書,因書究學"(《校讎通義·互著》)。所謂"即類求書,因書究學",既揭示了圖書目録的性質,也概括了圖書目録的功用。

換言之,一部圖書目録的編纂是否值得稱道,既要看其實用性如何,還要看其學術價值如何。實用性("即類求書")固然是圖書目録的生命力所在,而學術性("因書究學")則是圖書目録的靈魂,不但體現着編纂者自己的學術思想,而且對於當代及其將來的學術發展都會産生極大的影響。愈是規制宏大者,其影響亦愈大。正是從這樣一個作爲時代標誌的角度來考察,我認爲《善本書目》在實用性與學術性兩方面,尚存在一些不應有的缺憾。

首先説實用性。第一個問題便是《善本書目》的定名。何謂"善本"? 言人人殊,藏書家有藏書家的善本觀,學問家有學問家的善本觀,迄難劃一。當然,圖書館作爲收藏機構,大致沿用歷來藏書家的觀點,以古爲貴,以稀爲貴,亦無不可。止是這種説法的學術根柢就要打些折扣。實際上《善本書目》現在的做法,主要是爲清乾隆以前的書做一個全國聯合書目,清乾隆以後的書則擇要著録有名人批校、題跋者,是否珍稀,是否精善,未可知也。

涉及實用性的第二個問題,是《善本書目》的最後定稿不著録版本行款,有時臚列某朝所刻十數種本子,令人無從區分甲乙,給翻檢者帶來許多疑問。當初彙編而成的初稿是著録有行款的,大約因爲逐條審校不易,最後乃予摒棄。其實保留初稿的行款比删除好,著録即使有疏誤亦無大礙,畢竟可以爲讀者提供更多的綫索。與此前出版的《北京圖書館古籍善本書目》對比,《善本書目》在著録體例上似乎有些退步。

同實用性相關的第三個問題,是《善本書目》的定性仍然是現存圖書的版本目録。和圖書館一本書一張卡片一樣,一個版本即立一個款目,數個版本之間承傳變易的關係一概置諸不理,甚至同一種書的同一卷數、同一刊刻年代的不同本子也止是簡單羅列,讓人一頭霧水。例如,《集部·別集類》著録宋湯漢等箋注的

《陶靖節集》十卷，明刻本自嘉靖以迄天啟，凡二十八款，僅注“明刻本”三字的即有八本之多，要想從中發現彼此間有何差異，或者完全就是同一版本，竟然毫無蛛絲馬跡可尋。如果是完全相同的版本，如此分條臚列，在收藏者看來也許各有其文物價值，但在學術研究者看來不過徒滋紛擾而已。在各類信息山積海聚的今天，爲了能使研究者儘快獲得必要的信息，我們有理由希望圖書館學家在編纂書目時，能夠走出另外一條路，跳出明清藏書家的窠臼，踵繼《七略》、《漢志》、《隋志》以來的傳統，編纂現存古籍的著述目錄，亦即品種目錄。所謂品種目錄，就是説所收書按品種立款目，同一種書的不同版本於款目下分列，完全相同的版本不妨合併。這樣做也許能夠理清我國傳統學術發展的脈絡，較爲精確地統計出現存古籍的品種（不是版本）數量，同時也可以爲在書目檢索的階段，就爲讀者提供許多業經鑒別的資料，省却讀者再去盲目摸索的一番功夫。

　　實用性方面的缺憾還有一點，就是本書的索引未能及時出版。既然各分卷陸續出版，則各卷索引就應該單獨配套發行，即便將來有了全書統編的索引，也不影響各卷獨立使用。何況分卷編製索引，圖書含量相對要少，翻檢會更加快捷。索引問題並無深意可言，此不贅述。

　　以上有關實用性的四個問題雖是偏於技術、方法的細節，但也須臾離不開學術思想的指導，這裏止是出於叙述的方便，姑且突出其中的一點，分作實用性、學術性兩截來説而已。下面要説的學術性問題，則是關於“部次條別”的，議論的出發點也還是章學誠的名言：“劉向父子部次條別，將以辨章學術，考鏡源流，非深明於道術精微、群言得失之故者，不足與此。”（《校讎通義·自序》）判斷是非的標準，就是“辨章學術、考鏡源流”這八個字。將這八個字的真諦付諸實施，貫徹始終，無疑是書目編纂的最高境界，抑或稱之爲一種學術理想。要想登堂入室是困難的，但相信任何編纂者都不會輕易放棄此種學術努力。執此而論，《善本書目》的編纂者集思廣益，黽勉從事，在繼承傳統、開拓創新的學術道路上，已經有所突破，有所創獲。但是，《善本書目》是一個國家重點項目，凝聚着全國圖書館界精英的集體智慧，肩負着總結20世紀學術成果，以典範的意義邁向21世紀的歷史使命。這就決定了它必須超拔於某館某家圖書目録之上，在學術水準上應與當代目録學研究，乃至相關各學科研究保持同步。作爲成功的標誌，它的編纂體例不僅要契合當代學術研究的特點，能够快捷、可信、廣泛、有效地爲讀者提供全面的服務，而且還應以其具有前瞻性的學術思想，爲當代及後來古籍書目的編纂樹立新的法典。倘若可以站在上述高度來看待《善本書目》，我認爲它擬定的現有體例存在着明顯的缺點，這裏止講兩點，一點是它的分部（或分卷）區畫不盡合理，另一點是它的類目設置容有未當。

　　所謂分部區畫，是指經、史、子、集、叢五分法。我國的目録學發展到清修《四庫全書》時達到一個高峰，《四庫全書總目》堪稱集大成之作。《四庫總目》按經、史、子、集四部分類法編次，這一模式影響至深至巨，直到1987年北京圖書館出版新版館藏《古籍善本書目》，依然沿襲傳統的四分法，事實上《四庫總目》當日已經注意到叢書屬於“合刻諸書，不名一體者”，因爲無所附麗，止得列於子部雜家類，稱爲雜編之屬。清朝末葉，張之洞編撰《書目答問》，一舉衝破四分法的藩籬，於該書卷五列“古今人著述合刻叢書”，並加案語説：“叢書最便初學，爲其一部之中可該群籍，蒐殘存佚，爲功尤鉅。欲多讀古書，非買叢書不可，其中經、史、子、集皆有，勢難隸於四部，故別爲類。”張之洞在體例上的創見，“雖未能破壞四部内質,然已示人以四部之不必拘守”(姚名達《中國目録學史》)。現在《善本書目》的體例採用五分法,是《書目答問》以來目録學發展的必然結果,顯然是一種歷史的進步。

　　問題恰恰在於,叢書之屬可以裁篇别出,獨自成部,其他與叢書性質相近者爲何不能做同樣考慮呢?譬如説綜賅四部的類書,《隋書‧經籍志》著録於子部雜家類末尾,是雜家的附庸,因爲當時以爲“雜家”是可以無所不包的。據毋煚《古今書録》輯成的《舊唐書‧經籍志》,其丙部子録凡十七家,第十五家爲“類事家”,這是類書類擺脱雜家之始。《四庫總目》以下,直至《北京圖書館古籍善本書目》《中國古籍善本書目》,均獨立設類而隸之於子部。不過這種編排,《四庫總目》已覺不妥,其類書類小序明明白白地説:“類事之書,兼收四部,而非經非史,非子非集,四部之内,乃無類可歸。《皇覽》始於魏文,晉荀勖《中經部》分隸何門,今無所考。《隋志》載入子部,當有所受之。歷代相承,莫之或易。明胡應麟作《筆叢》,始議改入集部,然無所取義,徒事紛更,則不如仍舊貫矣。”顯然類書置於子部是没有辦法的辦法。《書目答問》對此也祇能徒唤奈何,在子部類書下説一句“類書實非子,從舊例附於此”了事。上面提到的胡應麟倒是有些膽識,他主張“别録二《藏》及贋古書及類書爲一部,附四大部之末”,而不是像《四庫總目》所説移入子部。但是胡氏的主張却没有發明權,早在南宋初年,鄭樵撰《通志‧藝文略》,分古今書籍爲十二類,類書類即居其一。南宋端平中,樵族孫鄭寅“以所藏書爲七録,曰經,曰史,曰子,曰藝,曰方技,曰文,曰類”。姚名達《中國目録學史》盛贊鄭寅之舉,説:“今鄭寅能拔藝、技、類與四部抗顏行,真可謂目光如炬矣。”明朝略晚於胡應麟的祁承爜,他在《澹生堂藏書約》中也明確倡議類書“宜另附四部之後”。鑒於上述論説,類書自成一部,與經、史、子、集、叢並列，是有充分理由的。《善本書目》不知出於什麼原因而未能跨出這關鍵性的一步。

　　和類書一樣，公私藏書目錄也是綜賅四部的，但在傳統上却隸屬於史部。《四庫總目》的史部目錄類包括經籍、金石兩部分，後來的書目如《北京圖書館古籍善本書目》、《中國善本書目》，則將二者分開，各位一類，但目錄類仍舊隸屬史部。對於目錄書隸屬史部的做法，梁啓超曾提出異議，他說："揆其性質，實總函四部而關其鑰，指爲史籍枝屬，名實未安。"（《圖書大辭典簿錄之部·官錄及史志》）所以他主張將目錄之屬"別建一部，用冠群籍，俾凡研治任何部類之遺典者，皆於此問津焉"（同上）。繼梁氏之後，1929年劉國鈞編製《北京圖書館中文普通綫裝書分類表》，將全部普通古籍分爲十五大類，曰：目錄門、經籍門、史乘門、地志門、傳記門、古器物學門、社會科學門、哲學門、宗教門、文字學門、文學門、藝術門、自然科學門、應用科學門、總記門。目錄門實際上已等同於目錄部。在新編古籍書目已普遍設立金石類的今天，我以爲《善本書目》是可以考慮將目錄之屬從史部抽出來單設一部的。

　　還有一個近代以前的目錄學不曾遇到，在現代却是亟需研究解決的問題，也就是如何對待西學東漸的問題。梁啓超認爲："中國知識綫和外國知識綫相接觸，晉唐間的佛學爲第一次，明末的曆算學便是第二次。"（《中國近三百年學術史》）"海通以還，外學輸入。"（《清代學術概論》）他十分重視第二次接觸在中國學術界、思想界所引發的震動和影響，專門編製了《西學書目》，並對由明及清"西學"（或稱"新學"）發展的四個階段有過專題論述，特別強調嚴譯《天演論》、《原富》、《名學》、《法意》等，對中國的思想所產生的極大作用。"西學"雖非中國所固有，然愈至後來愈與國學交流密切，成爲不可分割的一個組成部分。《四庫總目》成書於清中期，斯時"西學"尚未成大氣候，故利瑪竇、艾儒略、畢方濟等人的譯著止見於子部天文算法類和雜家類，寥寥無幾。鴉片戰爭以後，"西學"漸成大勢，不僅觸動了舊有的學術觀念，而且與國運交關，直接導致了中國人近百年來對現代化的探求。我們今天談及古籍，談及傳統學術，是絕不該輕忽中外文化交流這一事實的。我們今天編製新的古籍書目，難道還不需要將衆多的"西學"書目彙編爲一個新的部門嗎？至於稱爲"西學"還是"新學"則是可以討論的。《善本書目》未能把"西學"放在傳統學術的範疇內來統籌規劃，是會讓當代讀者感到遺憾的。

　　上面是對《善本書目》劃分大部的幾點思考，下面再深入一層，對其類目設置談幾點粗淺意見。爲避免本文篇幅過於冗長，凡《善本書目》沿襲《四庫總目》的類目，小異大同，雖有優劣之分，亦不擬費辭評議。這裏要説的，僅限於集部的小説、戲劇兩個類目。先説小説。我們知道，《漢書·藝文志》著錄小説十五家，所謂"小説家者流，蓋出於稗官，街談巷語，道聽塗説者之所造也"。魯迅在《中國小説史略》中推原其説，認爲"諸書大抵或託古人，或記古事，託人者似子而淺薄，記事者近史而悠謬者也"。這就是説，本來意義上的"小説"是"似子"或"近史"的東西，徑可看作是"史""子"的附庸。《漢志》的"小説家"定義，歷代傳承，下及《四庫總目》，一仍其舊。按《四庫總目》子部小説家類小序説："跡其流別，凡有三派，其一述雜事，其一録異聞，其一綴輯瑣語也。唐宋而後，作者彌繁，中間誣謾失真、妖妄熒聽者固爲不少，然寓勸戒、廣見聞、資考證者亦錯出其中。"可見《四庫總目》對"小説"的價值判斷，還停留在"寓勸戒、廣見聞、資考證"上面，對於唐代以後已走上虛擬故事體的傳奇小説、話本小説以及通俗小説，一概斥爲"誣謾失真、妖妄熒聽者"，嚴加排拒、置若罔聞。《北京圖書館古籍善本書目》根據中國小説史研究的規範，揚棄《四庫總目》的迂腐之論，有創見性地在子部仍設小説家類，而在集部增設一個小説類。其子部小説家類照舊著録"似子"、"近史"的雜事、異聞、瑣語，而集部小説類則著録《四庫》未嘗收録的傳奇、話本和通俗小説。這種做法既不破壞中國傳統學術分類的固有體系，又符合中國目録學約定俗成的傳統，而且還能夠如實描述出我國自唐代以來小説沿着兩種不同路徑發展的歷史事實，完全體現出一種與當代學術研究相銜接的現代意識，具有鮮明的時代特徵和極高的學術價值。這一創例本來應該成爲今後目録學發展的一個通則，但不知是何緣故，成書在後的《善本書目》却反其道而行之。當然，《善本書目》遠比四庫館臣開明，也著録傳奇、話本和通俗小説，不過在體例上却與四庫館臣相近，試圖在子部一攬子解決問題，改"小説家類"爲"小説類"，下設筆記、短篇、長篇三屬，以筆記之屬對應《四庫》的小説家類，其餘短篇、長篇之屬則著録傳奇、話本、文言小説和講史學、人情、神怪等白話小説。這種一攬子解決辦法看似簡單易行，實際上缺乏學術依據，而且對學術的發展危害極大，它不僅從根本上動搖了子部重實録、重立説的基本立足點，同時也從根本上混淆了子部和集部兩大範疇的界限。再就中國小説史來説，它也抹殺了傳奇、話本和通俗小説迥異於雜事、異聞、瑣語的特質。和《北京圖書館古籍善本書目》相比，我們不能不説《善本書目》的體例恐將無利於目録學研究的現代化和規範化，是一種不應有的學術倒退。

最後説一説戲劇的設類。《四庫總目》不著録戲劇（雜劇、傳奇），蔑視爲"俳優"。即使著録詞曲，也頗多貶抑，其詞曲類小序説："詞曲二體在文章、技藝之間，厥品頗卑，作者弗貴，特才華之士以綺語相高耳。然《三百篇》變而古詩，古詩變而近體，近體變而詞,詞變而曲,層累而降,莫知其然。究厥淵源,實亦樂府之餘音,風人之末派。其於文苑,同屬附庸,亦未可全斥爲俳優也。"對於此說之陋與謬,近代學術大師王國維早有批駁,他的《宋元戲曲考序》無異於一篇檄文:

> 凡一代有一代之文學,楚之騷,漢之賦、六代之駢語、唐之詩、宋之詞、元之曲,皆所謂一代之文學,而後世莫能繼焉者也。獨元之曲,爲時既近,託體稍卑,故兩朝史志與《四庫》集部,均不著於録;後世儒碩,皆鄙棄不復道。而爲此學者,大率不學之徒。即有一二學子,以餘力及此,亦未有能觀其會通,窺其奧窔者。遂使一代文獻,鬱埋沈晦者且數百年,愚甚惑焉。

一語出而天下驚,自此而後,編撰古籍書目者沒有不著録戲曲的。例如,《北京圖書館古籍善本書目》於集部設曲類,下分諸宮調、雜劇、傳奇、院本、散曲、彈詞、寶卷等十一個子目。《善本書目》也是在集部設曲類,其子目與上略同,唯無"院本"而有"俗曲"。詞和曲各自爲類,曲類兼收戲劇,這對《四庫總目》是一個根本性的改變。但這樣一來也出現了新的問題,作爲"詞之餘"的散曲畢竟還是一種詩歌形式,而諸宮調、彈詞、寶卷也屬於説唱文學樣式,它們和作爲表演藝術的南戲、雜劇、傳奇是不宜混爲一談的。在古典文學研究領域,詩歌史、詞曲史和戲劇史研究早已分道揚鑣,各爲畛界。反映到古籍書目上,難道不應該在曲類之外另設戲劇類嗎?戲劇類止宜著録雜劇和傳奇,以及二者的總集、選本之屬。至於諸宮調、散曲、彈詞、寶卷之屬仍宜置於曲類之下。我們本來把這種改變的希望寄託於《善本書目》,現在看來不免有些失望了。

　　綜上所述,在古籍書目的分類方面,我認爲繼承與創新同等重要。没有繼承將會使我們的新編書目成爲無源之水、無本之木，勢必變成不古不今的空中樓閣。但没有創新也不行，食古不化，固步自封，必然落後於時代，脱離現時的學術研究。要之，如梁啟超所説："學術分化發展，著述種類隨之而日趨繁賾，辨析流別，業成專門，門類區分，或累代遞遷，或因人而異，博觀互校，得失自見，循此以稱學海之派分淵匯，察藝術之莘垞條敷，知類通方，此其跬步。"(《圖書大辭典簿録之部·官録及史志》)此可作爲當今編撰書目的指導思想。至於具體部類的分合設定，我贊同目録學家余嘉錫的觀點："今之學術，日新月異而歲不同，決非昔之類例所能賅括。夫四部可變爲五爲六爲七爲八爲九爲十二，又何嘗不可變爲數十，以至於百乎？必謂四部之法不可變，甚至欲返之於《七略》，無源而視之以爲源，非流而强納之以爲流，甚非所以辨章學術、考鏡源流也。"(《目録學發微》)對於上述觀念，不知《善本書目》編撰諸公以爲然否。

(原載《傳統文化與現代化》，1999 年第 2 期)

後　記

　　明年，中華書局將欣逢百年華誕，而我與中華書局的密切關聯亦將長達半個世紀。1961年，我從北京十二中，考入北京大學中文系古典文獻專業學習，五年之後，正在撰寫畢業論文之際，不意一場"文革"浪潮捲地而來，身不由己，隨波逐流，延宕至1968年，終得告別校園。所幸分配方案仍依舊例，遂得以落腳到中華書局。當時中華書局仍處在"運動"漩渦之中，業務工作無從談起，不久，便奉命到山東膠縣部隊農場鍛煉。一年後復回北京，中華書局却早已南遷到湖北咸寧，我等亦隨即奔赴向陽湖"五七"幹校。歷經三年風雨，待到中華書局稍稍復蘇，纔得以回歸北京。後來由王府井而六里橋，由文學室而古籍辦，直至告老，始終廝守中華，可謂"從一而終"焉。由於中華書局與北大古典文獻專業的籌辦有關係，我們在校讀書期間，就與中華有些聯繫，亦曾隨喜中華書局五十年大慶。畢業後徑直進入中華書局，連續服務凡四十三年，退休以後，又被返聘參加點校本"二十四史"及《清史稿》修訂審稿工作，迄今垂垂老矣，猶置身於中華書局辦公樓內，幸也哉？我之青春年華，我之平凡一生，恰與中華書局後五十年相伴，而今年屆古稀，回首來路，不禁感慨繫之矣。

　　1973年初，我從幹校奉調回京。那時中華書局和商務印書館尚合爲一體,原屬中華的編輯組成爲第二編輯組,中華的業務僅限於點校"二十四史"及《清史稿》一小部分,其餘一切工作皆須以"批林批孔"、"評法批儒"爲核心。及至中華、商務分家,恢復中華書局建制,我有幸分到文學編輯室,編輯室主任即北大老學長程毅中先生。程先生爲人敦厚,學識淵博,對於我等青年編輯循循善誘,誨之不倦。我最初處理的書稿,是逯欽立先生的《先秦漢魏晉南北朝詩》和《陶淵明集》,二者均屬遺稿,且卷帙繁多,疑難叢生。從如何審讀書稿,到如何作編輯加工,再到如何撰寫出版説明,每走一步,程先生無不悉心指教。乃至和作者家屬的往還信函,程先生也字斟句酌,進行必要而精到的修改。在這一過程中,我從無知到覺悟,大有醍醐灌頂之感,獲益之多,一言難盡。另外,程先生本人勤於思考,留意總結古籍工作中的規律,在本職工作餘暇,著述不輟,成果累累。程先生此種人生態度,對我也有很深的影響。日後我所以會走上古籍研究之路,可以説和程先生當初的當頭棒喝、耳提面命有着必然的關係。惟其如此,我亦始終視程毅中先生爲並世難得的良師益友。

中華書局還有一位忠厚長者,也令我十分欽敬,他就是趙守儼先生。中華、商務分家以後,趙先生已是中華書局的副總編輯,而我在文學編輯室,彼此間並沒有直接的領導關係,但我欣賞他的爲人,加以關於古籍整理我們有着共同的話題,故時時有所交流。從《趙守儼文存》一書,可以清楚地看到,趙先生不僅是當年點校出版"二十四史"及《清史稿》的重要主持者,而且也是一位深愛古籍整理事業,注重總結中華書局古籍整理出版經驗以饗世人的一大功臣。他爲使中華书局從工作實踐中獲得的寶貴經驗提升至理論的高度,加以條理化、規範化,以形成書面文字,在自己深入研究,講課撰文之外,還曾想動員更多的人共同來做好此事。記得1991年,趙先生以總編室名義,召集程毅中、傅璇琮、張忱石和我,幾次開會,一起商討,擬根據不同的專題,分頭撰寫出當今古籍整理的各項體例細則。後來因爲種種緣故,此事進展不夠順利,未能實現初衷,止寫成了《古籍標點釋例》和《古籍校勘釋例》兩篇稿子。不過這兩篇稿子在當年《書品》第4期登載後,還是引起了廣泛的關注。這件事雖然不了了之,但在我心中却埋下了不熄的火種,暗下決心,祇要日後條件允許,一定要將此事進行到底,以不負趙先生的一番良苦用心。

有程毅中先生、趙守儼先生的榜樣在前,我在漫漫數十年的中華書局工作中,也漸漸變成了一個留心古籍整理工作經驗的熱心收集者和思考者。現在收入本書的各篇文章,就是1990年以來斷續寫成的一些工作體會和古籍整理經驗小結。大抵可分爲三個部分:第一部分是七篇《釋例》及相關的術語解釋,這一部分明顯承續了趙先生當年的建議,冀能彌補其未了心願於萬一。第二部分是最近幾年專爲點校本"二十四史"及《清史稿》修訂工程而寫的各項條例,具體而微,其價值或許更偏重於實用。第三部分是探討古籍整理諸方面問題的雜論,自認爲其中關於"中國古籍"和"古籍整理"界限的説法,關於當今"古籍整理圖書"如何分類的意見,似乎尚有些許新意。關於製作古籍數據庫的想法,前已在大小會議上反復呼籲過,但短期內可能難見成效。不過我想再次指出,古籍整理出版事業發展到現階段,建設全國統一的古籍數據庫,發行內存豐富、使用便捷的古籍數字產品,乃是大勢所趨,代表着歷史前行的方向。而古籍數據庫的建設走到今天,已經具備了從諸强并起、各自爲戰的初始階段,向國家扶植、統一標準、保護版權、協手共建的穩固局面轉化的可能性。當務之急,是國家加大保護數字産品版權的力度，儘快提出建設古籍數據庫的規範，頒行切實可行的國家標準（如《繁體字正字表》之類），從而保證古籍數據庫的建設走向一體化、規範化，不斷提高其學術質量。

本書在成編之初，有兩個具體問題令我備感窘迫。一個是第一部分中的《古籍校勘釋例》篇，其作者本來是程毅中先生，一則文章本身已經寫得非常完善精到，二則這篇文章對我後來寫出其他釋例頗多啟迪，我實在沒有必要再去另起爐灶，而且即使另謀新篇也不會做得更好。躊躇再三，惟有懇請程先生割愛授權。我滿懷忐忑提及此議，孰料程先生無半點遲疑，即刻慨允，心中的石頭總算落地。另有一篇是第二部分中的《標點分段辦法補充舉例》，此文先由張文强先生執筆，後由我略作潤色定稿。張先生發凡起例之功實不可没，此次亦是經他同意後纔編入的。本屬个人文集，内中竟闌入他人作品，這看起來似乎有點奇怪，實際上見怪而不怪，這裏所反映的正是這樣一種客觀事實：古籍整理作爲一個新興學科，其理論和規範尚處在逐漸發展成熟過程之中，目前尤須衆多的學者投身其間，進行多方面的探索，總結经验，歸納提高，逐步確立古籍整理的一整套完善的規範。換言之，在現階段，任何人所做的古籍整理研究皆離不開他人的實踐和經驗，都需要在他人研究的基礎上繼續做出新的努力。從這個意義上說，我的文集收入他人文章，正表明我止是众多研究者中的一員，我的研究所得並不敢自詡爲一己一時之卓見，它所代表的不過是當前古籍整理界的某種學術進展而已。

再説得徹底一點，本書的各篇論述，特別是各類古籍整理條例的形成，我以爲絶非一人之智慧所可及。這裏不妨坦言相告，在上世紀九十年代，當我接受任務撰寫《古籍標點釋例》時，曾參考過點校"二十四史"諸公所擬的油印文件，後來撰寫點校本"二十四史"及《清史稿》修訂諸項條例時，亦曾翻檢過當年的點校檔案，廣泛吸收了其中不少至關重要的意見。據此而論，我現在寫出來的這些東西，其實並非我一己之力，閉門造車，它們無疑包括了前輩學者，特別是點校"二十四史"及《清史稿》諸公的集體創造，是一種集體智慧的結晶。如果再要説得遠一點，古籍整理這門新興學科是與"古籍"的截止期相伴而生的，活躍在上世紀20、30 年代，以上海商務印書館張菊生（元濟）先生爲代表的一輩人，以輯印校勘古籍善本著稱於世，他們所做的正是古籍整理工作。此後近百年來，有關古籍整理的學問日積月累，至上世紀70 年代點校出版"二十四史"及《清史稿》而集其大成。上述歷史乃古籍整理學發展的一大背景，毋庸諱言，我們在今天所發表的一切關乎古籍整理的種種意見，其實都是近百年古籍整理歷史經驗的積澱，其中熔鑄了幾代學人的心血，無論什麼人，皆难以獨享其發明權和著作權。我對此有很清醒的認識，也因此而有些不自信，惟恐自己思考未周，總結不够全面，致使謬種流傳，罪莫大爲，故亟盼有志於古籍整理事業的同道，對本書多加指正。

最後，謹向程毅中先生再次表達我的敬意與謝忱，承蒙其厚意，不吝爲本書撰序，其中多有獎掖之辭，惶愧之餘，惟有自勉而已。此時還要感謝徐俊、張文强、樊玉蘭、王芳軍諸位先生，自點校本"二十四史"及《清史稿》修訂工程上馬以來，與諸位一起工作，受到多方關照，身心倍感愉悦，更難爲小樊與芳軍，爲出版本書，不畏酷暑，仔細校讀，令人尊敬。

半個世紀以來，與中華書局同命運，共呼吸，情隨事遷，心潮起落，我之感受，遠非片紙短箋所能傾訴，今願套用一句古語，聊表拳拳之意：生我者父母，知我者中華也！值此中華書局百年華誕降臨之際，奉上此一小書，聊作芹曝之獻，謹祝中華書局承天之慶，萬壽無疆。

許逸民　2011 年 8 月 31 日